Le Sutra du Cœur : La Perfection de la Sagesse

Bouddha Gautama

Published by Dhamma Bouddha, 2024.

While every precaution has been taken in the preparation of this book, the publisher assumes no responsibility for errors or omissions, or for damages resulting from the use of the information contained herein.

LE SUTRA DU CŒUR : LA PERFECTION DE LA SAGESSE

First edition. August 13, 2024.

Copyright © 2024 Bouddha Gautama.

ISBN: 979-8227962652

Written by Bouddha Gautama.

Table des Matières

Le bouddha en soi

HOMMAGE À LA PERFECTION DE LA SAGESSE, DE L'AMOUR, DE LA SAINTETÉ !

AVALOKITA, LE SAINT SEIGNEUR ET BODHISATTVA, SE DÉPLAÇAIT DANS LE COURS PROFOND DE LA SAGESSE QUI A DÉPASSÉ.

LORSQU'IL REGARDA D'EN HAUT, IL NE VIT QUE CINQ TAS, ET IL VIT QU'ILS ÉTAIENT VIDES EN EUX-MÊMES.

Je salue le Bouddha qui est en vous. Vous n'en êtes peut-être pas conscient, vous n'en avez peut-être jamais rêvé : vous êtes un bouddha, personne ne peut être autre chose, la bouddhéité est le noyau essentiel de votre être, ce n'est pas quelque chose qui arrivera dans le futur, c'est déjà arrivé. C'est la source même d'où vous venez ; c'est aussi la source et le but. C'est de la bouddhéité que nous partons, et c'est vers la bouddhéité que nous allons. Ce seul mot, bouddhéité, contient tout - le cercle complet de la vie, de l'alpha à l'oméga.

Mais vous dormez profondément, vous ne savez pas qui vous êtes. Non pas que vous deviez devenir un bouddha, mais seulement que vous deviez le reconnaître, que vous deviez retourner à votre propre source, que vous deviez regarder en vous-même. C'est en se confrontant à soi-même que l'on découvre sa bouddhéité. Le jour où l'on se voit soi-même, c'est toute l'existence qui s'illumine. Ce n'est pas qu'une personne devienne éclairée - comment une personne peut-elle devenir éclairée ? L'idée même d'être une personne fait partie de l'esprit non éclairé. Ce n'est pas que je sois devenu éclairé ; le "je" doit être abandonné avant que l'on puisse devenir éclairé, alors comment puis-je devenir éclairé ? C'est une absurdité. Le jour où j'ai été illuminé, toute l'existence l'a été. Depuis ce moment, je n'ai rien vu d'autre que des bouddhas - sous de nombreuses formes, avec de nombreux noms, avec mille et un problèmes, mais toujours des bouddhas.

Je salue donc le Bouddha qui est en vous.

Je suis immensément heureux que tant de bouddhas se soient rassemblés ici. Le fait même que vous soyez venus me voir est le début de la reconnaissance. Le respect de votre cœur pour moi, l'amour de votre cœur pour moi, sont le respect et l'amour de votre propre bouddhéité. La confiance en moi n'est pas une confiance en quelque chose d'extrinsèque, la confiance en moi est une confiance en soi. En me faisant confiance, vous apprendrez à vous faire confiance. En vous rapprochant de moi, vous vous rapprocherez de vous-même. Seule une reconnaissance doit être atteinte. Le diamant est là - vous l'avez oublié, ou vous ne vous en êtes jamais souvenu depuis le début.

Un célèbre dicton d'Emerson dit que "l'homme est Dieu en ruines" : "L'homme est un Dieu en ruines". Je suis d'accord et je ne suis pas d'accord.

L'intuition contient une part de vérité - l'homme n'est pas ce qu'il devrait être. L'intuition est là, mais un peu à l'envers. L'homme n'est pas un Dieu en ruines, l'homme est un Dieu en devenir ; l'homme est un Bouddha en herbe.

Le bourgeon est là, il peut éclore à tout moment : il suffit d'un petit effort, d'un petit coup de pouce... Et l'aide ne va pas le provoquer - il est déjà là ! Votre effort va seulement vous le révéler, vous aider à déployer ce qui est là, caché. C'est une découverte, mais la vérité est déjà là. La vérité est éternelle.

Écoutez ces sutras, car ce sont les plus importants de la grande littérature bouddhiste. C'est pourquoi on les appelle les Sutras du cœur, car ils constituent le cœur même du message bouddhiste.

Mais je voudrais commencer par le tout début. Ce n'est qu'à partir de ce point que le bouddhisme devient pertinent : faites en sorte qu'il soit présent dans votre cœur que vous êtes un bouddha. Je sais que cela peut sembler présomptueux, très hypothétique ; vous ne pouvez pas vous y fier totalement. C'est naturel, je le comprends. Laissez-le être là, mais comme une graine. C'est autour de ce fait que beaucoup de choses commenceront à se produire, et c'est seulement autour de ce fait que vous serez en mesure de comprendre ces sutras. Ils sont immensément puissants - très petits, très condensés, comme une graine. Mais avec cette terre, avec cette vision dans l'esprit, que vous êtes un bouddha, que vous êtes un bouddha en herbe, que vous êtes potentiellement capable de le devenir, que rien ne manque, que tout est prêt, qu'il faut juste mettre les choses dans le bon ordre, qu'il faut un peu plus de conscience, qu'il faut un peu plus de conscience... Le trésor est là, il suffit d'apporter une petite lampe à l'intérieur de votre maison. Une fois que l'obscurité aura disparu, vous ne serez plus un mendiant, vous serez un Bouddha, vous serez un souverain, un empereur. Tout ce royaume est à vous et il n'est qu'à votre disposition ; il vous suffit de le réclamer.

Mais vous ne pouvez pas revendiquer si vous pensez que vous êtes un mendiant. Vous ne pouvez pas revendiquer, vous ne pouvez même pas rêver de revendiquer si vous pensez que vous êtes un mendiant. Cette idée que vous êtes un mendiant, que vous êtes un ignorant, que vous êtes un pécheur, a été prêchée dans tant de chaires à travers les âges qu'elle est devenue une profonde hypnose en vous. Cette hypnose doit être brisée.

Pour l'interrompre, je commence par : Je salue le Bouddha qui est en vous.

Pour moi, vous êtes des bouddhas. Tous vos efforts pour devenir éclairés sont ridicules si vous n'acceptez pas ce fait fondamental. Cela doit devenir une compréhension tacite, que vous êtes cela ! C'est le bon début, sinon vous vous égarez. C'est le bon début ! Commencez par cette vision, et ne vous inquiétez pas que cela puisse créer une sorte d'ego - que "je suis un Bouddha". Ne vous inquiétez pas, parce que tout le processus du Sutra du cœur vous montrera clairement que l'ego est la seule chose qui n'existe pas - la seule chose qui n'existe pas ! Tout le reste est réel.

Certains maîtres ont dit que le monde est illusoire et que l'âme est existentielle - le "je" est vrai et tout le reste est illusoire, maya. Bouddha dit exactement l'inverse : il dit que seul le "je" est faux et que tout le reste est réel. Et je suis plus d'accord avec Bouddha qu'avec l'autre point de vue.

La vision du Bouddha est très pénétrante, la plus pénétrante. Personne n'a jamais pénétré dans ces domaines, ces profondeurs et ces hauteurs de la réalité.

Mais commencez par l'idée, par ce climat autour de vous, par cette vision. Faites en sorte que chaque cellule de votre corps et chaque pensée de votre esprit déclarent : "Je suis un bouddha !". Et ne vous inquiétez pas pour le "je"... nous nous en occuperons.

Le "moi" et la bouddhéité ne peuvent exister ensemble. Une fois que la bouddhéité est révélée, le "moi" disparaît, tout comme l'obscurité disparaît lorsque l'on apporte de la lumière.

Avant d'entrer dans les sutras, il est utile de comprendre un peu le cadre, la structure.

Les anciennes écritures bouddhistes parlent de sept temples. Tout comme les soufis parlent de sept vallées et les hindous de sept chakras, les bouddhistes parlent de sept temples.

Le premier temple est physique, le deuxième est psycho-somatique, le troisième est psychologique, le quatrième est psycho-spirituel, le cinquième est spirituel, le sixième est spirituel-transcendantal, et le septième temple, l'ultime - le temple des temples - est le transcendantal.

Les sutras appartiennent au septième. Ce sont les déclarations de quelqu'un qui est entré dans le septième temple, le transcendantal, l'absolu. C'est la signification du mot sanskrit pragyaparamita - la sagesse de l'au-delà, de l'au-delà, dans l'au-delà ; la sagesse qui ne vient que lorsque vous avez transcendé toutes sortes d'identifications - inférieures ou supérieures, de ce monde-ci ou de ce monde-là ; lorsque vous avez transcendé toutes sortes d'identifications, lorsque vous n'êtes pas identifié du tout, lorsqu'il ne reste qu'une pure flamme de conscience sans fumée autour d'elle. C'est pourquoi les bouddhistes vénèrent ce petit livre, ce très, très petit livre, qu'ils ont appelé le Sutra du cœur - le cœur même de la religion, le noyau même.

Le premier temple, le physique, peut correspondre à la carte hindoue avec le muladhar chakra ; le deuxième, le psychosomatique, avec le svadisthan chakra ; le troisième, le psychologique, avec le manipura ; le quatrième, le psycho-spirituel, avec l'anahatta ; le cinquième, le spirituel, avec le vishudha ; le sixième, le spirituel-transcendantal, avec l'agya ; et le septième, le transcendantal, avec le sahasrar. Sahasrar signifie lotus à mille pétales. C'est le symbole de la floraison ultime : rien n'est resté caché, tout est devenu caché, manifeste.

Le lotus à mille pétales s'est ouvert, le ciel entier est rempli de son parfum, de sa beauté, de sa bénédiction.

Dans le monde moderne, un grand travail a été entrepris pour rechercher le noyau le plus profond de l'être humain. Il serait bon de comprendre jusqu'où les efforts modernes nous mènent.

Pavlov, B.F. Skinner et les autres comportementalistes tournent autour du physique, du muladhar. Ils pensent que l'homme n'est que le corps. Ils s'impliquent trop dans le premier temple, ils s'impliquent trop dans le physique, ils oublient tout le reste. Ces gens essaient d'expliquer l'homme uniquement à travers le physique, le matériel.

Cette attitude devient un obstacle parce qu'ils ne sont pas ouverts. Si, dès le début, vous niez qu'il n'y a rien d'autre que le corps, alors vous niez l'exploration elle-même. Cela devient un préjugé. Un communiste, un marxiste, un comportementaliste, un athée - des gens qui croient que l'homme n'est que le corps - leur croyance même ferme les portes aux réalités supérieures. Ils deviennent aveugles. Et le physique est là, le physique est le plus apparent, il n'a pas besoin de preuves. Le corps physique est là, vous n'avez pas besoin de le prouver. Parce qu'il n'a pas besoin d'être prouvé, il devient la seule réalité. C'est un non-sens.

L'homme perd alors toute dignité. S'il n'y a rien dans lequel ou vers lequel grandir, il ne peut y avoir de dignité dans la vie. L'homme devient alors une chose. Vous n'êtes plus une ouverture, il ne vous arrivera plus rien - vous êtes un corps : vous mangerez, vous déféquerez, vous mangerez, vous ferez l'amour et vous aurez des enfants, et cela continuera encore et encore, et un jour vous mourrez. Une répétition mécanique de la banalité, de la trivialité - comment pourrait-il y avoir une quelconque signification, un quelconque sens, une quelconque poésie ? Comment pourrait-il y avoir une danse ?

Skinner a écrit un livre intitulé Beyond Freedom and Dignity (Au-delà de la liberté et de la dignité). Il devrait s'intituler Below Freedom and Dignity (Au-dessous de la liberté et de la dignité), et non beyond (Au-delà). C'est en dessous, c'est le point de vue le plus bas sur l'homme, le plus laid. Il n'y a rien de mal à propos du corps, rappelez-vous. Je ne suis pas contre le corps, c'est un beau temple. La laideur apparaît lorsque vous pensez que c'est tout.

L'homme peut être considéré comme une échelle à sept barreaux, et vous vous identifiez au premier barreau. Vous n'allez alors nulle part. L'échelle est là, et l'échelle fait le lien entre ce monde et l'autre ; l'échelle fait le lien entre la matière et Dieu. Le premier échelon est parfaitement bon s'il est utilisé en relation avec l'ensemble de l'échelle. S'il fonctionne comme un premier pas, il est immensément beau :

il faut être reconnaissant envers le corps. Mais si vous commencez à vénérer le premier échelon et que vous oubliez les six autres, que vous oubliez que toute l'échelle existe et que vous devenez fermé, confiné au premier échelon, alors ce n'est plus du tout un échelon... parce qu'un échelon n'est un échelon que lorsqu'il mène à un autre échelon, un échelon n'est un échelon que lorsqu'il fait partie d'une échelle. S'il n'est plus un échelon, vous êtes coincé avec lui. C'est pourquoi les personnes matérialistes sont toujours bloquées, elles ont toujours l'impression qu'il leur manque quelque chose, elles n'ont l'impression d'aller nulle part. Ils tournent en rond, en cercles, et reviennent sans cesse au même point. Ils sont fatigués et s'ennuient. Ils commencent à réfléchir à la manière de se suicider. Tout leur effort dans la vie consiste à trouver des sensations, pour que quelque chose de nouveau se produise. Mais qu'est-ce qui est "nouveau" ? Toutes les choses qui nous occupent ne sont que des jouets.

Pensez à ces mots de Frank Sheed : "L'âme de l'homme est en quête d'un but ou d'un sens.

Et le scientifique dit : "Voici un téléphone". Ou encore : "Regardez ! La télévision !" - exactement comme on essaie de distraire un bébé qui pleure sa mère en lui offrant des bâtons de sucre et en lui faisant des grimaces.

Le flot bondissant des inventions a extraordinairement bien servi à occuper l'homme, à l'empêcher de se souvenir de ce qui le préoccupe".

Tout ce que le monde moderne vous a fourni n'est rien d'autre que des bâtons de sucre, des jouets pour jouer - et vous pleuriez pour la mère, vous pleuriez pour l'amour, vous pleuriez pour la conscience, vous pleuriez pour une signification dans la vie. Et ils disent :

"Regardez ! le téléphone. Regardez ! la télévision. Regarde ! Nous avons apporté tant de belles choses pour toi."

Vous vous amusez un peu, puis vous vous lassez, vous vous ennuyez, et ils se remettent à chercher de nouveaux jouets pour vous faire jouer.

Cette situation est ridicule. Il est tellement absurde qu'il semble presque inconcevable que nous continuions à y vivre. Nous nous sommes fait prendre au premier échelon.

Souvenez-vous que vous êtes dans le corps, mais que vous n'êtes pas le corps. Vous vivez dans le corps, et le corps est une belle demeure. N'oubliez pas que je ne vous suggère pas un seul instant de devenir anti-corps, de commencer à nier le corps comme l'ont fait les soi-disant spiritualistes à travers les âges. Les matérialistes continuent à penser que le corps est tout ce qui existe, et il y a des gens qui vont à l'extrême opposé, et qui commencent à dire que le corps est illusoire, que le corps n'est pas ! "Détruisez le corps pour que l'illusion soit détruite et que vous puissiez devenir vraiment réel.

Cet autre extrême est une réaction. Le matérialiste crée sa propre réaction chez le spiritualiste, mais ils sont partenaires dans la même entreprise ; ce ne sont pas des personnes très différentes. Le corps est beau, le corps est réel, le corps doit être vécu, le corps doit être aimé. Le corps est un grand don de Dieu. Ne soyez pas un seul instant contre lui, et ne pensez pas un seul instant que vous n'êtes que lui. Vous êtes bien plus grand. Utilisez le corps comme un tremplin.

La seconde est : psychosomatique, svadisthan. La psychanalyse freudienne y fonctionne. Elle va un peu plus loin que Skinner et Pavlov. Freud pénètre un peu plus dans les mystères de la psychologie. Il n'est pas seulement behavioriste, mais il ne va jamais au-delà des rêves. Il continue à analyser les rêves.

Le rêve existe comme une illusion en vous. Il est indicatif, il est symbolique, il a un message de l'inconscient à révéler au conscient.

Mais il ne sert à rien de s'y laisser prendre. Utilisez le rêve, mais ne devenez pas le rêve. Vous n'êtes pas le rêve.

Et il n'est pas nécessaire d'en faire tout un plat, comme le font les freudiens. Tout leur effort semble se situer dans la dimension du monde des rêves. Prenez-en note, adoptez un point de vue très, très clair à ce sujet, comprenez son message, et il n'est pas nécessaire de s'adresser à quelqu'un d'autre pour l'analyse de vos rêves. Si vous ne pouvez pas analyser votre rêve, personne d'autre ne le pourra, car votre rêve est votre rêve. Et votre rêve est si personnel que personne d'autre ne peut rêver comme vous. Personne n'a jamais rêvé de la façon dont vous rêvez, personne ne rêvera jamais de la façon dont vous rêvez ; personne ne peut vous l'expliquer. Son interprétation sera son interprétation.

Vous seul pouvez l'analyser. Et en fait, il n'est pas nécessaire d'analyser le rêve : regardez le rêve dans sa totalité, avec clarté, avec vigilance, et vous verrez le message. Il est si fort ! Il n'est pas nécessaire de suivre une psychanalyse pendant trois, quatre, cinq ou sept ans.

Une personne qui rêve toutes les nuits et qui, le jour, se rend chez le psychanalyste pour être analysée, devient de plus en plus entourée de choses rêvées. Tout comme le premier est trop obsédé par le muladhara, le physique, le second est trop obsédé par le sexuel... parce que le second - le domaine de la réalité psychosomatique - est le sexe. Le second commence à tout interpréter en termes de sexe. Quoi que vous fassiez, allez voir le freudien et il le réduira au sexe. Il n'existe rien de plus élevé pour lui. Il vit dans la boue, il ne croit pas au lotus. Si vous lui apportez une fleur de lotus, il la regardera et la réduira à la boue. Il dira : "Ce n'est rien, ce n'est que de la boue sale. N'est-elle pas sortie de la boue sale ? Si elle est sortie de la boue sale, c'est qu'elle doit être de la boue sale." Réduisez tout à sa cause, et c'est cela le vrai.

Chaque poème est alors réduit au sexe, tout ce qui est beau est réduit au sexe, à la perversion et à la répression. Michel-Ange est un grand artiste ? - alors son art doit être réduit à une certaine sexualité. Les freudiens vont jusqu'à l'absurde. Ils disent : Michel-Ange, Goethe ou Byron, toutes leurs grandes œuvres d'art qui apportent une grande joie à des millions de personnes, ne sont rien d'autre que du sexe réprimé - peut-être que Goethe allait se masturber et qu'on l'en a empêché.

Des millions de personnes sont empêchées de se masturber, mais elles ne deviennent pas pour autant des Goethes. C'est absurde. Mais Freud est le maître du monde des toilettes. Il y vit, c'est son temple. L'art devient pathologie, la poésie devient pathologie, tout devient perversion. Si l'analyse freudienne réussit, il n'y aura pas de Kalidas, pas de Shakespeare, pas de Michel-Ange, pas de Mozart, pas de Wagner, parce que tout le monde sera normal. Il s'agit de personnes anormales. Ces personnes sont psychologiquement malades, selon Freud. Les plus grands sont réduits à l'état le plus bas. Bouddha est malade, selon Freud, parce que tout ce dont il parle n'est rien d'autre que du sexe refoulé.

Cette approche réduit la grandeur humaine à la laideur. Il faut s'en méfier. Bouddha n'est pas malade ; en fait, Freud est malade. Le silence de Bouddha, la joie de Bouddha, la célébration de Bouddha - ce n'est pas une maladie, c'est le plein épanouissement du bien-être.

Mais pour Freud, l'homme normal est celui qui n'a jamais chanté, qui n'a jamais dansé, qui n'a jamais célébré, qui n'a jamais prié, qui n'a jamais médité, qui n'a jamais rien fait de créatif, qui est tout simplement normal : il va au bureau, rentre à la maison, mange, boit, dort et meurt ; il ne laisse pas la moindre trace de sa créativité, il ne laisse pas la moindre signature où que ce soit. Cet homme normal semble être très médiocre, terne et mort. On soupçonne Freud de condamner la créativité en tant que pathologie parce qu'il ne pouvait pas créer lui-même - il était une personne non créative.

Il est tout à fait possible qu'il ait été une personne médiocre. C'est sa médiocrité qui se sent offensée par tous les grands de ce monde.

LE SUTRA DU CŒUR : LA PERFECTION DE LA SAGESSE11

L'esprit médiocre essaie de réduire toute grandeur. L'esprit médiocre ne peut pas accepter qu'il puisse y avoir un être plus grand que lui. Cela fait mal. C'est une revanche du médiocre - toute cette psychanalyse et son interprétation de la vie humaine. Il faut s'en méfier. C'est mieux que le premier, oui, un peu en avance sur le premier, mais il faut aller, et aller encore, au-delà et au-delà.

La troisième est psychologique. Adler vit dans le monde du psychologique, de la volonté de puissance ; au moins quelque chose - très égoïste, mais au moins quelque chose ; un peu plus ouvert que Freud. Mais le problème est que, tout comme Freud réduit tout au sexe, Adler continue à tout réduire au complexe d'infériorité. Les gens essaient de devenir grands parce qu'ils se sentent inférieurs. Une personne qui essaie de devenir éclairée est une personne qui se sent inférieure, et une personne qui essaie de devenir éclairée est une personne qui est sur le chemin du pouvoir. C'est tout à fait faux, car nous avons vu des personnes - un Bouddha, un Christ, un Krishna - qui se sont tellement abandonnées que leur voyage ne peut pas être qualifié de voyage de pouvoir. Et lorsque Bouddha s'épanouit, il n'a aucune idée de supériorité, pas du tout. Il s'incline devant toute l'existence. Il n'a pas l'idée d'être plus saint que toi, pas du tout. Tout est saint, même la poussière est divine. Non, il ne se croit pas supérieur, et il ne s'efforce pas de le devenir. Il ne se sentait pas du tout inférieur. Il était né roi, il n'était pas question d'infériorité. Il était au sommet depuis le tout début, il n'était pas question d'infériorité. Il était l'homme le plus riche de son pays, l'homme le plus puissant de son pays : il n'y avait plus de pouvoir à atteindre, plus de richesse à obtenir. Il était l'un des plus beaux hommes jamais nés sur cette terre, il avait pour bien-aimée l'une des plus belles femmes. Tout était à sa disposition.

Mais Adler continuerait à chercher une quelconque infériorité parce qu'il ne pouvait pas croire qu'un homme puisse avoir un autre but que l'ego. C'est mieux... mieux que Freud, un peu plus haut. L'ego est un peu plus élevé que le sexe ; pas beaucoup plus élevé, mais un peu plus élevé.

Le quatrième est psycho-spirituel, anahatta, le centre du cœur. Jung, Assagioli et d'autres pénètrent dans ce domaine. Ils vont plus haut que Pavlov, Freud et Adler, ils ouvrent plus de possibilités. Ils acceptent le monde de l'irrationnel, de l'inconscient : ils ne se limitent pas à la raison. Ce sont des personnes plus raisonnables - elles acceptent également l'"irrationalité". L'irrationnel n'est pas nié mais accepté. C'est là que la psychologie moderne s'arrête, au quatrième échelon. Et ce quatrième échelon se trouve juste au milieu de toute l'échelle : trois échelons de ce côté-ci et trois échelons de ce côté-là.

La psychologie moderne n'est pas encore une science complète. Elle est en suspens. Elle est très fragile, elle n'est sûre de rien. Elle est plus hypothétique qu'expérimentale. Elle s'efforce encore d'être.

Le cinquième est spirituel : l'islam, l'hindouisme, le christianisme - les religions organisées en masse - en restent au cinquième. Elles ne vont pas au-delà du spirituel. Toutes les religions organisées, les églises, en restent là.

Le sixième est le spirituel-transcendantal - le yoga et d'autres méthodes. Partout dans le monde, à travers les âges, de nombreuses méthodes ont été développées, qui ressemblent moins à une organisation ecclésiastique, qui ne sont pas dogmatiques, mais qui sont plus expérimentales. Vous devez faire quelque chose avec votre corps et votre esprit ; vous devez créer une certaine harmonie à l'intérieur de vous-même afin de pouvoir chevaucher cette harmonie, vous pouvez chevaucher ce nuage d'harmonie et vous éloigner de votre réalité ordinaire.

Le yoga peut comprendre tout cela ; c'est le sixième.

La septième est transcendante : Tantra, Tao, Zen. L'attitude du Bouddha est la septième - pragyaparamita. Cela signifie que la sagesse est transcendantale, qu'elle ne vient à vous que lorsque tous les corps ont été traversés et que vous êtes devenu une pure conscience, un simple témoin, une pure subjectivité.

À moins que l'homme n'atteigne le transcendantal, il faudra lui fournir des jouets, des bâtons de sucre. Il devra recevoir de fausses significations.

L'autre jour, je suis tombé sur une publicité pour une voiture américaine. Il est écrit - avec une belle voiture - au-dessus de la voiture, il est écrit : Quelque chose en quoi croire.

L'homme n'est jamais tombé aussi bas. Il faut croire en quelque chose ! Vous croyez en une voiture ? Oui, les gens croient - les gens croient en leur maison, les gens croient en leur voiture, les gens croient en leur solde bancaire. Si vous regardez autour de vous, vous serez surpris : Dieu a disparu, mais la croyance n'a pas disparu. Dieu n'est plus là : il y a maintenant une Cadillac ou une Lincoln ! Dieu a disparu, mais l'homme a créé de nouveaux dieux - Staline, Mao. Dieu a disparu et l'homme a créé de nouveaux dieux - les stars de cinéma.

C'est la première fois dans l'histoire de la conscience humaine que l'homme tombe aussi bas.

Et même si parfois vous vous souvenez de Dieu, ce n'est qu'un mot vide de sens. Peut-être quand vous souffrez, peut-être quand vous êtes frustré, alors vous utilisez Dieu - comme si Dieu était de l'aspirine. C'est ce que les soi-disant religions vous ont fait croire : elles disent : "Prenez Dieu trois fois par jour et vous n'aurez plus mal !". Ainsi, chaque fois que vous souffrez, vous vous souvenez de Dieu. Dieu n'est pas une aspirine, Dieu n'est pas un analgésique.

Quelques personnes se souviennent de Dieu de manière habituelle, quelques autres se souviennent de Dieu de manière professionnelle. Un prêtre - il se souvient professionnellement. Il n'a rien à voir avec Dieu, il est payé pour cela. Il est devenu compétent. Quelques personnes se souviennent de Dieu de manière habituelle, quelques unes de manière professionnelle, mais personne ne semble se souvenir de Dieu dans un amour profond. Quelques personnes invoquent son nom lorsqu'elles sont malheureuses ; personne ne se souvient de lui lorsqu'elles sont dans la joie, en train de célébrer. Et c'est le bon moment pour se souvenir - parce que ce n'est que lorsque vous êtes joyeux, immensément joyeux, que vous êtes proche de Dieu.

Quand on est dans la misère, on est loin, quand on est dans la misère, on est fermé. Quand on est heureux, on est ouvert, on coule, on peut tenir la main de Dieu.

Soit vous vous souvenez par habitude, parce qu'on vous l'a enseigné dès l'enfance - c'est devenu une sorte d'habitude, comme de fumer. Si vous fumez, vous n'appréciez pas grand-chose ; si vous ne fumez pas, vous avez l'impression qu'il vous manque quelque chose. Si vous vous souvenez de Dieu tous les matins et tous les soirs, vous n'atteignez rien, parce que le souvenir n'est pas celui du cœur - il n'est que verbal, mental, mécanique. Mais si vous ne vous souvenez pas, vous commencez à sentir qu'il vous manque quelque chose. C'est devenu un rituel. Méfiez-vous de faire de Dieu un rituel, et méfiez-vous de devenir professionnel en la matière.

J'ai entendu une histoire très célèbre :

L'histoire est celle d'un grand yogi, très célèbre, à qui un roi avait promis que s'il pouvait entrer en profond samadhi et rester sous terre pendant un an, le roi lui offrirait le meilleur cheval du royaume en récompense. Le roi savait que le yogi avait un cœur tendre pour les chevaux, c'était un grand amoureux des chevaux.

Le yogi accepta et fut enterré vivant pendant un an. Mais au cours de l'année, le royaume fut renversé et personne ne se souvint de déterrer le yogi.

Une dizaine d'années plus tard, quelqu'un s'en est souvenu : "Qu'est-il arrivé au yogi ?" Le roi envoya quelques personnes pour le découvrir. Le yogi fut déterré ; il était encore en transe profonde. On lui chuchota à l'oreille un mantra convenu à l'avance et on le réveilla. La première chose qu'il dit fut : "Où est mon cheval ?".

Après dix ans de silence sous la terre... mais l'esprit n'a pas changé du tout - "Où est mon cheval ?" Cet homme était-il vraiment en transe, en samadhi ? Pensait-il à Dieu ? Il devait penser au cheval. Mais il était professionnellement compétent, habile. Il a dû apprendre la technique pour arrêter la respiration et entrer dans une sorte de mort - mais c'était de la technique.

Rester dix ans dans un tel silence, et l'esprit n'a pas changé d'un iota ! C'est exactement comme si ces dix années ne s'étaient pas écoulées. Si vous vous souvenez techniquement de Dieu, si vous vous souvenez professionnellement de Dieu, si vous vous souvenez habituellement, mécaniquement de Dieu, alors rien ne se passera. Tout est possible, mais toutes les possibilités passent par le cœur. D'où le nom de cet écrit : Le Sutra du cœur.

Si vous ne faites pas quelque chose avec beaucoup d'amour, d'implication, d'engagement, de sincérité, d'authenticité, avec tout votre être, rien ne se passera.

Pour certaines personnes, la religion est comme un membre artificiel : elle n'a ni chaleur ni vie. Et bien qu'elle les aide à avancer, elle ne fait jamais partie d'eux ; il faut l'attacher chaque jour.

N'oubliez pas que cela est arrivé à des millions de personnes sur terre, et que cela peut vous arriver à vous aussi. Ne créez pas un membre artificiel, laissez de vrais membres grandir en vous. Ce n'est qu'alors que votre vie sera chaleureuse, que votre vie sera joyeuse - pas un faux sourire sur les lèvres, pas un pseudo bonheur auquel vous prétendez, pas un masque, mais la réalité. D'ordinaire, vous portez des choses :

quelqu'un arbore un beau sourire, un visage très compatissant, une personnalité très, très aimante - mais ce sont des vêtements que l'on met sur soi.

Au fond, vous restez le même.

Ces sutras peuvent devenir une révolution.

La première chose, le début, c'est toujours la question : "Qui suis-je ?". Et il faut continuer à demander. Lorsque vous demandez pour la première fois : "Qui suis-je ?", le muladhar vous répondra : "Tu es un corps ! Quelle absurdité ! Inutile de demander, tu le sais déjà." Puis le deuxième dira : "Tu es la sexualité." Puis le troisième dira : "Tu es un pouvoir, un ego" - et ainsi de suite.

Rappelez-vous que vous ne devez vous arrêter que lorsqu'il n'y a pas de réponse, pas avant. Si une réponse vous est donnée : "Tu es ceci, tu es cela", sachez que c'est un centre qui vous donne une réponse. Lorsque les six centres ont été traversés et que toutes leurs réponses ont été annulées, vous continuez à demander : "Qui suis-je ?" et aucune réponse ne vient de nulle part, c'est le silence total. Votre question résonne en vous-même : "Qui suis-je ?" et c'est le silence, aucune réponse ne vient de nulle part, d'aucun coin. Vous êtes absolument présent, absolument silencieux, et il n'y a même pas de vibration. "Qui suis-je ?" - et il n'y a que le silence. Puis un miracle se produit : vous ne pouvez même pas formuler la question. Les réponses sont devenues absurdes, et finalement la question devient elle aussi absurde. D'abord les réponses disparaissent, puis la question disparaît aussi - parce qu'elles ne peuvent vivre qu'ensemble. Elles sont comme les deux faces d'une pièce de monnaie : si l'une des faces a disparu, l'autre ne peut être conservée. Les réponses disparaissent d'abord, puis la question. Et avec la disparition de la question et de la réponse, vous réalisez que c'est transcendantal. Vous savez, mais vous ne pouvez pas le dire ; vous savez, mais vous ne pouvez pas vous exprimer clairement à ce sujet. Vous savez, de par votre être même, qui vous êtes, mais vous ne pouvez pas le verbaliser. C'est la connaissance de la vie ; elle n'est pas scripturale, elle n'est pas empruntée, elle ne vient pas des autres. Elle est née en vous.

Et avec cette naissance, vous êtes un bouddha. Et là, vous commencez à rire parce que vous vous rendez compte que vous êtes un bouddha depuis le tout début ; vous n'aviez simplement jamais regardé aussi profondément. Vous couriez sans cesse à l'extérieur de votre être, vous n'étiez jamais rentré chez vous.

Le philosophe Arthur Schopenhauer marchait dans une rue isolée. Plongé dans ses pensées, il heurte accidentellement un autre piéton. Furieux de la secousse et de l'apparente insouciance du philosophe, le piéton s'écrie : "Eh bien ! Pour qui vous prenez-vous ?".

Toujours perdu dans ses pensées, le philosophe dit : "Qui suis-je ? Comme j'aimerais le savoir".

Personne ne le sait.

Sachant cela - que je ne sais pas qui je suis - le voyage commence.

Le premier sutra :

HOMMAGE À LA PERFECTION DE LA SAGESSE, DE L'AMOUR, DE LA SAINTETÉ !

Il s'agit d'une invocation. Toutes les écritures indiennes commencent par une invocation pour une certaine raison.

Ce n'est pas le cas dans d'autres pays et dans d'autres langues ; ce n'est pas le cas en Grèce. La compréhension indienne est la suivante : nous sommes des bambous creux, seul l'infini coule à travers nous. L'infini doit être invoqué ; nous ne sommes que des instruments pour lui. Nous l'invoquons, nous l'appelons à couler à travers nous. C'est pourquoi personne ne sait qui a écrit ce Sutra du cœur. Il n'a pas été signé parce que la personne qui l'a écrit ne pensait pas en être l'auteur. Il n'était qu'un instrument. Il était comme un sténo ; la dictée venait de l'extérieur. Le texte lui a été dicté, il l'a fidèlement écrit, mais il n'en est pas l'auteur - tout au plus le rédacteur.

HOMMAGE À LA PERFECTION DE LA SAGESSE, DE L'AMOUR, DE LA SAINTETÉ !

C'est l'invocation, quelques mots, mais chaque mot est très, très lourd de sens.

HOMMAGE À LA PERFECTION DE LA SAGESSE...

Perfection de la sagesse" est la traduction de pragyaparamita. Pragya signifie sagesse.

N'oubliez pas qu'il ne s'agit pas de connaissances. La connaissance est celle qui vient de l'esprit, le savoir est celui qui vient de l'extérieur. La connaissance n'est jamais originale ! Elle ne peut pas être originale, de par sa nature même ; elle est empruntée. La sagesse est votre vision originale : elle ne vient pas de l'extérieur, elle grandit en vous. Elle n'est pas comme une fleur artificielle en plastique que l'on va acheter au marché. C'est une vraie rose qui pousse sur l'arbre, à travers l'arbre. C'est le chant de l'arbre. Il vient de son cœur le plus profond ; il surgit de sa profondeur. Un jour, il n'est pas exprimé, un autre jour, il est exprimé ; un jour, il n'était pas manifeste, un autre jour, il est devenu manifeste.

Pragya signifie sagesse, mais en anglais, même la sagesse a une connotation différente. En anglais, la connaissance signifie l'absence d'expérience : vous allez à l'université, vous accumulez des connaissances. La sagesse signifie que l'on va dans la vie et que l'on acquiert de l'expérience. Un jeune homme peut donc être bien informé, mais jamais sage, car la sagesse a besoin de temps. Un jeune homme peut avoir des diplômes : il peut être titulaire d'un doctorat ou d'un doctorat en droit - ce n'est pas difficile - mais seul un vieil homme peut être sage.

La sagesse, c'est la connaissance que l'on acquiert par sa propre expérience, mais elle vient toujours de l'extérieur.

Pragya n'est ni la connaissance ni la sagesse telles qu'on les entend habituellement. C'est une floraison intérieure - non pas par l'expérience, non pas par les autres, non pas par la vie et les rencontres de la vie, non, mais simplement en allant à l'intérieur, dans le silence le plus complet, et en permettant à ce qui est caché là d'exploser. Vous portez la sagesse comme une graine en vous ; elle a juste besoin d'un bon sol pour pouvoir germer. La sagesse est toujours originale. Elle est toujours la vôtre, et uniquement la vôtre.

Mais rappelez-vous encore une fois que lorsque je dis "votre", je ne veux pas dire qu'il y a un ego impliqué. Elle est vôtre dans le sens où elle provient de votre nature propre, mais elle n'a aucun droit sur l'ego - parce qu'encore une fois, l'ego fait partie du mental, pas de votre silence intérieur. Paramita signifie de l'au-delà, de l'au-delà, au-delà du temps et de l'espace ; lorsque vous vous déplacez vers un état où le temps disparaît, lorsque vous vous déplacez vers un lieu intérieur où l'espace disparaît, lorsque vous ne savez pas où vous êtes et quand, lorsque les deux références ont disparu. Le temps est en dehors de vous, tout comme l'espace est en dehors de vous. Il y a un point de passage en vous où le temps disparaît.

Quelqu'un a demandé à Jésus : "Parle-nous du royaume de Dieu. Qu'y aura-t-il de particulier ?" Jésus aurait répondu : "Il n'y aura plus de temps". Il y a l'éternité, un moment intemporel. C'est l'au-delà - un espace sans espace et un moment sans temps. Vous n'êtes plus confiné, vous ne pouvez donc pas dire où vous êtes.

Maintenant, regardez-moi : Je ne peux pas dire que je suis ici, car je suis aussi là-bas. Je ne peux pas dire que je suis en Inde, parce que je suis aussi en Chine. Et je ne peux pas dire que je suis sur cette planète, parce que ce n'est pas le cas.

Lorsque l'ego disparaît, vous ne faites qu'un avec le tout. Vous êtes partout et nulle part. Vous n'existez pas en tant qu'entité séparée, vous êtes dissous.

Le matin, sur une belle feuille, il y a une goutte de rosée qui brille dans le soleil du matin, tout à fait magnifique. Et puis elle commence à glisser, et elle glisse dans l'océan. Elle était là, sur la feuille :

Il y avait du temps et de l'espace, il avait une définition, une personnalité propre. Maintenant qu'il est tombé dans l'océan, vous ne pouvez plus le trouver nulle part - non pas parce qu'il est devenu inexistant, non. Il est maintenant partout ; c'est pourquoi vous ne pouvez le trouver nulle part. Vous ne pouvez pas le localiser parce que l'océan tout entier est devenu son emplacement. Il n'existe plus séparément.

Lorsque vous n'existez pas en étant séparé du tout, la pragyaparamita, la sagesse parfaite, la sagesse qui vient de l'au-delà, apparaît.

HOMMAGE À LA PERFECTION DE LA SAGESSE, DE L'AMOUR, DE LA SAINTETÉ !

Une belle provocation... On y lit : Je rends hommage à cette sagesse qui vient lorsque vous allez dans l'au-delà. Et c'est beau, et c'est saint - saint parce que vous êtes devenu un avec le tout ; beau parce que l'ego qui a créé toutes sortes de laideurs dans votre vie n'est plus.

Satyam, shivam, sunderam : c'est vrai, c'est bon, c'est beau. Ce sont les trois qualités.

HOMMAGE À LA PERFECTION DE LA SAGESSE - la vérité...

Voilà ce qu'est la vérité : la perfection de la sagesse, l'agréable, le beau, le saint, le bon.

Pourquoi l'appelle-t-on saint ? - Parce que les bouddhas y naissent. C'est le ventre des bouddhas. On devient un bouddha dès que l'on participe à cette perfection de la sagesse. Vous devenez un bouddha lorsque la goutte de rosée disparaît dans l'océan, perd sa séparation, ne lutte plus contre le tout, s'abandonne, est avec le tout, et non plus contre lui. D'où mon insistance à être avec la nature, à ne jamais être contre elle. N'essayez jamais de la surmonter, de la conquérir, de la vaincre. Si vous essayez de la vaincre, vous êtes voué à l'échec, car la partie ne peut pas vaincre le tout - et c'est ce que tout le monde essaie de faire. C'est pourquoi il y a tant de frustration, parce que tout le monde semble avoir échoué. Tout le monde essaie de conquérir le tout, de pousser la rivière. Naturellement, un jour, vous êtes fatigué, épuisé - votre source d'énergie est très limitée ; la rivière est vaste. Un jour, il vous prend, mais vous abandonnez par frustration.

Si vous pouvez céder avec joie, cela devient un abandon. Ce n'est plus une défaite, c'est une victoire.

On ne gagne qu'avec Dieu, jamais contre lui. Et n'oubliez pas que Dieu n'essaie pas de vous vaincre.

Votre défaite est auto-générée. Vous êtes vaincu parce que vous vous battez. Si vous voulez être vaincu, battez-vous ; si vous voulez gagner, abandonnez-vous. Tel est le paradoxe : ceux qui sont prêts à céder deviennent les vainqueurs. Les perdants sont les seuls gagnants dans ce jeu. Essayez de gagner et votre défaite est absolument certaine - ce n'est qu'une question de temps, de moment, mais il est certain que cela va arriver.

Elle est sainte parce que vous ne faites qu'un avec le tout. Vous palpitez avec lui, vous dansez avec lui, vous chantez avec lui. Vous êtes comme une feuille dans le vent : la feuille danse simplement avec le vent, elle n'a pas de volonté propre. Cette absence de volonté est ce que j'appelle sannyas, ce que le sutra appelle saint.

Le mot sanskrit pour saint est bhagavati. Il est encore plus important de le comprendre que le mot "saint", car ce dernier peut avoir une connotation chrétienne.

Bhagavati...

Bhagavati est le féminin de bhagavan. Tout d'abord, le sutra n'utilise pas le mot bhagavan, mais bhagavati, le féminin - parce que la source de tout est féminine, et non masculine. C'est le yin, pas le yang, c'est une mère, pas un père.

Le concept chrétien de Dieu comme père n'est pas si beau. Ce n'est rien d'autre que l'ego masculin. L'ego masculin ne peut pas penser que Dieu puisse être une "femme" ; l'ego masculin veut que Dieu soit un "homme". Et vous voyez toute la trinité chrétienne : les trois personnes sont des hommes, la femme n'est pas incluse - Dieu le père, le Christ le fils et le Saint-Esprit. C'est un club exclusivement masculin. Et souvenez-vous bien que le féminin est bien plus fondamental dans la vie que l'homme, parce que seule la femme a l'utérus, seule la femme peut donner naissance à la vie, à une nouvelle vie. Cela passe par le féminin.

Pourquoi cela passe-t-il par le féminin ? Ce n'est pas un hasard. Il passe par le féminin parce que seul le féminin peut le permettre - parce que le féminin est réceptif.

Le masculin est agressif, le féminin peut recevoir, absorber, devenir un passage.

Le sutra dit bhagavati, et non bhagavan. C'est d'une importance capitale. Cette sagesse parfaite dont sont issus tous les bouddhas est un élément féminin, une mère. L'utérus doit être une mère. Lorsque l'on considère Dieu comme un père, on ne semble pas comprendre ce que l'on fait.

Le père est une institution contre nature. La paternité n'existe pas dans la nature. La paternité n'existe que depuis quelques milliers d'années, c'est une institution humaine. La mère existe partout, la mère est naturelle.

Le père est venu au monde à cause de la propriété privée. Le père fait partie de l'économie, pas de la nature. Et lorsque la propriété privée disparaîtra - si elle disparaît un jour - le père disparaîtra. La mère restera là, toujours et toujours. On ne peut pas concevoir un monde sans la mère, on peut concevoir un monde sans le père très facilement. Et l'idée même est agressive. N'avez-vous pas observé ? Seuls les Allemands appellent leur pays "patrie", tous les autres pays l'appellent "mère". Ce sont des gens dangereux !

Le terme "patrie" est acceptable. En appelant votre pays "patrie", vous commencez quelque chose de dangereux, vous mettez le pied à l'étrier. Tôt ou tard, l'agression viendra, la guerre viendra. La graine est là.

Toutes les religions qui ont considéré Dieu comme un père ont été des religions agressives.

Le christianisme est agressif, l'islam aussi. Et vous savez parfaitement que le Dieu juif est un Dieu très colérique et arrogant.

Et le Dieu juif déclare : "Si vous n'êtes pas pour moi, alors vous êtes contre moi, et je vous détruirai : Si vous n'êtes pas pour moi, alors vous êtes contre moi, et je vous détruirai. Et je suis un Dieu très jaloux ; n'adorez que moi ! Les personnes qui ont considéré Dieu comme une mère étaient des personnes non violentes.

Les bouddhistes n'ont jamais mené de guerre au nom de la religion. Ils n'ont jamais essayé de convertir un seul être humain par la force, par une coercition quelconque. Les mahométans ont essayé de convertir les gens par l'épée, contre leur volonté, contre leur conscience. Les chrétiens ont essayé de manipuler les gens pour qu'ils deviennent chrétiens de toutes sortes de manières - parfois par l'épée, parfois par le pain, parfois par d'autres persuasions. Le bouddhisme est la seule religion qui n'a pas converti un seul être humain contre sa conscience. Seul le bouddhisme est une religion non violente, parce que le concept de la réalité ultime est féminin.

HOMMAGE À LA PERFECTION DE LA SAGESSE, DE L'AMOUR, DE LA SAINTETÉ !

Et n'oubliez pas que la vérité est belle. La vérité est belle parce que la vérité est une bénédiction. La vérité ne peut pas être laide, et la laideur ne peut pas être vraie ; la laideur est illusoire.

Lorsque vous voyez une personne laide, ne vous laissez pas tromper par sa laideur ; cherchez un peu plus profondément et vous trouverez une belle personne cachée là. Ne vous laissez pas tromper par la laideur. La laideur est dans votre interprétation. La vie est belle, la vérité est belle, l'existence est belle - elle ne connaît pas la laideur.

Et c'est charmant, c'est féminin et c'est saint. Mais rappelez-vous, ce que l'on entend par "saint" n'est pas ce que l'on entend habituellement - comme s'il s'agissait d'un autre monde, comme s'il s'agissait d'un sacré par rapport au mondain et au profane, non. Tout est saint. Il n'y a rien que l'on puisse qualifier de mondain ou de profane. Tout est sacré parce que tout est imprégné de l'Un.

Il y a des bouddhas et des bouddhas ! - des arbres-bouddhas, des chiens-bouddhas, des oiseaux-bouddhas, des hommes-bouddhas, des femmes-bouddhas, mais tous sont des bouddhas. Tous sont sur le chemin ! L'homme n'est pas un Dieu en ruine, l'homme est un Dieu en devenir, en chemin.

Le deuxième sutra :

AVALOKITA, LE SAINT SEIGNEUR ET BODHISATTVA, SE DÉPLAÇAIT DANS LE COURS PROFOND DE LA SAGESSE QUI A DÉPASSÉ.

LORSQU'IL REGARDA D'EN HAUT, IL NE VIT QUE CINQ MONCEAUX, ET IL VIT QU'ILS ÉTAIENT VIDES EN EUX-MÊMES.

Avalokita est un nom de Bouddha. Littéralement, il signifie celui qui regarde d'en haut - avalokita - celui qui regarde d'en haut, celui qui se tient au septième centre, sahasrar, le transcendantal, et qui regarde de là. Naturellement, tout ce que vous voyez est contaminé par votre point de vue, par l'espace dans lequel vous vous trouvez.

Si un homme qui vit au premier échelon - le corps physique - regarde quoi que ce soit, il le fait à partir de ce point de vue. Un homme qui vit dans le corps physique ne regarde que votre corps lorsqu'il vous regarde, il ne peut pas regarder plus que cela, il ne peut pas voir plus que cela. Votre vision des choses dépend de l'endroit d'où vous regardez.

Un homme sexuellement perturbé, sexuellement impliqué dans des fantasmes, ne regarde que de ce point de vue. Un homme qui a faim regarde de ce point de vue. Observez votre propre personne. Vous regardez les choses, et chaque fois que vous les regardez, elles vous apparaissent différentes parce que vous êtes différent. Le matin, le monde est un peu plus beau que le soir. Le matin, vous êtes frais, et le matin, vous sortez d'un grand sommeil, du sommeil profond, du sommeil sans rêve. Vous avez goûté à quelque chose de transcendantal, bien qu'inconsciemment. Le matin, tout est beau.

Les gens sont plus compatissants, plus aimants ; ils sont plus purs le matin, plus innocents le matin. Le soir venu, ces mêmes personnes deviennent plus corrompues, plus rusées, plus intelligentes, plus manipulatrices, plus laides, plus violentes, plus trompeuses. Ce sont les mêmes personnes, mais le matin, elles étaient très proches de la transcendance. Le soir, ils ont trop vécu dans le terrestre, dans le mondain, dans le physique, et ils s'y sont concentrés.

L'homme parfait est celui qui peut se déplacer facilement à travers ces sept chakras - c'est l'homme de la liberté - qui n'est fixé en aucun point, qui est comme un cadran : vous pouvez l'ajuster à n'importe quelle vision. C'est ce qu'on appelle un mukta, quelqu'un qui est vraiment libre. Il peut se déplacer dans toutes les dimensions et pourtant ne pas être touché par elles. Sa pureté n'est jamais perdue, sa pureté reste celle de la transcendance.

Bouddha peut venir toucher votre corps et le guérir. Il peut devenir un corps, mais c'est sa liberté. Il peut devenir un esprit, vous parler et vous expliquer des choses, mais il n'est jamais l'esprit. Il vient et se tient derrière l'esprit, il l'utilise, tout comme vous conduisez votre voiture - vous ne devenez jamais la voiture. Il utilise tous ces échelons, il est toute l'échelle. Mais son point de vue ultime reste le transcendantal. Telle est sa nature.

Avalokita" signifie celui qui regarde le monde depuis l'au-delà.

AVALOKITA, LE SAINT SEIGNEUR ET BODHISATTVA, SE DÉPLAÇAIT DANS LE COURS PROFOND DE LA SAGESSE QUI A DÉPASSÉ.

Le sutra dit que cet état de dépassement n'est pas statique. C'est un mouvement, un processus, comme une rivière. Ce n'est pas un nom, c'est un verbe. Il se déploie continuellement. C'est pourquoi les hindous l'appellent le lotus à mille pétales : "mille" signifie simplement infini, c'est le symbole de l'infini.

Pétales sur pétales, pétales sur pétales s'ouvrent sans fin. Le voyage commence mais ne se termine jamais. C'est un pèlerinage éternel.

AVALOKITA, LE SAINT SEIGNEUR ET BODHISATTVA, SE DÉPLAÇAIT DANS LE COURS PROFOND DE LA SAGESSE QUI A DÉPASSÉ.

Il s'écoulait comme une rivière dans le monde de l'au-delà. On l'appelle le saint seigneur et le bodhisattva. Là encore, il faut se souvenir du mot sanskrit. Le mot sanskrit est iswara, que l'on traduit par "saint seigneur". Iswara" signifie quelqu'un qui est devenu absolument riche de ses propres richesses, dont les richesses sont de sa propre nature ; personne ne peut les prendre, personne ne peut les voler, elles ne peuvent être perdues. Toutes les richesses que vous possédez peuvent être perdues, peuvent être volées, seront perdues - un jour, la mort viendra et emportera tout. Lorsque quelqu'un est parvenu à ce diamant intérieur qu'est son propre être, la mort ne peut pas l'emporter. La mort n'a rien à voir avec lui. Il ne peut être volé, il ne peut être perdu. C'est alors que l'on devient iswara, que l'on devient un saint seigneur. On est alors devenu bhagavan.

Le mot bhagavan signifie simplement "le bienheureux". C'est alors que l'on devient le bienheureux.

Sa bénédiction est éternelle ; elle ne dépend de rien, elle est indépendante. Elle n'est causée par rien et ne peut donc pas être enlevée. Elle n'est pas causée, elle est la nature intrinsèque de l'individu.

Et il est appelé bodhisattva. Le bodhisattva est un très beau concept dans le bouddhisme.

Bodhisattva désigne celui qui est devenu un bouddha mais qui se maintient encore dans le monde du temps et de l'espace - pour aider les autres. Bodhisattva signifie "essentiellement un bouddha", il est juste prêt à tomber et à disparaître, il est prêt à entrer dans le nirvana. Il ne reste plus rien à résoudre, tous ses problèmes sont résolus. Il n'est pas nécessaire qu'il soit ici, mais il est toujours là. Il n'y a rien d'autre à apprendre ici, mais il est toujours là. Et il se maintient dans la forme du corps, dans la forme de l'esprit - il maintient toute l'échelle. Il est allé au-delà, mais il garde toute l'échelle - pour aider, par compassion.

On raconte que Bouddha a atteint les portes de l'ultime, le nirvana. Les portes étaient ouvertes, les anges dansaient et chantaient pour l'accueillir - car il est rare qu'un être humain devienne un bouddha en des millions d'années. Ces portes s'ouvrent et ce jour est naturellement un grand jour de célébration. Tous les anciens bouddhas s'étaient rassemblés, il y avait de grandes réjouissances, des fleurs pleuvaient, on jouait de la musique, tout était décoré - c'était un jour de fête.

Mais Bouddha ne franchit pas la porte. Et les anciens bouddhas, les mains jointes, lui demandèrent, lui demandèrent d'entrer : "Pourquoi reste-t-il à l'extérieur ?" Bouddha aurait répondu : "À moins que tous les autres qui viennent derrière moi n'entrent, je n'entrerai pas. Je resterai à l'extérieur, car une fois entré, je disparaîtrai. Je ne serai alors d'aucune aide pour ces gens. Je vois des millions de personnes qui trébuchent et tâtonnent dans l'obscurité. J'ai moi-même tâtonné de la même manière pendant des millions de vies. Je voudrais leur tendre la main. S'il vous plaît, fermez la porte. Quand tout le monde sera venu, je frapperai moi-même, et vous pourrez alors me recevoir."

Une belle histoire... C'est ce qu'on appelle l'état de bodhisattva : celui qui est prêt à disparaître mais qui tient encore - dans son corps, dans son esprit, dans le monde, dans le temps et dans l'espace - à aider les autres.

Bouddha dit : La méditation suffit à résoudre vos problèmes, mais il y manque quelque chose : la compassion. Si vous avez de la compassion, vous pouvez aider les autres à résoudre leurs problèmes. Il dit : "La méditation est de l'or pur : La méditation est de l'or pur ; elle a sa propre perfection. Mais s'il y a de la compassion, l'or a aussi un parfum - une perfection supérieure, un nouveau type de perfection, de l'or avec un parfum. L'or se suffit à lui-même - il a beaucoup de valeur - mais avec la compassion, la méditation a un parfum.

La compassion permet à un bouddha de rester un bodhisattva, juste à la limite. Oui, pendant quelques jours, quelques années, on peut tenir, mais pas longtemps - parce que, peu à peu, les choses commencent à disparaître d'elles-mêmes. Quand on n'est pas attaché au corps, on en devient disloqué. On peut parfois venir, avec un effort. Vous pouvez utiliser le corps, avec effort, mais vous n'y êtes plus installé. Lorsque vous n'êtes plus dans l'esprit, vous pouvez parfois l'utiliser, mais il ne fonctionne plus aussi bien qu'avant. Vous n'y circulez plus.

Lorsque vous ne l'utilisez pas, il reste là : c'est un mécanisme qui commence à rouiller.

Lorsqu'un homme a atteint le septième échelon, pendant quelques jours ou quelques années, il peut utiliser les six échelons. Il peut revenir en arrière et les utiliser, mais au fur et à mesure, ils commencent à se briser. Au fur et à mesure, ils commencent à mourir. Un bodhisattva ne peut rester ici qu'une vie, tout au plus. Ensuite, il doit disparaître, car le mécanisme disparaît.

Mais tous ceux qui ont atteint la perfection ont essayé, dans la mesure de leurs possibilités, d'utiliser le corps-esprit pour aider ceux qui sont dans le corps et l'esprit, pour aider ceux qui ne peuvent comprendre que le langage du corps et de l'esprit, pour aider les disciples.

AVALOKITA, LE SAINT SEIGNEUR ET BODHISATTVA, SE DÉPLAÇAIT DANS LE COURS PROFOND DE LA SAGESSE QUI A DÉPASSÉ.

LORSQU'IL REGARDA D'EN HAUT, IL NE VIT QUE CINQ MONCEAUX, ET IL VIT QU'ILS ÉTAIENT VIDES EN EUX-MÊMES.

Quand vous regardez de ce point de vue... Par exemple, je viens de vous dire que je salue le Bouddha qui est en vous. C'est une vision de l'au-delà : je vous vois comme des bouddhas potentiels. Et une autre vision est que je vous vois simplement comme des coquilles vides.

Ce que vous pensez être n'est rien d'autre qu'une coquille vide. Quelqu'un pense qu'il est un homme ; c'est une idée vide. La conscience n'est ni masculine ni féminine. Quelqu'un pense qu'il a un très beau corps, qu'il est beau, fort, ceci et cela - c'est une idée vide, juste l'ego qui vous trompe. Quelqu'un pense qu'il sait beaucoup de choses - cela n'a aucun sens. Son mécanisme a accumulé des souvenirs et il est trompé par ces souvenirs. Ce sont toutes des choses vides.

Ainsi, du point de vue de la transcendance, d'un côté je vous vois comme des bouddhas en herbe, de l'autre je vous vois comme des coquilles vides.

Bouddha a dit que l'homme est constitué de cinq éléments, cinq skandhas, qui sont tous vides.

La combinaison de ces cinq éléments donne naissance à un sous-produit appelé l'ego, le moi. C'est comme une horloge qui fonctionne : elle fait tic-tac. Vous pouvez écouter et le tic-tac est là ; vous pouvez ouvrir l'horloge, vous pouvez séparer toutes les parties pour trouver d'où vient le tic-tac. Où se trouve le tic-tac ? Vous ne le trouverez nulle part. Le tic-tac est un sous-produit. Il s'agit simplement d'une combinaison de quelques éléments. Quelques éléments fonctionnant ensemble ont créé un tic-tac.

C'est ce que votre "moi" est - cinq éléments fonctionnant ensemble pour créer le tic appelé "moi". Mais il est vide, il ne contient rien. Si vous cherchez quelque chose de substantiel en lui, vous ne le trouverez pas.

C'est l'une des intuitions les plus profondes du Bouddha : la vie est vide, la vie telle que nous la connaissons est vide. La vie est également pleine, mais nous n'en savons rien. À partir de ce vide, il faut se diriger vers une plénitude, mais cette plénitude est inconcevable pour l'instant - parce que cette plénitude, dans cet état, n'aura l'air que d'un vide. Dans cet état, votre plénitude semble vide - un roi ressemble à un mendiant ; un homme de connaissance, un homme cultivé, semble stupide, ignorant.

Une petite histoire :

Un saint homme accueillit un élève et lui dit : "Il serait bon que tu essaies d'écrire tout ce que tu comprends de la vie religieuse et ce qui t'y a amené".

L'élève s'en alla et commença à écrire. Un an plus tard, il revint voir le maître et lui dit : "J'ai travaillé très dur sur ce texte, et bien qu'il soit loin d'être achevé, voici les principales raisons de ma lutte."

Le maître lit le travail, qui compte plusieurs milliers de mots, puis dit au jeune homme : "C'est admirablement raisonné et clairement exposé, mais c'est un peu long. Essaie de l'abréger un peu." Le novice s'en alla et, cinq ans plus tard, il revint avec un ouvrage d'à peine cent pages.

Le maître sourit et, après l'avoir lue, il dit : "Maintenant, tu t'approches vraiment du cœur de la question. Tes pensées sont claires et fortes. Mais elle est encore un peu longue ; essaie de la condenser, mon fils."

Le novice s'en alla tristement, car il avait travaillé dur pour atteindre l'essence. Mais dix ans plus tard, il revint et, s'inclinant très bas devant le maître, il lui offrit cinq pages et lui dit : "Voici le noyau de ma foi, le cœur de ma vie, et je vous demande votre bénédiction pour m'y avoir conduit."

Le maître le lit lentement et attentivement : "C'est vraiment merveilleux, dit-il, dans sa simplicité et sa beauté, mais ce n'est pas encore parfait. Essayez de parvenir à une clarification finale.

Lorsque le maître eut atteint l'heure prévue et se prépara à sa fin, son élève revint vers lui et, s'agenouillant devant lui pour recevoir ses bénédictions, lui tendit une simple feuille de papier sur laquelle il n'y avait rien d'écrit.

Le maître posa alors ses mains sur la tête de son ami et lui dit : "Maintenant... maintenant tu as compris."

Dans cette vision transcendantale, ce que vous avez est vide. D'après votre vision, votre vision névrotique, ce que j'ai est vide.

Pour vous, Bouddha semble vide - juste du vide pur. À cause de vos idées, de vos attachements, de votre possessivité à l'égard des choses, Bouddha semble vide. Bouddha est plein : vous êtes vide. Et sa vision est absolue ; votre vision est très relative.

Le sutra dit :

AVOLOKITA, LE SAINT SEIGNEUR ET BODHISATTVA, SE DÉPLAÇAIT DANS LE COURS PROFOND DE LA SAGESSE QUI A DÉPASSÉ.

LORSQU'IL REGARDA D'EN HAUT, IL NE VIT QUE CINQ MONCEAUX, ET IL VIT QU'ILS ÉTAIENT VIDES EN EUX-MÊMES.

La vacuité est la clé du bouddhisme - shunyata. Nous y reviendrons de plus en plus au fur et à mesure que nous pénétrerons dans les domaines plus profonds du Sutra du cœur.

Méditez sur ces sutras - méditez avec amour, avec sympathie, pas avec logique et raisonnement. Si vous abordez ces sutras avec logique et raisonnement, vous en tuerez l'esprit. Ne les disséquez pas. Essayez de les comprendre tels qu'ils sont, et n'y apportez pas votre esprit - votre esprit serait une interférence.

Si vous pouvez regarder ces sutras sans votre esprit, vous obtiendrez une grande clarté.

C'est suffisant pour aujourd'hui.

S'abandonner, c'est comprendre

La première question :

Question 1 :

BIEN-AIMÉ MAÎTRE, PARFOIS EN ÉTANT SIMPLEMENT ASSIS, LA QUESTION SURGIT DANS L'ESPRIT : QU'EST-CE QUE LA VÉRITÉ ?

MAIS LORSQUE JE VIENS ICI, JE ME RENDS COMPTE QUE JE NE SUIS PAS CAPABLE DE DEMANDER. MAIS PUIS-JE DEMANDER CE QUI SE PASSE DANS CES MOMENTS OÙ LA QUESTION SE POSE AVEC UNE TELLE FORCE QUE SI VOUS AVIEZ ÉTÉ À PROXIMITÉ, JE L'AURAIS POSÉE.

OU SI TU N'AVAIS PAS RÉPONDU, J'AURAIS ATTRAPÉ TA BARBE OU TON COLLIER ET JE T'AURAIS DEMANDÉ : "QU'EST-CE QUE LA VÉRITÉ, MAÎTRE ?".

C'est la question la plus importante qui puisse se poser à quiconque, mais il n'y a pas de réponse à cette question. La question la plus importante, la question ultime, ne peut avoir de réponse ; c'est pourquoi elle est ultime.

Lorsque Ponce Pilate a demandé à Jésus : "Qu'est-ce que la vérité ? Jésus s'est tu. Non seulement cela, mais l'histoire dit que lorsque Ponce Pilate a posé la question "Qu'est-ce que la vérité ? il n'a pas attendu la réponse. Il a quitté la pièce et s'en est allé. C'est très étrange. Ponce Pilate pense également qu'il ne peut pas y avoir de réponse à cette question, c'est pourquoi il n'a pas attendu la réponse. Jésus est resté silencieux parce qu'il sait lui aussi qu'il n'y a pas de réponse.

Mais ces deux compréhensions ne sont pas les mêmes, car ces deux personnes sont diamétralement opposées. Ponce Pilate pense qu'on ne peut pas y répondre parce qu'il n'y a pas de vérité ; comment peut-on y répondre ? C'est l'esprit logique, l'esprit romain. Jésus se tait non pas parce qu'il n'y a pas de vérité, mais parce que la vérité est si vaste qu'elle n'est pas définissable. La vérité est tellement immense, énorme, qu'elle ne peut être enfermée dans un mot, qu'elle ne peut être réduite au langage. Elle est là.

On peut l'être, mais on ne peut pas le dire.

Pour deux raisons différentes, ils se sont comportés presque de la même manière : Ponce n'attend pas la réponse, il sait déjà qu'il n'y a pas de vérité. Jésus se tait parce qu'il connaît la vérité et sait qu'elle ne peut être dite.

Chidvilas a posé cette question. Cette question est absolument importante. Il n'y a pas de question plus importante que celle-là, parce qu'il n'y a pas de religion plus importante que la vérité. Elle doit être comprise, la question doit être analysée. En analysant la question, en essayant de comprendre la question elle-même, on peut avoir un aperçu de ce qu'est la vérité. Je n'y répondrai pas, je ne peux pas y répondre, personne ne peut y répondre. Mais nous pouvons approfondir la question. En approfondissant la question, celle-ci commencera à disparaître. Lorsque la question aura disparu, vous trouverez la réponse au cœur même de votre cœur - vous êtes la vérité, alors comment pouvez-vous la manquer ? Peut-être l'avez-vous oubliée, peut-être l'avez-vous perdue de vue, peut-être avez-vous oublié comment entrer dans votre propre être, dans votre propre vérité.

La vérité n'est pas une hypothèse, la vérité n'est pas un dogme. La vérité n'est ni hindoue, ni chrétienne, ni mahométane. La vérité n'est ni la mienne ni la vôtre. La vérité n'appartient à personne, mais tout le monde appartient à la vérité. La vérité signifie ce qui est : c'est exactement le sens du mot. Il vient d'une racine latine, verus. Verus signifie : ce qui est. En anglais, il existe quelques mots dérivés de la racine latine verus : was, were - ils viennent de verus. En allemand, war (guerre) vient de verus. Verus signifie ce qui est, sans interprétation. Une fois que l'interprétation entre en jeu, ce que vous savez est la réalité et non la vérité. C'est la différence entre la vérité et la réalité. La réalité est la vérité interprétée.

Dès que vous répondez à la question "Qu'est-ce que la vérité ?", elle devient réalité ; elle n'est plus la vérité. L'interprétation y est entrée, l'esprit l'a colorée. Et il y a autant de réalités qu'il y a d'esprits, il y a plusieurs réalités. La vérité est une parce qu'elle n'est connue que lorsque l'esprit n'est pas là. C'est le mental qui vous sépare de moi, des autres, de l'existence. Si vous regardez à travers l'esprit, alors l'esprit vous donnera une image de la vérité.

Ce ne sera qu'une image, une photographie de ce qui est. Et bien sûr, la photographie dépend de l'appareil photo, de la pellicule utilisée, des produits chimiques, de la façon dont elle a été développée, de la façon dont elle a été imprimée, de la personne qui l'a faite. Mille et une autres choses entrent en ligne de compte ; elle devient réalité.

Le mot "réalité" est également beau à comprendre. Il vient de la racine, res ; il signifie chose ou choses. La vérité n'est pas une chose. Une fois interprétée, une fois que l'esprit l'a saisie, définie, délimitée, elle devient une chose.

Lorsque vous tombez amoureux d'une femme, il y a une part de vérité - si vous n'en ayez absolument pas conscience, si vous ne l'avez pas "fait" d'une manière ou d'une autre, si vous n'avez pas agi, si vous n'avez pas géré, si vous n'y avez même pas pensé. Soudain, vous voyez une femme, vous la regardez dans les yeux, elle vous regarde dans les yeux, et un déclic se produit. Vous n'en êtes pas l'auteur, vous êtes simplement possédé par elle, vous tombez simplement dedans. Cela n'a rien à voir avec vous. Votre ego n'est pas impliqué, du moins pas au tout début, lorsque l'amour est vierge. À ce moment-là, il y a la vérité, mais il n'y a pas d'interprétation. C'est pourquoi l'amour reste indéfinissable.

Très vite, l'esprit entre en jeu, commence à gérer les choses, prend possession de vous. Vous commencez à penser à la fille comme à votre petite amie, vous commencez à penser à la façon de vous marier, vous commencez à penser à la femme comme à votre épouse. Maintenant, ce sont des choses ; la petite amie, la femme - ce sont des choses. La vérité n'est plus là, elle a reculé. Aujourd'hui, les choses deviennent plus importantes. Le définissable est plus sûr, l'indéfinissable est incertain. Vous avez commencé à tuer, à empoisonner la vérité. Tôt ou tard, il y aura une femme et un mari, deux choses. Mais la beauté a disparu, la joie a disparu, la lune de miel est terminée.

La lune de miel se termine à ce moment précis où la vérité devient réalité, où l'amour devient une relation. La lune de miel est malheureusement très courte - je ne parle pas de la lune de miel pour laquelle vous partez. La lune de miel est très courte. Elle a peut-être existé un seul instant, mais sa pureté, sa pureté cristalline, sa divinité, son au-delà - elle vient de l'éternité, elle n'est pas dans le temps. Elle ne fait pas partie de ce monde terrestre, elle est comme un rayon qui pénètre dans un trou sombre. Il vient de la transcendance. Il est tout à fait approprié d'appeler l'amour Dieu, car l'amour est la vérité. Dans la vie ordinaire, l'amour est ce qui se rapproche le plus de la vérité.

Chidvilas s'interroge : "Qu'est-ce que la vérité ?"

La demande doit disparaître ; ce n'est qu'alors que l'on sait.

Si vous demandez "Qu'est-ce que la vérité ?", que demandez-vous ? Si je dis que A est la vérité, B est la vérité, C est la vérité, est-ce que ce sera la réponse ? Si je dis que A est la vérité, il est certain que A ne peut pas être la vérité : c'est quelque chose d'autre que j'utilise comme synonyme de la vérité. S'il s'agit d'un synonyme absolu, il s'agira d'une tautologie. Je peux alors dire "La vérité est la vérité", mais c'est idiot, cela n'a pas de sens. Cela ne résout rien. Si c'est exactement la même chose, si A est la vérité, alors cela signifiera que la vérité est la vérité. Si A est différent, n'est pas exactement la vérité, alors je falsifie. Dans ce cas, dire que A est la vérité ne sera qu'approximatif. Et rappelez-vous qu'il ne peut y avoir rien d'approximatif. Soit la vérité est, soit elle n'est pas. Je ne peux donc pas dire que A est la vérité.

Je ne peux même pas dire "Dieu est la vérité", car si Dieu est la vérité, c'est une tautologie - "La vérité est la vérité". Dans ce cas, je ne dis rien. Si Dieu est différent de la vérité, alors je dis quelque chose, mais je dis quelque chose de faux. Si Dieu est différent, comment peut-il être la vérité ? Si je dis que c'est approximatif, linguistiquement cela semble correct, mais ce n'est pas juste.

Le terme "approximativement" signifie qu'il y a un peu de mensonge, quelque chose de faux. Sinon, pourquoi n'est-ce pas une vérité à cent pour cent ? Si elle est vraie à 99 %, c'est qu'il y a quelque chose qui n'est pas vrai. Et la vérité et la non-vérité ne peuvent exister ensemble, tout comme l'obscurité et la lumière ne peuvent exister ensemble - parce que l'obscurité n'est rien d'autre que l'absence. L'absence et la présence ne peuvent exister ensemble, la vérité et la non-vérité ne peuvent exister ensemble. La non-vérité n'est rien d'autre que l'absence de vérité.

Aucune réponse n'est donc possible, c'est pourquoi Jésus est resté silencieux. Mais si vous regardez cela avec une profonde sympathie, si vous regardez le silence de Jésus, vous aurez une réponse. Le silence est la réponse.

Jésus dit : "Taisez-vous comme je me tais, et vous saurez" - il ne le dit pas en paroles. C'est un geste, c'est très, très zen. À ce moment-là, lorsque Jésus reste silencieux, il se rapproche beaucoup de l'approche zen, de l'approche bouddhiste. Il est un Bouddha à ce moment-là. Bouddha n'a jamais répondu à ces questions. Il avait dressé une liste de onze questions : partout où il se déplaçait, ses disciples se déplaçaient et déclaraient aux gens : "Ne posez jamais ces onze questions à Bouddha" - des questions qui sont fondamentales, des questions qui sont vraiment importantes. Vous pouvez poser n'importe quelle autre question, et Bouddha est toujours prêt à répondre. Mais ne posez pas de questions fondamentales, parce que le fondamental ne peut être vécu que par l'expérience. Et la vérité est ce qu'il y a de plus fondamental ; la substance même de l'existence est ce qu'est la vérité.

Allez à la rencontre de la question. La question est importante, elle surgit dans votre cœur : "Qu'est-ce que la vérité ?" - Le désir de connaître ce qui est est en train de naître. Ne l'écartez pas, pénétrez-la. Chidvilas, chaque fois que cela se reproduit, fermez les yeux, pénétrez dans la question. Laissez la question devenir très, très concentrée - "Qu'est-ce que la vérité ?" Faites naître une grande concentration. Oubliez tout, comme si votre vie entière dépendait de cette simple question : "Qu'est-ce que la vérité ?" Que cela devienne une question de vie ou de mort. Et n'essayez pas d'y répondre, car vous ne connaissez pas la réponse.

Les réponses peuvent venir - l'esprit essaie toujours de fournir des réponses - mais voyez le fait que vous ne savez pas, c'est la raison pour laquelle vous demandez. Alors, comment votre esprit peut-il vous fournir une réponse ? L'esprit ne sait pas, alors dites-lui : "Taisez-vous." Si vous savez, la question n'a pas lieu d'être. Vous ne savez pas, d'où la question.

Ne vous laissez donc pas abuser par les jouets de l'esprit. Il fournit des jouets : il dit : "Regardez, c'est écrit dans la Bible. Regardez, c'est écrit dans les Upanishads. C'est la réponse. Regardez, c'est écrit par Lao Tseu, c'est la réponse." L'esprit peut vous lancer toutes sortes d'écritures : l'esprit peut citer, l'esprit peut puiser dans la mémoire. Vous avez entendu beaucoup de choses, vous avez lu beaucoup de choses ; l'esprit porte tous ces souvenirs. Il peut répéter de manière mécanique. Mais observez ce phénomène : l'esprit ne sait pas, et tout ce qu'il répète est emprunté.

Et l'emprunt ne peut rien y faire.

Cela s'est passé à un passage à niveau. Les barrières étaient fermées, un train devait passer et un homme était assis dans sa voiture, attendant le passage du train, en train de lire un livre. Un ivrogne qui était assis à côté de la barrière s'est approché et a frappé à la fenêtre de la voiture climatisée.

L'homme ouvre la fenêtre et dit : "Que puis-je faire pour vous ? Avez-vous besoin d'aide ?"

Et le clochard dit : "Oui, cela fait deux jours que je n'ai rien mangé du tout. Pouvez-vous me donner deux roupies ? Cela me suffira, juste deux roupies."

L'homme rit et dit : "Ne jamais emprunter et ne jamais prêter d'argent". Il montre le livre au clochard et dit : "Shakespeare - c'est Shakespeare qui le dit. Regarde."

Le clochard a sorti de sa poche un livre de poche très sale et a dit à l'homme : "Fils de pute - D. H. Lawrence".

Méfiez-vous de l'esprit. L'esprit continue à citer, l'esprit sait tout sans savoir du tout. L'esprit est un prétentieux. Observez ce phénomène : c'est ce que j'appelle l'introspection. Il ne s'agit pas de penser. Si vous y pensez, c'est encore l'esprit. Il faut voir de fond en comble.

Il faut examiner en profondeur le phénomène même, le fonctionnement de l'esprit, comment l'esprit fonctionne. Il emprunte ici et là, il continue d'emprunter et d'accumuler. C'est un accumulateur, un accumulateur de connaissances. L'esprit devient très savant, et lorsque vous posez une question vraiment importante, l'esprit vous donne une réponse sans importance - futile, superficielle, sans intérêt.

Un homme a acheté un perroquet dans une animalerie. Le propriétaire de l'animal lui a assuré que l'oiseau apprendrait à dire bonjour en une demi-heure. De retour chez lui, il passa une heure à saluer le perroquet, mais celui-ci ne prononça pas un mot. Alors qu'il se détournait, désespéré, l'oiseau lui dit : "Numéro engagé".

Un perroquet est un perroquet. Il a dû l'entendre dans l'animalerie. Cet homme n'arrêtait pas de dire "Bonjour, bonjour, bonjour" et l'oiseau l'écoutait et attendait qu'il s'arrête. Il pouvait alors dire : "Numéro engagé !"

Vous pouvez continuer à demander à l'esprit : "Qu'est-ce que la vérité, qu'est-ce que la vérité, qu'est-ce que la vérité ?" Et dès que vous vous arrêterez, l'esprit dira immédiatement : "Numéro engagé" ou quelque chose comme ça. L'esprit vous donnera une réponse. Méfiez-vous de l'esprit.

L'esprit est le diable, il n'y a pas d'autre diable. Et c'est votre esprit. Il faut développer cette perspicacité - regarder à travers et à travers. Coupez l'esprit en deux d'un coup d'épée. Cette épée est la conscience. Coupez l'esprit en deux et traversez-le, dépassez-le ! Et si vous pouvez aller au-delà du mental, à travers le mental, et qu'un moment de non-mental surgit en vous, la réponse est là - pas une réponse verbale, pas une citation d'écriture, pas entre guillemets, mais authentiquement vôtre, une expérience. La vérité est une expérience existentielle.

La question est immensément importante, mais vous devrez être très respectueux de la question. Ne soyez pas pressés de trouver une réponse, sinon certains déchets tueront la réponse.

Ne laissez pas votre esprit tuer la question. Et la façon dont l'esprit tue la question est de fournir des réponses, non vécues, non expérimentées.

Vous êtes la vérité ! Mais cela ne peut se produire que dans le silence le plus complet, lorsque pas une seule pensée ne bouge, lorsque l'esprit n'a rien à dire, lorsqu'il n'y a pas une seule ondulation dans votre conscience. Lorsqu'il n'y a pas d'ondulation dans votre conscience, votre conscience reste non déformée. Lorsqu'il y a une ondulation, il y a une distorsion.

Il suffit d'aller au bord d'un lac. Debout sur la rive, regardez votre reflet. S'il y a des vagues, des ondulations sur le lac et que le vent souffle, votre reflet est instable. Vous ne pouvez pas savoir ce qui est quoi - où est votre nez et où sont vos yeux - vous ne pouvez que deviner. Mais lorsque le lac est silencieux, que le vent ne souffle pas et qu'il n'y a pas la moindre ondulation à la surface, vous êtes soudain là. Dans une perfection absolue, le reflet est là. Le lac devient un miroir.

Chaque fois qu'une pensée se déplace dans votre conscience, elle se déforme. Et il y a beaucoup de pensées, des millions de pensées, qui se bousculent continuellement, et c'est toujours l'heure de pointe. Vingt-quatre heures sur vingt-quatre, c'est l'heure de pointe, et le trafic continue encore et encore, et chaque pensée est associée à des milliers d'autres pensées. Elles se tiennent toutes par la main et sont reliées entre elles, et toute la foule se précipite autour de vous. Comment pouvez-vous savoir ce qu'est la vérité ?

Sortez de cette foule.

Voilà ce qu'est la méditation, voilà ce qu'est la méditation : une conscience sans esprit, une conscience sans pensées, une conscience sans vacillement - une conscience inébranlable. Elle est alors là dans toute sa beauté et sa bénédiction. La vérité est alors là - appelez-la Dieu, appelez-la nirvana, ou appelez-la comme vous voulez. Elle est là, et elle est là en tant qu'expérience. Vous êtes en elle et elle est en vous.

Utilisez cette question. Rendez-la plus pénétrante. Rendez-la si pénétrante ; mettez tout en jeu pour que le mental ne puisse pas vous tromper par ses réponses superficielles. Une fois que l'esprit disparaîtra, une fois que l'esprit ne jouera plus ses vieux tours, vous saurez ce qu'est la vérité. Vous la connaîtrez dans le silence. Vous la connaîtrez dans la conscience sans pensée.

La deuxième question :

Question 2 :

BELOVED MAÎTRE,

MA REDDITION EST ORIENTÉE VERS UN BUT. JE ME RENDS POUR GAGNER LA LIBERTÉ, CE N'EST DONC PAS DU TOUT UNE VRAIE REDDITION. JE LA REGARDE, MAIS LE PROBLÈME EST QUE C'EST TOUJOURS "MOI" QUI REGARDE.

PAR CONSÉQUENT, CHAQUE RÉALISATION DE CETTE OBSERVATION EST UN RENFORCEMENT DE L'EGO. JE ME SENS TROMPÉ PAR MON EGO.

Vous n'avez pas compris ce qu'est l'abandon.

La première chose à retenir à propos de l'abandon est que vous ne pouvez pas le faire, ce n'est pas un acte. Vous pouvez l'empêcher de se produire, mais vous ne pouvez pas faire en sorte qu'il se produise. Votre pouvoir sur la reddition n'est que négatif : vous pouvez l'empêcher, mais vous ne pouvez pas la provoquer.

L'abandon n'est pas quelque chose que l'on peut faire. Si vous le faites, ce n'est pas un abandon, parce que celui qui le fait est là. L'abandon est une grande compréhension du fait que "je ne suis pas". L'abandon est une prise de conscience que l'ego n'existe pas, que "je ne suis pas séparé". L'abandon n'est pas un acte mais une compréhension.

Tout d'abord, vous êtes faux, la séparation est fausse. Vous ne pouvez pas exister un seul instant séparé de l'univers. L'arbre ne peut exister s'il est déraciné de la terre. L'arbre ne peut exister si le soleil disparaît demain. L'arbre ne peut pas exister si l'eau n'arrive pas à ses racines. L'arbre ne peut pas exister s'il ne peut pas respirer. L'arbre est enraciné dans les cinq éléments - ce que les bouddhistes appellent les skandhas, les cinq groupes dont nous parlions l'autre jour.

Avalokita... lorsque Bouddha est parvenu à la vision transcendantale, lorsqu'il a franchi toutes les étapes, lorsqu'il a franchi tous les barreaux de l'échelle et est arrivé au septième - de là, il a regardé en bas, en arrière - qu'a-t-il vu ? Il n'a vu que cinq tas sans rien de substantiel, juste le vide, shunyata.

L'arbre ne peut exister si ces cinq éléments ne lui apportent pas constamment de l'énergie. L'arbre n'est qu'une combinaison de ces cinq éléments. Si l'arbre commence à penser "Je suis", il va connaître la misère. L'arbre se créera un enfer. Mais les arbres ne sont pas si stupides, ils n'ont pas d'esprit. Ils sont là, et si demain ils disparaissent, ils disparaissent tout simplement. Ils ne s'accrochent pas ; il n'y a personne à qui s'accrocher. L'arbre s'abandonne constamment à l'existence. Par abandon, on entend qu'il n'est jamais séparé, qu'il n'est pas parvenu à cette idée stupide de l'ego. Il en va de même pour les oiseaux, les montagnes et les étoiles. Seul l'homme a transformé sa grande chance d'être conscient en conscience de soi. L'homme est conscient. Si la conscience se développe, elle peut vous apporter le plus grand bonheur possible. Mais si quelque chose ne va pas et que la conscience tourne au vinaigre et devient consciente d'elle-même, alors elle crée l'enfer, elle crée la misère. Les deux possibilités sont toujours ouvertes ; c'est à vous de choisir.

La première chose à comprendre à propos de l'ego est qu'il n'existe pas. Personne n'existe dans la séparation.

Vous êtes aussi un avec l'univers que je le suis, que Bouddha l'est, que Jésus l'est. Je le sais, vous ne le savez pas ; la différence n'est que de reconnaissance. La différence n'est pas existentielle, pas du tout ! Vous devez donc vous pencher sur cette idée stupide de séparation. Maintenant, si vous commencez à essayer de vous rendre, vous portez toujours l'idée de la séparation. Vous vous dites : "Je vais me rendre, je vais me rendre" - mais vous pensez que c'est le cas.

En examinant l'idée même de la séparation, on découvre un jour que l'on n'est pas séparé, alors comment peut-on se rendre ? Il n'y a personne à abandonner ! Il n'y a jamais eu personne à abandonner ! La personne qui se rend n'est pas là, pas du tout - on ne la trouve nulle part. Si vous entrez en vous-même, vous ne trouverez nulle part celui qui se rend. C'est à ce moment-là que se trouve l'abandon. Lorsque la personne qui se rend n'est pas trouvée, c'est à ce moment-là qu'il y a reddition. Vous ne pouvez pas le faire. Si vous le faites, c'est une chose fausse. De la fausseté ne naît que la fausseté. Vous êtes faux, donc tout ce que vous ferez sera faux, encore plus faux. Et une fausseté en entraîne une autre, et ainsi de suite. Et la fausseté fondamentale est l'ego, l'idée que "je suis séparé".

Vous demandez : "Ma reddition est orientée vers un objectif".

L'ego est toujours orienté vers un but. Il est toujours avide, il est toujours en train de saisir. Il recherche toujours plus, toujours plus, toujours plus ; il vit dans le plus. Si vous avez de l'argent, il veut avoir plus d'argent ; si vous avez une maison, il veut avoir une plus grande maison ; si vous avez une femme, il veut avoir une belle femme, mais il en veut toujours plus. L'ego a constamment faim. Il vit dans le futur et dans le passé. Dans le passé, il vit comme un thésauriseur : "J'ai ceci, cela et cela". Il en tire une grande satisfaction : Il éprouve une grande satisfaction : "J'ai obtenu quelque chose" - le pouvoir, le prestige, l'argent. Cela lui donne une sorte de réalité. Il se dit : "Quand j'aurai ces choses, je serai là". Et il vit dans l'avenir avec l'idée d'en avoir plus. Il vit en tant que souvenir et en tant que désir.

Qu'est-ce qu'un objectif ? Un désir : "Je dois arriver là, je dois être cela, je dois atteindre". L'ego ne vit pas, ne peut pas vivre dans le présent, parce que le présent est réel et l'ego est faux - ils ne se rencontrent jamais. Le passé est faux, il n'existe plus. Il a existé un jour, mais lorsqu'il était présent, l'ego n'était pas là. Une fois qu'il a disparu, qu'il n'est plus existentiel, l'ego commence à s'en emparer, à l'accumuler.

Il saisit et accumule les choses mortes. L'ego est un cimetière : il recueille des cadavres, des os morts.

Ou bien il vit dans le futur. Encore une fois, le futur n'est pas encore là - c'est l'imagination, la fantaisie, le rêve.

L'ego s'en accommode aussi très facilement ; les faussetés vont parfaitement bien ensemble, sans heurts.

Apportez quelque chose d'existentiel et l'ego disparaît. D'où l'insistance sur l'importance d'être dans le présent, d'être dans l'instant. Juste ce moment... Si vous êtes intelligent, il n'est pas nécessaire de réfléchir à ce que je dis ; vous pouvez simplement y voir clair à l'instant même ! Où est l'ego ? Il y a le silence, il n'y a pas de passé, il n'y a pas de futur, il n'y a que cet instant... et ce chien qui aboie. Ce moment, et vous n'êtes pas. Laissez cet instant être, et vous n'êtes pas. Et il y a un immense silence, un profond silence, à l'intérieur et à l'extérieur. Il n'est alors pas nécessaire de se rendre, car vous savez que vous n'êtes pas. Savoir que vous n'êtes pas, c'est se rendre.

Il ne s'agit pas de s'abandonner à moi, il ne s'agit pas de s'abandonner à Dieu. Ce n'est pas du tout une question d'abandon. L'abandon est une intuition, une compréhension du fait que "je ne suis pas". En voyant que "je ne suis pas, je suis un néant, un vide", l'abandon se développe. La fleur de l'abandon pousse sur l'arbre du vide. Elle ne peut pas être orientée vers un but.

L'ego est orienté vers un but. L'ego est avide d'avenir. Il peut même aspirer à l'autre vie, au paradis, au nirvana. Peu importe ce à quoi il aspire - l'aspiration est ce qu'elle est, le désir est ce qu'il est, la projection dans l'avenir est ce qu'elle est.

Voyez-le ! Voyez-le ! Je ne dis pas qu'il faut y penser. Si vous y pensez, vous passez à côté. Penser à nouveau, c'est penser au passé et au futur. Jetez-y un coup d'œil - avalokita ! - regardez-y. Le mot anglais look vient de la même racine qu'avalokita. Examinez la situation, et faites-le dès maintenant. Ne vous dites pas : "D'accord, je vais rentrer chez moi et le faire". L'ego est entré, le but est arrivé, le futur est entré. Chaque fois que le temps entre en jeu, vous tombez dans la fausseté de la séparation.

Laissez-le être ici, à ce moment précis. Et soudain, vous voyez que vous êtes, que vous n'allez nulle part et que vous ne venez de nulle part. Vous avez toujours été ici. Ici est le seul temps, le seul espace. Le moment présent est la seule existence. Dans ce moment, il y a l'abandon.

"Ma reddition est orientée vers un but", dites-vous, "je me rends pour gagner la liberté".

Mais vous êtes libre ! Vous n'avez jamais été en dehors de la liberté. Vous êtes libre, mais le même problème se pose : vous voulez être libre, mais vous ne comprenez pas que vous ne pouvez être libre que lorsque vous êtes libre de vous-même - il n'y a pas d'autre liberté. Lorsque vous pensez à la liberté, vous pensez que vous serez là et libre. Vous ne serez pas là ; il y aura la liberté. La liberté signifie la liberté par rapport au soi, et non la liberté par rapport au soi. Dès que la prison disparaît, le prisonnier disparaît également, car le prisonnier est la prison ! Dès que vous sortez de la prison, vous n'êtes plus non plus. Il y a un ciel pur, un espace pur. Cet espace pur est appelé nirvana, moksha, libération.

Essayez de comprendre plutôt que d'essayer de réaliser.

"Je me rends pour gagner la liberté".

Vous utilisez alors l'abandon comme un moyen, alors que l'abandon est le but, la fin en soi.

Quand je dis que l'abandon est le but, je ne dis pas que l'abandon doit être atteint quelque part dans le futur. Je dis que l'abandon n'est pas un moyen, c'est une fin en soi. Ce n'est pas que l'abandon apporte la liberté, l'abandon est la liberté ! Ce sont des synonymes, ils signifient la même chose. Vous regardez la même chose sous deux angles différents.

"Il ne s'agit donc pas d'une véritable reddition".

Elle n'est ni réelle ni irréelle. Ce n'est pas du tout une reddition. Il n'est même pas irréel.

Je l'observe, mais le problème est que c'est toujours "moi" qui observe. Par conséquent, chaque réalisation issue de cette observation est un renforcement de l'ego. Je me sens piégé par mon ego."

Qui est ce "moi" dont vous parlez et qui se sent piégé par l'ego ? C'est l'ego lui-même. L'ego est tel qu'il peut se diviser en fragments, en parties, et c'est alors que le jeu commence. Vous êtes le poursuivant et vous êtes le poursuivi. C'est comme un chien qui essaie d'attraper sa propre queue et qui continue à sauter. Vous regardez et vous voyez l'absurdité de la chose - mais vous voyez l'absurdité, le chien ne la voit pas. Plus il trouve qu'il est difficile d'attraper la queue, plus il devient fou, plus il saute. Et plus il saute vite et fort, plus la queue saute vite et fort aussi. Et le chien ne peut pas comprendre ce qui se passe : il est tellement doué pour attraper tout, et cette queue ordinaire, il ne peut pas l'attraper ?

C'est ce qui vous arrive. C'est moi qui essaie d'attraper, et qui suis à la fois l'attrapeur et l'attrapé. Voyez le ridicule de la chose, et dans cette vision même, libérez-vous en.

Il n'y a rien à faire - rien, dis-je, parce que vous êtes déjà ce que vous voulez devenir. Vous êtes des bouddhas, vous n'avez jamais été autrement. Il suffit de voir.

Et lorsque vous dites : "Je regarde", c'est encore le "je". En regardant, le "je" sera à nouveau créé, parce que regarder est un acte, un effort. Vous regardez - alors qui regarde ? Se détendre. Dans la détente - lorsqu'il n'y a rien à observer et personne pour observer, lorsque vous n'êtes pas divisé en dualité - il y a une qualité différente de témoignage. Ce n'est pas une observation, c'est juste une conscience passive ; passive, je dis bien - rappelez-vous. Il n'y a rien d'agressif en elle. Observer est très agressif : un effort est nécessaire, vous devez être tendu.

Mais ne soyez pas tendu, détendu. Soyez simplement là. Dans cette conscience, lorsque vous êtes simplement là, assis à ne rien faire, le printemps arrive et l'herbe pousse d'elle-même.

C'est là toute l'approche bouddhiste : tout ce que vous faites créera et renforcera celui qui le fait - en observant aussi, en pensant aussi, en s'abandonnant aussi. Tout ce que vous faites crée le piège. Il n'y a rien à faire de votre côté. Soyez simplement... et laissez les choses se produire. N'essayez pas de gérer, n'essayez pas de manipuler. Laissez passer la brise, laissez venir les rayons du soleil, laissez la vie danser, et laissez la mort venir et danser en vous aussi.

C'est ce que j'entends par sannyas : ce n'est pas quelque chose que l'on fait, mais quand on abandonne toute activité et que l'on voit l'absurdité de l'activité. Qui êtes-vous pour agir ? Vous n'êtes qu'une vague dans cet océan. Un jour vous existez, un autre jour vous disparaissez ; l'océan continue. Pourquoi devriez-vous vous inquiéter ? Vous venez, vous disparaissez. En attendant, pour ce petit intervalle, vous devenez si inquiet et si tendu, et vous prenez tous les fardeaux sur vos épaules, et vous portez des pierres sur votre cœur - sans aucune raison.

Vous êtes libre en ce moment même !

Je vous déclare éclairé en ce moment même. Mais vous ne me faites pas confiance. Vous dites : "C'est vrai, Maître, mais dites-nous comment devenir illuminé."

Ce devenir, cette réalisation, ce désir, continue à sauter sur tous les objets que l'on peut trouver. Parfois, c'est l'argent, parfois c'est Dieu. Parfois c'est le pouvoir, parfois c'est la méditation - mais n'importe quel objet, et vous commencez à le saisir. Ne pas s'agripper est la façon de vivre la vraie vie, la vraie vie, ne pas s'agripper, ne pas posséder.

Laissez les choses arriver, laissez la vie se dérouler, et il y a de la joie, de l'allégresse - parce qu'alors il n'y a pas de frustration, jamais, parce que vous n'avez jamais rien attendu en premier lieu.

Tout ce qui vient est bon, est bienvenu. Il n'y a ni échec, ni succès. Le jeu de l'échec et de la réussite a été abandonné. Le soleil vient le matin et vous réveille, et la lune vient le soir et chante une berceuse et vous vous endormez. La faim vient et vous mangez, et ainsi de suite. C'est ce que les maîtres zen veulent dire lorsqu'ils affirment : "Quand tu as faim, mange, quand tu as sommeil, mange : Quand on a faim, on mange, quand on a sommeil, on dort, et il n'y a rien d'autre à faire.

Et je ne vous enseigne pas l'inaction. Je ne vous dis pas de ne pas aller travailler, de ne pas gagner votre pain, de renoncer au monde, de dépendre des autres et de devenir des exploiteurs ; non, pas du tout. Mais ne soyez pas un faiseur. Oui, quand on a faim, il faut manger, et quand on doit manger, il faut gagner son pain - mais personne ne le fait. C'est la faim elle-même qui travaille ; personne d'autre ne le fait. C'est la soif elle-même qui vous conduit vers le puits ou la rivière. C'est la soif elle-même qui se déplace ; personne n'a soif. Laissez tomber les noms et les pronoms dans votre vie et laissez vivre les verbes.

Bouddha dit : La vérité est que lorsque vous voyez un danseur, il n'y a pas de danseur mais seulement une danse.

Quand on voit une rivière, il n'y a pas de rivière mais seulement des rivières. Quand on voit un arbre, il n'y a pas d'arbre, il n'y a que des arbres. Quand on voit un sourire, il n'y a personne qui sourit, il n'y a que le sourire, le sourire. Lorsque vous voyez l'amour, il n'y a personne qui aime, il n'y a que l'amour. La vie est un processus.

Mais nous sommes habitués à penser en termes de noms statiques. Cela crée des problèmes. Or, il n'y a rien de statique - tout est flux et écoulement. Coulez avec cela, coulez avec cette rivière, et ne soyez jamais un faiseur. Même lorsque vous agissez, ne le faites pas. Il y a une action, mais il n'y a pas d'exécutant. Une fois que cette idée s'est installée en vous, il n'y a plus rien d'autre.

L'illumination n'est pas un but à atteindre. C'est la vie très ordinaire, cette vie simple qui vous entoure. Mais lorsque vous ne luttez pas, cette vie ordinaire devient extraordinairement belle. Les arbres sont alors plus verts, les oiseaux chantent dans des tons plus riches, tout ce qui se passe autour est précieux... les cailloux ordinaires deviennent des diamants.

Acceptez cette vie simple et ordinaire. Laissez tomber le faiseur. Et quand je dis "laisser tomber le faiseur", ne devenez pas un "goutteur" ! En voyant la réalité, elle disparaît.

La troisième question :

Question 3 :

BELOVED MAÎTRE,

Y A-T-IL UNE DIFFÉRENCE ENTRE LE "SHUNYAVADA" DE NAGARJUNA ET L'"AVYAKRITOPADESH", L'ENSEIGNEMENT INEXPRIMÉ ET INDÉFINISSABLE DU SEIGNEUR BOUDDHA ?

Il n'y a aucune différence. Si une différence apparaît, c'est uniquement en raison de la formulation. Nagarjuna est un grand philosophe, l'un des plus grands du monde. Seules quelques personnes dans le monde, très peu, ont cette qualité de pénétration que possède Nagarjuna. Sa façon de parler est donc très philosophique, logique, absolument logique. Bouddha est un mystique, pas un philosophe. Sa façon de dire les choses est plus poétique que philosophique. L'approche est différente, mais Nagarjuna dit exactement la même chose que Bouddha. Leur formulation est certes différente, mais il faut comprendre ce qu'ils disent.

Vous demandez - la question vient d'Omanath Bharti - "Y a-t-il une différence entre shunyavada..." shunyavada signifie la théorie, la philosophie du néant. En anglais, il n'y a pas de mot qui puisse être équivalent, adéquatement équivalent, à shunya. Shunya signifie le vide, mais pas un vide négatif, très positif. Il signifie le néant, mais pas simplement le néant ; il signifie l'absence de toute chose. Shunya signifie vide, vide de toute chose. Mais le vide lui-même est là, avec une présence totale, et ce n'est donc pas simplement du vide. C'est comme le ciel qui est vide, qui est un pur espace, mais qui est. Tout y entre et en sort, et il demeure.

Shunya est comme le ciel - une présence pure. Vous ne pouvez pas le toucher bien que vous viviez en lui. Vous ne pouvez pas le voir bien que vous ne puissiez jamais vous en passer. Vous existez en lui ; tout comme le poisson existe dans l'océan, vous existez dans l'espace, dans le shunya. Shunyavada signifie que tout naît de rien.

Il y a quelques minutes, je vous expliquais la différence entre la vérité et la réalité. La réalité signifie le monde des choses, et la vérité signifie le monde du rien, du rien - shunya. Toutes les choses naissent du néant et se dissolvent dans le néant.

Les Upanishads racontent une histoire :

Svetaketu est revenu de la maison de son maître, chez ses parents. Il a tout appris. Son père, Uddalaka, un grand philosophe, le regarde et lui dit : "Svetaketu, sors et apporte un fruit de cet arbre."

Il sort, apporte un fruit. Le père lui dit : "Casse-le. Que vois-tu dedans ?" Il y a beaucoup de graines. Le père dit : "Prends une graine et brise-la. Qu'y voyez-vous ?"

Et il dit : "Rien".

Et le père dit : "Tout naît de ce rien. Ce grand arbre, si grand que mille charrettes de bœufs peuvent reposer sous lui, est né d'une simple graine. Vous brisez la graine et vous ne trouvez rien. C'est le mystère de la vie : tout naît du néant.

Et un jour, l'arbre disparaît, et on ne sait pas où ; on ne le retrouve nulle part.

Il en va de même pour l'homme : nous naissons de rien, nous ne sommes rien et nous disparaissons dans le néant.

C'est le shunyavada.

Et quel est l'avyakritopadesh du Bouddha, l'enseignement inexprimé et indéfinissable ? C'est la même chose. Il ne l'a jamais rendu philosophiquement aussi clair que Nagarjuna. C'est pourquoi il n'en a jamais parlé. C'est pourquoi il dit qu'il est indéfinissable, qu'il ne peut être ramené au niveau du langage. Il a gardé le silence à ce sujet.

Vous connaissez le sermon des fleurs ? Un jour, il arrive avec une fleur de lotus à la main et reste assis en silence, sans rien dire. Les dix mille disciples sont là, les dix mille bhikkhus sont là, et ils attendent qu'il dise quelque chose, et il continue à regarder la fleur de lotus. Il y a un grand silence, mais aussi une grande agitation. Les gens commencent à s'agiter : "Que fait-il ? Il n'a jamais fait cela auparavant."

Un disciple, Mahakashyapa, sourit.

Le Bouddha appelle Mahakashyapa, lui donne la fleur de lotus et dit à l'assemblée : "Ce qui peut être dit, je vous l'ai dit, et ce qui ne peut être dit, je l'ai donné à Mahakashyapa."

C'est l'avyakritopadesh, le message indéfinissable. C'est l'origine du bouddhisme zen, la transmission. Quelque chose a été transmis par Bouddha à Mahakashyapa, quelque chose qui n'est rien ; sur le plan visible, rien - aucun mot, aucune écriture, aucune théorie - mais quelque chose a été transmis. Qu'est-ce que c'est ?

Les moines zen méditent sur ce sujet depuis deux mille cinq cents ans : "Quoi ?

Qu'est-ce qui a été transmis ? Qu'est-ce qui a été donné exactement ?" En fait, rien n'a été transmis par Bouddha à Mahakashyapa ; Mahakashyapa a certainement compris quelque chose. Il a compris le silence, il a compris le silence pénétrant. Il a compris ce moment de clarté, ce moment d'absence totale de pensée. À ce moment-là, il n'a fait qu'un avec Bouddha. Voilà ce qu'est l'abandon. Ce n'est pas lui qui l'a fait : Bouddha était silencieux et il était silencieux, et les silences se sont rencontrés, et les deux silences se sont dissous l'un dans l'autre. Et deux silences ne peuvent pas rester séparés, rappelez-vous, parce qu'un silence n'a pas de frontière, un silence est illimité, un silence est simplement ouvert, ouvert de tous les côtés. Dans cette grande assemblée de dix mille moines, il y avait deux silences ce jour-là - Bouddha et Mahakashyapa. Les autres étaient restés à l'extérieur. Mahakashyapa et Bouddha se sont rencontrés : c'est pourquoi il a souri - parce que c'était le plus grand sermon que Bouddha ait jamais prêché. Il n'avait rien dit et il avait tout dit, tout ce qui pouvait être dit - et tout ce qui ne pouvait pas être dit, cela aussi.

Mahakashyapa comprit et rit. Dans ce rire, Mahakashyapa disparut totalement et devint un Bouddha. La flamme de la lampe de Bouddha sauta dans Mahakashyapa.

C'est ce qu'on appelle la "transmission au-delà des écritures" - le Sermon des fleurs. Il est unique dans l'histoire de la conscience humaine. C'est ce que l'on appelle avyakritopadesh : le mot inexprimé, le mot inexprimable.

Le silence est devenu si substantiel, si solide ; le silence est devenu si réel, si existentiel ; le silence est devenu tangible à ce moment-là. Le Bouddha était un rien, Mahakashyapa a également compris ce que signifie être un rien, être totalement vide.

Il n'y a pas de différence entre le shunyavada de Nagarjuna et le message non exprimé de Bouddha.

Nagarjuna est l'un des plus grands disciples du Bouddha et l'un des esprits les plus pénétrants qui soient. Seules quelques rares personnes - de temps en temps, un Socrate, un Shankara - peuvent être comparées à Nagarjuna. Il était très, très intelligent. La plus grande chose que l'intellect puisse faire est de se suicider ; la plus grande chose, le plus grand crescendo qui puisse arriver à l'intellect est d'aller au-delà de lui-même - c'est ce qu'a fait Nagarjuna. Il a traversé tous les domaines de l'intellect, et même au-delà.

Les positivistes logiques affirment que rien n'est qu'une abstraction. Dans les différents cas d'affirmations négatives - par exemple : ce n'est pas sucré, je ne suis pas en bonne santé, je n'étais pas là, il ne m'aimait pas, etcetera, etcetera - la négation n'a pas de substance propre. C'est ce que disent les positivistes logiques. Bouddha n'est pas d'accord, Nagarjuna non plus. Martin Heidegger, l'un des esprits les plus pénétrants de l'ère moderne, n'est pas d'accord.

Heidegger affirme qu'il existe une expérience réelle du néant. Il ne s'agit pas simplement d'une chose créée par le langage ; il y a une expérience réelle du rien. Il est indissociable de l'être. L'expérience qui en témoigne est celle de l'effroi. Kierkegaard, le philosophe danois, pose lui aussi la question : "Quel effet produit le néant ?" et répond : "Il engendre l'effroi."

Rien n'est une expérience réelle. On peut en faire l'expérience soit dans une méditation profonde, soit lorsque la mort survient. La mort et la méditation sont les deux possibilités d'en faire l'expérience. Oui, on peut parfois en faire l'expérience dans l'amour aussi. Si vous vous dissolvez dans quelqu'un dans un amour profond, vous pouvez faire l'expérience d'une sorte de néant. C'est pourquoi les gens ont peur de l'amour - ils ne vont pas plus loin, puis ils paniquent et ont peur. C'est pourquoi très peu de personnes sont restées orgasmiques - parce que l'orgasme vous donne l'expérience du néant. Vous disparaissez, vous vous fondez dans quelque chose et vous ne savez pas ce que c'est. Vous entrez dans l'indéfinissable, avyakrit. Vous allez au-delà du social. Vous entrez dans une unité où la séparation n'est plus valable, où l'ego n'existe pas. Et c'est effrayant, parce que cela ressemble à la mort.

Il s'agit donc d'une expérience, soit dans l'amour, que les gens ont appris à éviter - tant de gens continuent à désirer l'amour et à en détruire toutes les possibilités à cause de la peur du néant - soit dans la méditation profonde, lorsque la pensée s'arrête. Vous voyez simplement qu'il n'y a rien à l'intérieur, mais ce rien a une présence ; ce n'est pas simplement l'absence de pensée, c'est la présence de quelque chose d'inconnu, de mystérieux, de très grand. Vous pouvez également en faire l'expérience dans la mort, si vous êtes vigilant. Les gens meurent généralement dans l'inconscience. La peur du néant les rend inconscients. Si l'on meurt consciemment... Et on ne peut mourir consciemment que si l'on accepte le phénomène de la mort, et pour cela, il faut apprendre toute sa vie, se préparer. Il faut aimer pour être prêt à mourir, et il faut méditer pour être prêt à mourir. Seul un homme qui a aimé et médité sera capable de mourir consciemment. Et une fois que vous mourrez consciemment, vous n'avez plus besoin de revenir, car vous avez appris la leçon de la vie. Vous disparaissez alors dans le tout ; c'est le nirvana.

Les positivistes logiques ont l'air très logiques, mais ils passent à côté de quelque chose, car la réalité va bien au-delà de la logique. Dans l'expérience ordinaire, nous ne rencontrons que ce qu'ils disent : cette chaise est ici, elle sera enlevée, et vous direz alors qu'il n'y a pas de chaise ici. Il s'agit simplement d'une absence - la chaise a été enlevée. Ce sont des exemples ordinaires de néant : il y a eu une maison et elle a été démantelée, elle n'est plus là. Ce n'est qu'une absence.

Mais il y a du néant au plus profond de votre être, au cœur même de la vie. Au cœur de la vie, la mort existe. La mort est le centre du cyclone. Dans l'amour, on s'en approche, dans la méditation, on s'en approche, dans la mort physique, on s'en approche aussi. Dans le sommeil profond, lorsque les rêves disparaissent, on s'en approche. C'est très vivifiant, c'est une amélioration de la vie. Un homme qui ne peut pas dormir profondément tombera malade, car ce n'est que dans le sommeil profond, lorsqu'il meurt au plus profond de lui-même, qu'il retrouve la vie, l'énergie, la vitalité. Le matin, il est à nouveau frais et plein d'entrain - vibrant, à nouveau vibrant.

Apprenez à mourir ! C'est le plus grand art à apprendre, la plus grande compétence qui soit.

Le point de vue de Heidegger est très proche de celui du Bouddha, et son langage est très moderne, c'est pourquoi je le cite. Il dit : "Tout être, dans la mesure où il est un être, est fait à partir de rien". Il existe également une doctrine chrétienne parallèle - très négligée, parce que les théologiens chrétiens ne peuvent pas la gérer, c'est trop. Cette doctrine est la creatio ex nihilo : la création se fait à partir de rien.

Si vous interrogez un physicien moderne, il sera d'accord avec Bouddha : plus on s'enfonce dans la matière, plus les choses commencent à disparaître. À un moment donné, lorsque l'atome est divisé, la nature de la chose disparaît complètement. Il y a alors des électrons, mais ce ne sont plus des choses, ce sont des non-choses. C'est très difficile à comprendre. Mais la physique, la physique moderne, s'est rapprochée de la métaphysique, parce qu'elle se rapproche chaque jour un peu plus de la réalité. Elle s'approche de la matière, mais n'aboutit à rien. Vous savez que la matière n'existe plus dans la physique moderne.

La matière n'est qu'une illusion : elle n'est qu'apparente, elle n'est pas là. Sa solidité, sa substantialité, n'est qu'une illusion ; rien n'est substantiel, tout est flux et énergie. La matière n'est rien d'autre que de l'énergie.

Et lorsque vous allez plus loin dans l'énergie, l'énergie n'est pas une chose, c'est un rien.

La mort est le moment où la connaissance échoue et où nous nous ouvrons à l'être - telle est l'expérience bouddhiste depuis des siècles. Bouddha avait l'habitude d'envoyer ses disciples, lorsque quelqu'un mourait, voir le corps brûler sur le bûcher funéraire : "Méditez là, méditez sur le néant de la vie." La mort est le point où la connaissance échoue, et quand la connaissance échoue, l'esprit échoue. Et lorsque l'esprit échoue, il est possible que la vérité vous pénètre.

Mais les gens ne le savent pas. Lorsque quelqu'un meurt, on ne sait pas quoi faire, on est très embarrassé. Quand quelqu'un meurt, c'est un moment idéal pour méditer.

Je pense toujours que chaque ville a besoin d'un Centre de la mort. Lorsque quelqu'un est en train de mourir et que sa mort est très, très imminente, il devrait être transféré au Centre de la mort. Il devrait s'agir d'un petit temple où des personnes capables de méditer profondément s'assoient autour de lui, l'aident à mourir et participent à son existence lorsqu'il disparaît dans le néant. Lorsque quelqu'un disparaît dans le néant, une grande énergie est libérée. L'énergie qui était là, autour de lui, est libérée. Si vous vous trouvez dans un espace silencieux autour de lui, vous ferez un grand voyage. Aucun psychédélique ne peut vous y emmener. L'homme dégage naturellement une grande énergie ; si vous pouvez absorber cette énergie, vous mourrez en quelque sorte avec lui. Et vous verrez l'ultime - la source et le but, le début et la fin.

"L'homme est l'être par lequel rien ne vient au monde", dit Jean-Paul Sartre.

La conscience n'est pas tel ou tel objet, elle n'est pas du tout un objet ; mais n'est-elle pas elle-même ? "Non, dit Sartre, c'est précisément ce qu'elle n'est pas. La conscience n'est jamais identique à elle-même. Ainsi, lorsque je me réfléchis, le moi qui se réfléchit est autre que le moi qui se réfléchit. Lorsque j'essaie d'énoncer ce que je suis, j'échoue, car pendant que je parle, ce dont je parle glisse dans le passé et devient ce que j'étais. Je suis mon passé et mon avenir, et pourtant je ne le suis pas. J'ai été l'un et je serai l'autre. Mais dans le présent, il y a le néant".

Si quelqu'un vous demande : "Qui es-tu ?", que répondrez-vous ? Soit vous répondez à partir du passé, qui n'est plus, soit vous répondez à partir de l'avenir, que vous n'êtes pas encore.

Mais qui êtes-vous en ce moment ? Une personne, un néant. Ce néant est le cœur même, le cœur - le cœur de votre être.

La mort n'est pas la hache qui coupe l'arbre de vie, c'est le fruit qui pousse dessus. La mort est la substance même dont vous êtes faits. Le néant est ton être même. Atteignez ce néant par l'amour ou la méditation, et continuez à l'entrevoir. C'est ce que Nagarjuna entend par shunya. C'est ce que Bouddha a transféré ce jour-là lorsqu'il a prononcé le Sermon des fleurs. C'est ce que Mahakashyapa a compris lorsqu'il a ri. Il a vu le néant, sa pureté, son innocence, son innocence primitive, son rayonnement, son immortalité - parce que le néant ne peut pas mourir. Les choses meurent ; le néant est immortel, éternel.

Si vous vous identifiez à quoi que ce soit, vous souffrirez de la mort. Mais si vous savez que vous êtes la mort, comment pouvez-vous souffrir de la mort ? Alors rien ne peut vous détruire ; le néant est indestructible.

Une parabole bouddhiste raconte que le roi des enfers demanda à un esprit nouvellement arrivé si, au cours de sa vie, il avait rencontré les trois messagers célestes. Il lui demanda alors s'il avait déjà vu un vieil homme courbé par l'âge, un malade pauvre et sans amis ou un mort.

Les bouddhistes les appellent les "messagers de Dieu" : la vieillesse, la maladie, la mort - trois messagers de Dieu. Pourquoi ? parce que ce n'est qu'à travers ces expériences de la vie que l'on prend conscience de la mort. Et si vous prenez conscience de la mort et que vous commencez à apprendre à y entrer, à l'accueillir, à la recevoir, vous êtes libéré de l'esclavage, de la roue de la vie et de la mort.

Heidegger affirme, à l'instar de S??ren Kierkegaard, que le néant crée l'effroi. Ce n'est que la moitié de l'histoire. C'est parce que ces deux personnes ne sont que des philosophes que le néant suscite l'effroi.

Si vous demandez à Bouddha, Mahakashyapa, Nagarjuna, si vous me demandez à moi, la mort regardée seulement partiellement crée de l'effroi ; regardée absolument, totalement, elle vous libère de tout effroi, de toute angoisse, de toute anxiété, elle vous libère du SAMSARA... parce que si vous regardez partiellement, alors cela crée la peur que vous allez mourir, que vous deviendrez un rien, que bientôt vous disparaitrez. Et naturellement, vous vous sentez nerveux, secoué, déraciné. Si vous regardez la mort totalement, alors vous savez que vous êtes la mort, que vous êtes fait d'elle. Rien ne va donc disparaître, rien ne va rester. Seul le néant existe.

Le bouddhisme n'est pas une religion pessimiste comme le pensent de nombreuses personnes. Le bouddhisme est le moyen de se débarrasser à la fois de l'optimisme et du pessimisme, de se débarrasser de la dualité.

Commencez à méditer sur la mort. Et chaque fois que vous sentez la mort proche, entrez en elle par la porte de l'amour, par la porte de la méditation, par la porte d'un homme qui meurt. Et si un jour vous mourrez - et ce jour viendra un jour - accueillez-la dans la joie et la bénédiction. Et si vous pouvez recevoir la mort dans la joie et la bénédiction, vous atteindrez le plus haut sommet, car la mort est le crescendo de la vie. C'est en elle que se cache le plus grand orgasme, car c'est en elle que se cache la plus grande liberté.

La mort, c'est faire l'amour avec Dieu, ou Dieu faire l'amour avec vous. La mort, c'est l'orgasme cosmique et total.

Abandonnez donc toutes les idées que vous avez sur la mort - elles sont dangereuses. Elles vous rendent hostiles à la plus grande expérience que vous devez vivre. Si vous passez à côté de la mort, vous renaîtrez.

Si tu n'as pas appris à mourir, tu continueras à naître, encore et encore.

C'est la roue, le samsara, le monde. Une fois que vous avez connu le plus grand des orgasmes, il n'y a plus de raison ; vous disparaissez et vous restez dans cet orgasme pour toujours. Vous ne restez pas comme vous, vous ne restez pas en tant qu'entité, vous ne restez pas défini, identifié à quoi que ce soit. Vous restez le tout, pas la partie.

C'est le shunyavada de Nagarjuna, et c'est le message inexprimé de Bouddha, le mot inexprimé. Les deux sont identiques.

Dernière question :

Question 4 :

BIEN-AIMÉ MAÎTRE, J'AI PEUR DE PRENDRE SANNYAS, BIEN QUE JE SOIS IMMENSÉMENT ATTIRÉE. J'AI PEUR À CAUSE DE MON MARI. JE NE PENSE PAS QU'IL SERA CAPABLE DE LE COMPRENDRE.

Vous n'êtes pas très respectueuse envers votre mari. Vous pensez qu'il est stupide ou quelque chose comme ça ?

Pourquoi ne pourrait-il pas le comprendre ? S'il vous aime, il le comprendra. L'amour est la compréhension. S'il ne vous aime pas, que vous preniez le sannyas ou non, il ne vous comprendra pas.

Deuxièmement, s'il ne comprend pas votre sannyas, c'est son problème. Vous devez vivre votre vie. Ne faites jamais de compromis, sinon vous passerez à côté de beaucoup de choses. Ne faites jamais de compromis ! Si vous avez envie de devenir sannyasin, devenez sannyasin. Prenez le risque. S'il vous aime, il n'y a pas de problème, il comprendra - parce que l'amour donne la liberté. S'il ne vous aime pas, il aura des difficultés, parce qu'il aura l'impression que vous vous détachez de lui, que vous devenez indépendante, que vous essayez d'être vous-même. Mais se plier à de telles attentes est suicidaire. C'est son problème. Vous devez vivre votre vie, il doit vivre la sienne. Personne ne devrait essayer d'imposer des choses à l'autre.

Mais j'ai l'impression que vous devez aussi lui imposer des choses, c'est pourquoi vous avez peur.

Si vous ne lui imposez rien, vous pouvez être indépendant. Mais il s'agit d'un accord mutuel : les gens sont esclaves les uns des autres, et chaque fois que vous faites de quelqu'un un esclave, rappelez-vous que vous faites de quelqu'un votre maître également. Il s'agit d'un accord mutuel. Vous devez essayer de manipuler votre mari, vous devez essayer de lui imposer des choses, vous devez le rendre infirme. Maintenant que vous voulez être indépendante, il revendiquera lui aussi son indépendance. Il voudrait alors suivre sa propre voie, ce que vous ne pouvez pas vous permettre. Telle est la véritable crainte.

Mais si vous ne faites pas quelque chose que vous aimez, que vous vouliez faire, que vous vouliez être, vous ne pourrez jamais lui pardonner. Et vous vous vengerez, vous serez en colère, vous serez furieux - parce que vous penserez constamment que vous vouliez devenir un sannyasin, et que c'est seulement à cause de cet homme... Et vous vous sentirez encagé, emprisonné. Personne n'aime être emprisonné. On déteste alors la personne qui est à l'origine de cet emprisonnement et on essaie de se venger par des moyens subtils. Cela détruira votre mariage.

Ne créez jamais une situation dans laquelle vous ne pouvez pas pardonner à l'autre. Seules deux personnes indépendantes peuvent se pardonner mutuellement. Les esclaves ne peuvent pas pardonner. Et qui sait, cela peut l'aider lui aussi, d'une manière ou d'une autre.

Je lisais l'autre jour une anecdote :

Deux explorateurs se sont rencontrés dans les régions sauvages de l'Amazonie. L'échange suivant a eu lieu.

Premier explorateur : "Je suis venu ici parce que j'ai le besoin d'errer dans le sang. La civilisation me rend malade. J'aime voir la nature dans sa forme primitive. J'aimerais laisser mes empreintes là où aucun être humain n'est jamais allé. Qu'en est-il de vous ? Pourquoi es-tu venu ici ?"

Deuxième explorateur : "Ma femme est devenue sannyasin d'Maître, et elle fait de la méditation dynamique le matin et de la Kundalini le soir - voilà pourquoi !

Mais c'est bien ! Si votre mari part en Amazonie et devient explorateur, cela lui donne une bonne occasion de faire quelque chose.

C'est suffisant pour aujourd'hui.

Négation de la connaissance

ICI, Ô SARIPUTRA, LA FORME EST LE VIDE ET LE VIDE MÊME EST LA FORME ; LE VIDE NE DIFFÈRE PAS DE LA FORME, LA FORME NE DIFFÈRE PAS DU VIDE ; TOUT CE QUI EST FORME, C'EST LE VIDE, TOUT CE QUI EST VIDE, C'EST LA FORME ; IL EN VA DE MÊME POUR LES SENTIMENTS, LES PERCEPTIONS, LES IMPULSIONS ET LA CONSCIENCE.

ICI, Ô SARIPUTRA, TOUS LES DHARMAS SONT MARQUÉS PAR LA VACUITÉ ; ILS NE SONT NI PRODUITS NI ARRÊTÉS, NI SOUILLÉS NI IMMACULÉS, NI DÉFICIENTS NI COMPLETS.

La connaissance est la malédiction, la calamité, le cancer. C'est par la connaissance que l'homme se sépare du tout. La connaissance crée la distance.

Vous rencontrez une fleur sauvage dans les montagnes, vous ne savez pas ce que c'est, votre esprit n'a rien à dire à ce sujet, l'esprit est silencieux. Vous regardez la fleur, vous voyez la fleur, mais aucune connaissance ne naît en vous - il y a de l'émerveillement, du mystère. La fleur est là, vous êtes là.

Grâce à l'émerveillement, vous n'êtes pas séparés, vous êtes reliés.

Si vous savez qu'il s'agit d'une rose ou d'un souci, ou de quelque chose d'autre, cette connaissance même vous déconnecte. La fleur est là, vous êtes là, mais il n'y a pas de pont - vous savez !

La connaissance crée une distance. Plus vous en savez, plus la distance est grande ; moins vous en savez, moins la distance est grande. Et si vous êtes dans le moment où vous ne savez pas, il n'y a pas de distance, vous êtes comblé.

Vous tombez amoureux d'une femme ou d'un homme - le jour où vous tombez amoureux, il n'y a plus de distance.

Il n'y a que de l'émerveillement, du frisson, de l'excitation, de l'extase, mais pas de connaissance. Vous ne savez pas qui est cette femme. Sans connaissance, rien ne vous sépare. D'où la beauté des premiers instants de l'amour. Vous n'avez vécu que vingt-quatre heures avec cette femme ; la connaissance est apparue. Maintenant, vous avez des idées sur la femme : vous savez qui elle est, il y a une image. Vingt-quatre heures ont créé un passé. Ces vingt-quatre heures ont laissé des traces dans l'esprit : vous regardez la même femme, il n'y a plus le même mystère. Vous descendez la colline, ce sommet est perdu.

Comprendre cela, c'est comprendre beaucoup. Comprendre que la connaissance divise, que la connaissance crée des distances, c'est comprendre le secret même de la méditation. La méditation est un état de non-savoir. La méditation est un espace pur, non perturbé par la connaissance. Oui, l'histoire biblique est vraie - l'homme est tombé à cause de la connaissance, en mangeant le fruit de l'arbre de la connaissance. Aucune autre écriture au monde ne surpasse cela. Cette parabole est le dernier mot ; aucune autre parabole n'a atteint cette hauteur et cette perspicacité.

Il semble tellement illogique que l'homme soit tombé à cause de la connaissance. Cela semble illogique parce que la logique fait partie de la connaissance. La logique est au service de la connaissance. Cela semble illogique parce que la logique est la cause première de la chute de l'homme. Un homme qui est absolument logique, absolument sain d'esprit, toujours sain d'esprit, qui ne permet jamais aucun illogisme dans sa vie, est un fou. La santé doit être équilibrée par la folie ; la logique doit être équilibrée par l'illogique. Les opposés se rencontrent et s'équilibrent. Un homme qui n'est que rationnel est déraisonnable - il manquera beaucoup de choses. En fait, il continuera à manquer tout ce qui est beau et tout ce qui est vrai. Il collectionnera les futilités, sa vie sera banale. Il sera l'homme du monde.

Cette parabole biblique est d'une grande clarté. Pourquoi l'homme est-il tombé à cause de la connaissance ? - Parce que la connaissance crée une distance, parce que la connaissance crée le "je" et le "tu", parce que la connaissance crée le sujet et l'objet, le connaisseur et le connu, l'observateur et l'observé. La connaissance est fondamentalement schizophrène ; elle crée une scission. Et il n'y a aucun moyen de la combler. C'est pourquoi plus l'homme est instruit, moins il est religieux. Plus un homme est instruit, moins il a la possibilité d'approcher Dieu.

Jésus a raison lorsqu'il dit : "Seuls les enfants pourront entrer dans mon royaume"... seuls les enfants.

Quelle est cette qualité que possède un enfant et que vous avez perdue ? L'enfant a la qualité de l'inconnaissance, de l'innocence. Il regarde avec émerveillement, ses yeux sont absolument clairs. Il regarde en profondeur, mais il n'a pas de préjugés, pas de jugements, pas d'idées a priori. Il ne projette rien, et c'est ainsi qu'il parvient à connaître ce qui est.

L'autre jour, nous parlions de la distinction entre réalité et vérité. L'enfant connaît la vérité, vous ne connaissez que la réalité. La réalité est ce que vous avez créé autour de vous - en projetant, en désirant, en pensant. La réalité est votre interprétation de la vérité. La vérité est simplement ce qui est ; la réalité est ce que vous avez fini par comprendre - c'est votre idée de la vérité. La réalité est constituée de choses, toutes séparées. La vérité consiste en une seule énergie cosmique. La vérité est l'unité, la réalité est la multiplicité. La réalité est une foule, la vérité est l'intégration.

Avant d'entrer dans les sutras, il faut que cela devienne la base : la connaissance est une malédiction.

J. Krishnamurti a dit : "Nier, c'est se taire." Nier quoi ? - Nier la connaissance, nier l'esprit, nier cette occupation constante à l'intérieur de soi ; créer un espace inoccupé.

Lorsque vous êtes inoccupé, vous êtes en harmonie avec le tout. Lorsque vous êtes occupé, vous n'êtes plus en phase avec le tout. C'est pourquoi, chaque fois que vous pouvez atteindre un moment de silence, vous éprouvez une joie immense. À ce moment-là, la vie a une signification, une grandeur qui dépasse les mots. À ce moment-là, la vie est une danse. À ce moment-là, même si la mort survient, ce sera une danse et une célébration, parce que ce moment ne connaît rien d'autre que la joie. Ce moment est joyeux, il est heureux.

La connaissance doit être niée - mais pas parce que je le dis ou parce que J. Krishnamurti le dit ou parce que Gautam Buddha l'a dit. Si vous niez parce que je le dis, alors vous niez votre connaissance, et ce que je dis deviendra votre connaissance à sa place ; vous la remplacerez. La négation ne doit pas venir de l'esprit, sinon l'esprit est très rusé. Alors, quoi que je dise qui devienne votre connaissance, vous commencez à vous y accrocher. Vous jetez vos vieilles idoles et vous les remplacez par de nouvelles. Mais c'est le même jeu avec de nouveaux mots, de nouvelles idées, de nouvelles pensées.

Alors, comment nier la connaissance ? Pas par d'autres connaissances : il suffit de voir que la connaissance crée une distance, de voir ce fait intensément, totalement. Non pas que vous deviez le remplacer par quelque chose d'autre ; cette intensité est le feu, cette intensité réduira votre connaissance en cendres. Cette intensité est suffisante. Cette intensité est ce que l'on appelle la "perspicacité".

L'intuition brûlera vos connaissances, et elles ne seront pas remplacées par d'autres connaissances. Il y a alors le vide, shunyata. C'est alors le néant, parce qu'il n'y a pas de contenu ; il n'y a que la vérité non perturbée, non déformée.

LE SUTRA DU CŒUR : LA PERFECTION DE LA SAGESSE67

Vous devez voir ce que je dis, vous ne devez pas apprendre ce que je dis. Ici, assis avec moi tous les jours, en m'écoutant, ne commencez pas à accumuler des connaissances. Ici, en m'écoutant, ne commencez pas à accumuler des connaissances. M'écouter devrait être une expérience de perspicacité. Vous devez m'écouter avec intensité, en totalité, avec autant de conscience que possible. Dans cette conscience même, vous verrez un point, et cette vision même est une transformation. Non pas que vous deviez faire quelque chose d'autre par la suite, mais la vision elle-même apporte la mutation. Si un effort est nécessaire, cela montre simplement que vous avez raté quelque chose. Si vous venez demain et que vous me demandez : "J'ai compris que la connaissance est la malédiction, que la connaissance crée la distance. Maintenant, comment le faire tomber ?" - c'est que vous avez raté quelque chose. Si le "comment" apparaît, alors vous avez raté votre coup. Le "comment" ne peut pas surgir, parce que le "comment" demande plus de connaissances. Le "comment" demande des méthodes, des techniques : "Que faut-il faire ?" L'intuition suffit ; elle n'a pas besoin d'être aidée par des efforts. Son feu est plus que suffisant pour brûler toutes les connaissances que vous portez en vous. Il suffit de voir ce qu'il en est.

Écoutez-moi, suivez-moi. Écoutez-moi, tenez-moi la main et déplacez-vous dans les espaces où j'essaie de vous aider à vous déplacer. Et voyez ce que je dis, ne discutez pas. Ne dites pas oui, ne dites pas non. Ne soyez pas d'accord, ne soyez pas en désaccord. Soyez simplement avec moi dans ce moment - et soudain, l'intuition est là. Si vous écoutez attentivement... et par attention, je ne veux pas dire concentration ; par attention, je veux simplement dire que vous écoutez avec conscience, pas avec un esprit obtus ; vous écoutez avec intelligence, avec vivacité, avec ouverture. Vous êtes ici, maintenant, avec moi. C'est ce que j'entends par attention : vous n'êtes nulle part ailleurs. Vous ne comparez pas dans votre esprit ce que je dis avec vos anciennes pensées. Vous ne comparez pas du tout, vous ne jugez pas.

Vous n'êtes pas en train de juger à l'intérieur, en vous, si ce que je dis est juste ou non, ou dans quelle mesure c'est juste.

L'autre jour, je parlais avec un chercheur. Il a la qualité d'un chercheur, mais il est accablé par la connaissance. Pendant que je lui parlais, ses yeux se sont remplis de larmes. Son cœur était sur le point de s'ouvrir et, à ce moment précis, le mental s'en est mêlé et en a détruit toute la beauté. Il se dirigeait vers le cœur et l'ouverture, mais son esprit est immédiatement entré en jeu. Les larmes qui étaient sur le point de couler ont disparu. Ses yeux sont devenus secs. Que s'est-il passé ? - J'ai dit quelque chose avec lequel il n'était pas d'accord. Il était d'accord avec moi jusqu'à un certain point. Puis j'ai dit quelque chose qui allait à l'encontre de ses origines juives, qui allait à l'encontre de la Kabbale, et immédiatement toute l'énergie a changé. Il m'a dit : "Tout est juste. Tout ce que vous dites est juste, mais il y a une chose : que Dieu n'a pas de but, que l'existence existe sans but - je ne peux pas être d'accord avec cela, parce que la Kabbale dit exactement le contraire : que la vie a un but, que Dieu a un but, qu'il nous conduit vers un certain destin, qu'il y a une destination".

Il n'a peut-être même pas vu les choses de cette façon - qu'il a manqué à ce moment-là parce qu'il y a eu une comparaison. Qu'est-ce que la Kabbale a à voir avec moi ? Lorsque vous serez avec moi, mettez de côté toutes vos connaissances de la Kabbale, du yoga, du tantra, de ceci et de cela. Quand vous êtes avec moi, soyez avec moi. Si vous êtes totalement avec moi... et je ne dis pas que vous êtes d'accord avec moi, rappelez-vous. Je ne dis pas que vous êtes d'accord avec moi : il n'est pas question d'accord ou de désaccord.

Lorsque vous voyez une fleur de rose, êtes-vous d'accord ou non avec elle ? Lorsque vous voyez le lever du soleil, êtes-vous d'accord ou non ? Lorsque vous voyez la lune dans la nuit, vous la voyez tout simplement ! On la voit ou on ne la voit pas, mais il n'est pas question d'accord ou de désaccord.

C'est ainsi qu'il faut être avec moi ; c'est ainsi qu'il faut être avec un maître. Soyez simplement avec moi. Je n'essaie pas de vous convaincre de quoi que ce soit. Je n'essaie pas de vous convertir à une théorie, à une philosophie, à un dogme, à une église, non ! Je partage simplement ce qui m'est arrivé, et dans ce partage même, si vous participez, cela peut vous arriver aussi. C'est contagieux. La perspicacité transforme.

Lorsque je dis que le savoir est une malédiction, vous pouvez être d'accord ou non - et vous avez raté votre coup !

Il suffit de l'écouter, de le voir, d'entrer dans tout le processus de la connaissance. Vous voyez comment le savoir crée une distance, comment le savoir devient une barrière, comment le savoir s'interpose, comment le savoir augmente et la distance augmente, comment l'innocence est perdue par le savoir, comment l'émerveillement est détruit, estropié, assassiné par le savoir, comment la vie devient une affaire terne et ennuyeuse par le savoir. Le mystère est perdu, et avec le mystère, Dieu est perdu.

Le mystère disparaît parce que vous commencez à avoir l'idée que vous savez. Quand on sait, comment peut-il y avoir du mystère ? Le mystère n'est possible que lorsqu'on ne sait pas.

Et n'oubliez pas que l'homme n'a rien su ! Tout ce que nous avons recueilli n'est qu'un tas de déchets. L'ultime reste insaisissable. Ce que nous avons recueilli ne sont que des faits, la vérité reste intouchée par nos efforts. C'est l'expérience non seulement de Bouddha, Krishna, Krishnamurti et Ramana, mais aussi d'Edison, Newton et Albert Einstein.

C'est l'expérience des poètes, des peintres, des danseurs. Toutes les grandes intelligences du monde - qu'elles soient mystiques, poètes ou scientifiques - sont absolument d'accord sur un point : plus nous en savons, plus nous comprenons que la vie est un mystère absolu. Notre connaissance ne détruit pas son mystère. Il n'y a que les gens stupides qui pensent que parce qu'ils en savent un peu, il n'y a plus de mystère dans la vie. Seul l'esprit médiocre s'attache trop à la connaissance ; l'esprit intelligent reste au-dessus de la connaissance.

Il s'en sert, il s'en sert certainement - c'est utile, c'est utilitaire - mais il sait parfaitement que tout ce qui est vrai est caché, reste caché. Nous pouvons savoir et savoir, mais Dieu reste inépuisable.

Écoutez avec perspicacité, attention, totalité. Et dans cette vision même, vous verrez quelque chose, et cette vision vous changera. Vous ne demandez pas comment.

C'est le sens de la phrase de Krishnamurti : "Nier, c'est se taire". L'intuition nie. Et lorsque quelque chose est nié et que rien n'est posé à la place, que quelque chose a été détruit et que rien n'a été mis, remplacé à sa place, il y a un silence - parce qu'il y a de l'espace. Il y a silence parce que l'ancien a été jeté et que le nouveau n'a pas été introduit. Ce silence, Bouddha l'appelle shunyata. Ce silence est le vide, le néant. Et seul ce néant peut opérer dans le monde de la vérité.

La pensée ne peut pas agir dans ce monde. La pensée ne fonctionne que dans le monde des choses, parce que la pensée est aussi une chose - subtile, mais aussi matérielle. C'est pourquoi la pensée peut être enregistrée, c'est pourquoi la pensée peut être relayée, transmise. Je peux vous lancer une pensée, vous pouvez la tenir, vous pouvez l'avoir. Elle peut être prise et donnée, elle est transférable, parce qu'elle est une chose. C'est un phénomène matériel.

Le vide ne peut pas être donné, le vide ne peut pas vous être jeté. Vous pouvez y participer, vous pouvez y entrer, mais personne ne peut vous le donner. Il est intransmissible. Et seul le vide opère dans le monde de la vérité. La vérité n'est connue que lorsque l'esprit ne l'est pas. Pour connaître la vérité, l'esprit doit cesser de fonctionner. Il doit être calme, tranquille, immobile.

La pensée ne peut pas agir dans la vérité, mais la vérité peut agir à travers les pensées. Vous ne pouvez pas atteindre la vérité par la pensée, mais lorsque vous l'avez atteinte, vous pouvez utiliser la pensée à son service. C'est ce que je fais, c'est ce que Bouddha a fait, c'est ce que tous les maîtres ont fait.

Ce que je dis est une pensée, mais derrière cette pensée se trouve le vide. Ce vide n'a pas été produit par la pensée, ce vide est au-delà de la pensée. La pensée ne peut pas le toucher, la pensée ne peut même pas le regarder.

Avez-vous observé un phénomène ? - Vous ne pouvez pas penser au vide, vous ne pouvez pas faire du vide une pensée. Vous ne pouvez pas y penser, c'est impensable. Si vous pouvez y penser, ce ne sera pas du tout le vide. La pensée doit disparaître pour que le vide apparaisse ; les deux ne se rencontrent jamais. Une fois que le vide est apparu, il peut utiliser toutes sortes de moyens pour s'exprimer.

L'intuition est un état de non-pensée. Chaque fois que vous voyez quelque chose, vous voyez toujours quand il n'y a pas de pensée. Ici aussi, en m'écoutant, en étant avec moi, vous voyez parfois. Mais ces moments sont des vides, des intervalles. Une pensée est partie, une autre n'est pas venue, et il y a un vide ; et dans ce vide, quelque chose frappe, quelque chose commence à vibrer. C'est comme si quelqu'un jouait sur un tambour : le tambour est vide à l'intérieur, c'est pourquoi on peut jouer dessus. Ce vide vibre.

Ce beau son qui sort est produit à partir du vide. Lorsque vous êtes, sans aucune pensée, quelque chose est possible, immédiatement possible. Vous pouvez alors voir ce que je dis. Ce ne sera plus seulement une parole entendue, mais une intuition, une compréhension, une vision. Vous l'avez examinée, vous l'avez partagée avec moi.

L'intuition est un état de non-pensée, de non-pensée. C'est un vide, un intervalle dans le processus de la pensée, et dans ce vide se trouve l'aperçu, la vérité.

Le mot anglais empty (vide) vient d'une racine qui signifie "à loisir", "inoccupé". C'est un mot magnifique si l'on va à la racine. La racine est très prégnante : elle signifie à l'aise, inoccupé.

Chaque fois que vous êtes inoccupé, que vous avez du temps libre, vous êtes vide. Et rappelez-vous que le proverbe qui dit que l'esprit vide est l'atelier du diable n'a pas de sens. C'est tout le contraire qui est vrai : l'esprit occupé est l'atelier du diable. L'esprit vide est l'atelier de Dieu, pas celui du diable.

Mais vous devez comprendre ce que j'entends par "vide" : tranquille, détendu, non tendu, sans bouger, sans désirer, sans aller nulle part, juste être là, tout à fait là. Un esprit vide est une présence pure. Et tout est possible dans cette présence pure, parce que toute l'existence provient de cette présence pure.

Ces arbres poussent à partir de cette présence pure, ces étoiles naissent à partir de cette présence pure ; nous sommes ici - tous les bouddhas sont issus de cette présence pure. Dans cette présence pure, vous êtes en Dieu, vous êtes Dieu. Occupé, vous tombez ; occupé, vous devez être expulsé du jardin d'Eden. Inoccupé, vous êtes de retour dans le jardin, inoccupé, vous êtes de retour à la maison.

Lorsque l'esprit n'est pas occupé par la réalité, par les choses, par les pensées, alors il y a ce qui est. Et ce qui est, c'est la vérité. Ce n'est que dans le vide qu'il y a rencontre, fusion. Ce n'est que dans le vide que vous vous ouvrez à la vérité et que la vérité entre en vous. Ce n'est que dans le vide que l'on devient enceinte de la vérité.

Ce sont les trois états de l'esprit. Le premier est le contenu et la conscience. Il y a toujours un contenu dans l'esprit - une pensée qui bouge, un désir qui naît, la colère, l'avidité, l'ambition. Il y a toujours un contenu dans l'esprit ; l'esprit n'est jamais inoccupé. Le trafic continue, jour après jour. Il est là quand on est éveillé, il est là quand on dort. Lorsque vous êtes éveillé, vous appelez cela penser, lorsque vous êtes endormi, vous appelez cela rêver - c'est le même processus. Le rêve est un peu plus primitif, c'est tout - parce qu'il pense en images. Il n'utilise pas de concepts, mais des images. Il est plus primitif, comme les petits enfants qui pensent en images. C'est pourquoi, dans les livres pour enfants, il faut faire de grandes images, colorées, parce qu'ils pensent à travers des images. C'est par les images qu'ils apprendront les mots. Au fur et à mesure, ces images deviennent de plus en plus petites, puis elles disparaissent.

L'homme primitif pense également en images. Les langues les plus anciennes sont des langues picturales. Le chinois est une langue picturale : il n'a pas d'alphabet. C'est la langue la plus ancienne.

La nuit, vous redevenez primitif, vous oubliez votre sophistication de la journée et vous commencez à penser en images - mais c'est la même chose.

L'intuition du psychanalyste est précieuse, car il examine vos rêves. Il y a alors plus de vérité, parce que vous êtes plus primitif ; vous n'essayez pas de tromper qui que ce soit, vous êtes plus authentique. Le jour, vous êtes entouré d'une personnalité qui vous cache - des couches et des couches de personnalité. Il est très difficile de découvrir l'homme véritable. Il faut creuser profondément, cela fait mal et l'homme résiste. Mais dans la nuit, tout comme vous rangez vos vêtements, vous rangez aussi votre personnalité. Elle n'est pas nécessaire parce que vous ne communiquerez avec personne, vous serez seul dans votre lit. Et vous ne serez pas dans le monde, vous serez absolument dans votre royaume privé. Il n'est pas nécessaire de se cacher ni de faire semblant. C'est pourquoi le psychanalyste essaie d'entrer dans vos rêves, parce qu'ils montrent beaucoup plus clairement qui vous êtes. Mais c'est le même jeu joué dans différentes langues ; le jeu n'est pas différent. C'est l'état ordinaire de l'esprit : l'esprit et le contenu, la conscience et le contenu.

Le deuxième état de l'esprit est la conscience sans contenu ; c'est ce qu'est la méditation.

Vous êtes pleinement éveillé, et il y a un vide, un intervalle. Il n'y a pas de pensée, il n'y a pas de pensée devant vous. Vous n'êtes pas endormi, vous êtes éveillé - mais il n'y a pas de pensée. C'est la méditation. Le premier état est appelé esprit, le second état est appelé méditation.

Et puis il y a un troisième état. Lorsque le contenu a disparu, l'objet a disparu, le sujet ne peut pas rester longtemps - parce qu'ils existent ensemble. Ils se sont produits l'un l'autre. Lorsque le sujet est seul, il ne peut rester qu'un peu plus longtemps, juste en raison de l'élan du passé. Sans le contenu, la conscience ne peut rester longtemps ; elle ne sera pas nécessaire, car une conscience est toujours une conscience de quelque chose. Lorsque vous dites "conscient", on peut vous demander "De quoi ?". Vous répondez : "Je suis conscient de..." Cet objet est nécessaire, il est indispensable à l'existence du sujet. Une fois que l'objet a disparu, le sujet disparaît également. Le contenu disparaît d'abord, puis la conscience.

Le troisième état est appelé samadhi - absence de contenu, absence de conscience. Mais n'oubliez pas que cette absence de contenu, de conscience, n'est pas un état d'inconscience. C'est un état de superconscience, de conscience transcendantale. La conscience n'est plus consciente que d'elle-même. La conscience s'est retournée sur elle-même ; la boucle est bouclée. Vous êtes rentrés chez vous.

C'est le troisième état, le samadhi, et c'est ce troisième état que Bouddha entend par shunyata.

Laissez d'abord tomber le contenu - vous devenez à moitié vide, puis laissez tomber la conscience - vous devenez complètement vide. Cette vacuité totale est la plus belle chose qui puisse arriver, la plus grande bénédiction.

Dans ce néant, dans ce vide, dans ce désintéressement, dans ce shunyata, il y a une sécurité et une stabilité totales. Vous serez surpris d'apprendre qu'il existe une sécurité et une stabilité totales lorsque vous n'êtes pas. Toutes les peurs disparaissent... car quelle est la peur fondamentale ? La peur fondamentale est la peur de la mort. Toutes les autres peurs ne sont que des reflets de cette peur fondamentale. Toutes les autres peurs peuvent être réduites à une seule peur : la peur de la mort, la peur de devoir disparaître un jour, de devoir mourir un jour. Je suis, et le jour vient où je ne serai plus" - c'est cela qui fait peur, c'est cela la peur.

Pour éviter cette peur, nous commençons à bouger de manière à vivre le plus longtemps possible.

Et nous essayons de sécuriser nos vies - nous commençons à faire des compromis, nous commençons à devenir de plus en plus sûrs, sûrs, à cause de la peur. Nous devenons paralysés, car plus nous sommes en sécurité, plus nous sommes en sécurité, moins nous sommes en vie.

La vie existe dans les défis, la vie existe dans les crises, la vie a besoin d'insécurité. Elle pousse dans le sol de l'insécurité. Chaque fois que vous manquez d'assurance, vous vous sentez plus vivant, plus alerte. C'est pourquoi les riches deviennent ennuyeux : une sorte de stupidité et de stupeur les entoure. Ils sont tellement en sécurité qu'il n'y a pas de défi à relever. Ils sont tellement en sécurité qu'ils n'ont pas besoin d'être intelligents. Ils sont tellement en sécurité qu'ils n'ont pas besoin d'être intelligents. L'intelligence est nécessaire lorsqu'il y a un défi, l'intelligence est provoquée par le défi.

C'est donc par peur de la mort que nous recherchons la sécurité, un solde bancaire, une assurance, un mariage, une vie stable, un foyer ; nous devenons membres d'un pays, d'un parti politique, d'une église religieuse - nous devenons hindous, chrétiens, mahométans. Ce sont tous des moyens de trouver la sécurité. Ce sont tous des moyens de trouver un endroit auquel appartenir - un pays, une église.

C'est à cause de cette peur que les politiciens et les prêtres continuent à vous exploiter. Si vous n'avez pas peur, aucun politicien, aucun prêtre ne peut vous exploiter. Ce n'est qu'à cause de la peur qu'il peut vous exploiter parce qu'il peut vous fournir - au moins il peut vous promettre - que cela vous sécurisera : "Ce sera votre sécurité.

Je peux le garantir". La marchandise ne sera peut-être jamais livrée - c'est une autre histoire - mais la promesse...

Et la promesse maintient les gens dans l'exploitation et l'oppression. La promesse maintient les gens dans la servitude.

Une fois que vous avez connu ce vide intérieur, vous n'avez plus peur, car la mort a déjà eu lieu. C'est dans ce vide qu'elle s'est produite. Dans ce vide, vous avez disparu. Comment pouvez-vous encore avoir peur ? De quoi ? De qui ? Et qui peut avoir peur ? Dans ce vide, toute peur disparaît parce que la mort a déjà eu lieu. Il n'y a plus de mort possible. On ressent une sorte d'absence de mort, d'intemporalité. L'éternité est arrivée. On ne cherche plus la sécurité, on n'en a plus besoin.

C'est l'état d'un sannyasin. C'est l'état dans lequel un homme n'a pas besoin de faire partie d'un pays, d'une église ou d'autres choses stupides.

Ce n'est que lorsque l'on est devenu rien que l'on peut être soi-même. Cela semble paradoxal.

Et vous ne devez pas faire de compromis, car c'est par peur et par avidité que l'on fait des compromis.

Et vous pouvez vivre dans la rébellion parce qu'il n'y a rien à perdre. Vous pouvez devenir une rébellion ; il n'y a rien à craindre. Personne ne peut vous tuer, vous l'avez déjà fait vous-même.

Personne ne peut vous enlever quoi que ce soit ; vous avez laissé tomber tout ce qui peut vous être enlevé. Vous êtes maintenant dans le néant, vous êtes un néant. D'où ce phénomène paradoxal : dans ce néant naît une grande sécurité, une grande sûreté, une stabilité - parce qu'il n'y a plus de mort possible.

Et avec la mort, le temps disparaît. Avec la mort disparaissent tous les problèmes créés par la mort et par le temps. Dans le sillage de toutes ces disparitions, il ne reste plus qu'un ciel pur. Ce ciel pur est le samadhi, le nirvana. C'est ce dont parle Bouddha.

Ces sutras ont été adressés à l'un des plus grands disciples du Bouddha, Sariputra. Pourquoi à Sariputra ?

Le premier jour, je vous ai dit qu'il y avait sept plans, sept barreaux de l'échelle. Le septième est le transcendantal : Zen, Tantra, Tao. Le sixième est le spirituel-transcendantal : le yoga. Jusqu'au sixième, la méthode reste importante, le "comment" reste important. Jusqu'au sixième, la discipline reste importante, le rituel reste important, les techniques restent importantes. Ce n'est qu'en atteignant le septième que l'on s'aperçoit qu'il n'est pas nécessaire d'être.

Ces sutras s'adressent à Sariputra parce que Sariputra était au sixième centre, au sixième échelon. Il était l'un des plus grands disciples de Bouddha. Bouddha avait quatre-vingts grands disciples ; Sariputra est l'un des principaux parmi ces quatre-vingts. Il était l'homme le mieux informé de l'entourage de Bouddha. Il était le plus grand érudit et pundit de l'entourage de Bouddha. Lorsqu'il est arrivé auprès de Bouddha, ce dernier avait lui-même cinq mille disciples.

Lorsqu'il était venu voir Bouddha pour la première fois, il était venu pour discuter, débattre avec Bouddha et le vaincre. Il était venu avec ses cinq mille disciples - pour impressionner. Lorsqu'il s'est présenté devant Bouddha, ce dernier a ri. Bouddha lui dit : "Sariputra, tu sais beaucoup de choses, mais tu ne sais rien du tout. Je vois que tu as accumulé de grandes connaissances, mais tu es vide. Tu es venu pour discuter, débattre et me vaincre, mais si tu veux vraiment discuter avec moi, tu devras attendre au moins un an."

Sariputra dit : "Un an ? Pour quoi faire ?"

Bouddha a dit : "Tu devras rester silencieux pendant un an, c'est le prix à payer.

Si vous pouvez rester silencieux pendant un an, vous pourrez discuter avec moi, car ce que je vais vous dire sortira du silence. Il faut en avoir un peu l'expérience. Et je vois, Sariputra, que tu n'as même pas goûté à un seul moment de silence. Tu es si plein de connaissances que ta tête est lourde. J'ai de la compassion pour toi, Sariputra. Tu as porté un tel fardeau pendant de nombreuses vies.

Tu n'es pas un brahmane seulement dans cette vie, Sariputra, tu es un brahmane depuis de nombreuses vies. Et pendant de nombreuses vies, tu as porté les Védas et les écritures. C'est votre style depuis de nombreuses vies... mais je vois une possibilité. Tu es bien informé, mais la promesse est là.

Vous avez des connaissances, mais vos connaissances n'ont pas complètement bloqué votre être ; il reste encore quelques fenêtres. Je voudrais, pendant un an, nettoyer ces fenêtres, et alors il y aura une possibilité de nous rencontrer, de parler et d'être. Tu seras ici pendant un an.

C'était étrange. Sariputra avait voyagé dans tout le pays pour vaincre les gens. C'était l'une des particularités de l'Inde : les savants avaient l'habitude de voyager dans tout le pays et de vaincre les autres dans de grands débats et discussions, des débats marathons. C'était considéré comme l'une des meilleures choses à faire. Si quelqu'un s'était imposé dans tout le pays et avait vaincu tous les érudits, son ego en tirait une grande satisfaction. Cet homme était considéré comme plus grand que les rois, les empereurs. Cet homme était considéré comme plus grand que les riches.

Sariputra était en voyage. Et naturellement, vous ne pouvez pas vous déclarer victorieux si vous n'avez pas vaincu Bouddha. Il était donc venu pour cela. Il a donc dit : "D'accord, si je dois attendre un an, j'attendrai." Et pendant un an, il est resté assis en silence avec Bouddha. En un an, le silence s'est installé en lui.

Au bout d'un an, Bouddha lui demanda : "Maintenant, nous pouvons discuter et tu peux me vaincre, Sariputra. Je serai immensément heureux d'être vaincu par toi."

Il rit, touche les pieds de Bouddha et dit : "Initiez-moi. Au cours de cette année de silence, en vous écoutant, il y a eu quelques moments où j'ai eu l'intuition.

Bien que je sois venu en tant qu'antagoniste, je me suis dit : "Alors que je suis assis ici pendant un an, pourquoi ne pas écouter cet homme, ce qu'il dit ? C'est donc par curiosité que j'ai commencé à écouter. Mais parfois, ces moments sont arrivés et vous m'avez pénétré, vous avez touché mon cœur, vous avez joué sur mon organe intérieur et j'ai entendu la musique. Vous m'avez vaincu sans me vaincre".

Sariputra devint le disciple de Bouddha, et ses cinq mille disciples devinrent également les disciples de Bouddha. Sariputra était l'un des érudits les plus réputés de l'époque. Ces sutras sont adressés à Sariputra.

ICI, Ô SARIPUTRA, LA FORME EST LE VIDE ET LE VIDE MÊME EST LA FORME ; LE VIDE NE DIFFÈRE PAS DE LA FORME, LA FORME NE DIFFÈRE PAS DU VIDE ; TOUT CE QUI EST FORME, C'EST LE VIDE, TOUT CE QUI EST VIDE, C'EST LA FORME, IL EN VA DE MÊME POUR LES SENTIMENTS, LES PERCEPTIONS, LES IMPULSIONS ET LA CONSCIENCE.

ICI, Ô SARIPUTRA... Qu'est-ce que Bouddha entend par "ici" ? Il parle de son espace. Il dit : "De la vision de mon monde, du point de vue transcendantal, l'espace où j'existe et l'éternité où j'existe..."

ICI, ô SARIPUTRA, LA FORME EST LE VIDE ET LE VIDE MÊME EST LA FORME ; C'est l'une des affirmations les plus importantes. Toute l'approche bouddhiste repose sur cette affirmation : le manifeste est le non-manifeste ; la forme n'est rien d'autre que la forme du vide lui-même, et le vide n'est rien d'autre que la forme, la possibilité de la forme. Cette affirmation est illogique et apparaît manifestement comme un non-sens. Comment la forme peut-elle être le vide ?

Ils sont opposés. Comment le vide peut-il être une forme ? Ce sont des polarités.

Une chose doit être comprise avant que nous puissions entrer correctement dans le sutra : Le Bouddha n'est pas logique, le Bouddha est dialectique.

Il existe deux approches de la réalité : l'une est logique. Aristote est le père de cette approche en Occident. Il se contente de suivre une ligne, une ligne claire et nette. Elle n'admet jamais le contraire ; le contraire doit être rejeté. Cette approche dit que A est A et n'est jamais pas A. A ne peut pas ne pas être A.

C'est la formulation de la logique aristotélicienne - et elle semble parfaitement correcte, parce que nous avons tous été élevés avec cette logique dans les écoles, les collèges, les universités. Le monde est dominé par Aristote : A est A et n'est jamais A.

La deuxième approche de la réalité est dialectique. En Occident, cette approche est associée aux noms d'Héraclite et de Hegel. Le processus dialectique dit : la vie évolue à travers les polarités, à travers les opposés - tout comme une rivière coule à travers deux rives qui s'opposent l'une à l'autre, mais ces rives opposées maintiennent le flux de la rivière entre elles. Il s'agit là d'un processus plus existentiel.

L'électricité a deux pôles, positif et négatif. Si la logique d'Aristote est celle de l'existence, alors l'électricité est très, très illogique. Dieu lui-même est illogique, car il produit une nouvelle vie à partir de la rencontre d'un homme et d'une femme, qui sont opposés - yin et yang, mâle et femelle. Si Dieu avait été élevé par Aristote dans une logique aristotélicienne, dans une logique linéaire, alors l'homosexualité aurait été la norme et l'hétérosexualité aurait été une perversion. L'homme aurait aimé l'homme et la femme aurait aimé la femme. Les opposés ne pourraient pas se rencontrer.

Mais Dieu est dialectique. Partout, les contraires se rencontrent. En vous, la naissance et la mort se rencontrent. Partout, les opposés se rencontrent - le jour et la nuit, l'été et l'hiver. L'épine et la fleur se rencontrent ; elles sont sur la même branche, elles sortent de la même source. L'homme et la femme, la jeunesse et la vieillesse, la beauté et la laideur, le corps et l'âme, le monde et Dieu, tout est opposé. Il s'agit d'une symphonie des contraires. Les opposés ne se rencontrent pas seulement, ils créent une grande symphonie - seuls les opposés peuvent créer une symphonie. Sinon, la vie serait une monotonie, pas une symphonie. La vie serait un ennui. S'il n'y avait qu'une seule note répétée continuellement, cela créerait forcément de l'ennui. Il y a des notes opposées : la thèse rencontre l'antithèse, créant une synthèse ; et à son tour, la synthèse devient à nouveau une thèse, crée une antithèse, et une synthèse plus élevée évolue. C'est ainsi que la vie évolue.

L'approche du Bouddha est donc dialectique, et elle est plus existentielle, plus vraie, plus valable.

Un homme aime une femme, une femme aime un homme - il faut alors comprendre autre chose. Aujourd'hui, les biologistes affirment, et les psychologues sont d'accord, que l'homme n'est pas seulement homme, il est aussi femme.

Et la femme n'est pas seulement une femme, elle est aussi un homme. Ainsi, lorsqu'un homme et une femme se rencontrent, ce ne sont pas deux personnes qui se rencontrent, mais quatre personnes. L'homme rencontre la femme, mais l'homme a une femme cachée en lui ; la femme a aussi un homme caché en elle ; ils se rencontrent aussi. La rencontre se fait sur deux plans. Elle est plus complexe, plus enchevêtrée. L'homme est à la fois homme et femme. Pourquoi ? parce qu'il est issu des deux.

Quelque chose vous a été apporté par votre père et quelque chose vous a été apporté par votre mère, qui que vous soyez. Un homme coule dans votre sang et une femme aussi. Vous devez être les deux parce que vous êtes la rencontre des opposés polaires. Vous êtes une synthèse ! Il est impossible de nier l'un et d'être l'autre. C'est ce qui a été fait.

Aristote a été suivi à la lettre, dans tous les domaines, et cela a créé de nombreux problèmes pour l'homme - et des problèmes qui semblent insolubles si l'on suit Aristote. On a appris à l'homme à n'être qu'un homme : à ne jamais montrer de traits féminins, à ne jamais montrer de douceur du cœur, à ne jamais montrer de réceptivité, à être toujours agressif. On a appris à l'homme à ne jamais pleurer, à ne jamais pleurer - parce que les larmes sont féminines. On a appris aux femmes à ne jamais ressembler en quoi que ce soit aux hommes : à ne jamais faire preuve d'agressivité, à ne jamais montrer d'expression, à toujours rester passives, réceptives. Cela va à l'encontre de la réalité, et cela a handicapé les deux. Dans un monde meilleur, avec une meilleure compréhension, un homme sera les deux, une femme sera les deux - parce que parfois un homme a besoin d'être une femme. Il y a des moments où il a besoin de douceur - des moments de tendresse, des moments d'amour. Et il y a des moments où une femme doit être expressive et agressive - dans la colère, la défense, la rébellion. Si une femme est simplement passive, elle deviendra automatiquement une esclave. Une femme passive est vouée à devenir une esclave - c'est ce qui s'est passé à travers les âges. Et un homme agressif, résolument agressif et jamais tendre, est voué à créer des guerres, des névroses dans le monde, de la violence.

L'homme s'est battu, il s'est battu continuellement ; il semble que l'homme existe sur la terre uniquement pour se battre. En trois mille ans, il y a eu cinq mille guerres ! La guerre continue quelque part, la terre n'est jamais entière et saine... jamais un moment sans guerre. Que ce soit en Corée, au Vietnam, en Israël, en Inde, au Pakistan ou au Bangladesh, quelque part le massacre doit continuer. L'homme doit tuer. Pour rester un homme, il doit tuer. Soixante-quinze pour cent de l'énergie est consacrée à l'effort de guerre, à la création de nouvelles bombes, de bombes à hydrogène, de bombes à neutrons, etc. Il semble que le but de l'homme sur terre soit la guerre. Les héros de guerre sont les plus respectés. Les politiciens de guerre deviennent les grands noms de l'histoire :

Adolf Hitler, Winston Churchill, Joseph Staline, Mao Zedong - ces noms resteront. Pourquoi ? parce qu'ils ont mené de grandes guerres, ils ont détruit. Qu'il s'agisse d'agression ou de défense, là n'est pas la question, mais ce sont eux les bellicistes. Et personne ne sait jamais qui était agressif - si l'Allemagne était agressive ou non, tout dépend de qui écrit l'histoire. Le vainqueur écrira l'histoire et prouvera que l'autre était l'agresseur.

L'histoire serait totalement différente si Adolf Hitler avait été victorieux. Oui, il y aurait eu les procès de Nuremberg, mais les Américains, les Anglais, les Français, les généraux et les politiciens auraient été jugés. Et l'histoire aurait été écrite par des Allemands ; naturellement, ils auraient eu une vision différente.

Personne ne sait ce qui est vrai. Une chose est sûre : cet homme met toute son énergie dans l'effort de guerre. Pourquoi ? - La raison est que l'on a appris à l'homme à n'être qu'un homme, on lui a refusé sa femme. Aucun homme n'est donc entier. Il en va de même pour la femme : aucune femme n'est entière. On lui a refusé sa partie masculine. Lorsqu'elle était petite, elle ne pouvait pas se battre avec les garçons, elle ne pouvait pas grimper aux arbres ; elle devait jouer à la poupée, elle devait jouer à la "maison". C'est une vision très, très déformée.

L'homme est à la fois homme et femme, et les deux sont nécessaires pour créer un être humain réel et harmonieux. L'existence est dialectique, et les opposés ne sont pas seulement opposés, ils sont aussi complémentaires.

Le Bouddha dit : ICI O SARIPUTRA - dans mon monde, Sariputra, dans mon espace, dans mon temps, Sariputra, au septième échelon de l'échelle, dans cet état de non-esprit, dans cet état de samadhi, dans cet état de nirvana, d'illumination - LA FORME EST L'EMPTITUDE. L'homme est une femme et la femme est un homme, la vie est la mort et la mort est la vie. Les opposés ne sont pas opposés, Sariputra ; ils s'interpénètrent, ils existent l'un par l'autre. Pour montrer cette intuition fondamentale, le Bouddha dit : "La forme est sans forme : La forme est absence de forme, et l'absence de forme est forme ; le non-manifeste devient manifeste, et le manifeste redevient non-manifeste. Ils ne sont pas différents, Sariputra, ils ne font qu'un. La dualité n'est qu'apparente. Au fond, tout est un.

LA VACUITÉ NE DIFFÈRE PAS DE LA FORME, LA FORME NE DIFFÈRE PAS DE LA VACUITÉ ; TOUT CE QUI EST FORME, C'EST LA VACUITÉ, TOUT CE QUI EST VACUITÉ, C'EST LA FORME ; IL EN VA DE MÊME POUR LES SENTIMENTS, LES PERCEPTIONS, LES IMPULSIONS ET LA CONSCIENCE.

Toute la vie et toute l'existence sont composées d'oppositions polaires, qui ne diffèrent qu'en apparence. Ces oppositions sont comme mes deux mains : Je peux les opposer l'une à l'autre, je peux même gérer une sorte de conflit, un combat entre elles. Mais ma main gauche et ma main droite sont toutes deux mes mains. En moi, elles ne font qu'un. C'est exactement cela.

Pourquoi Bouddha dit-il cela à Sariputra ? - Parce que si vous comprenez cela, vos soucis disparaîtront. Il n'y a plus d'inquiétude. La vie est la mort, la mort est la vie. Être est un moyen de ne pas être, et ne pas être est un moyen d'être. C'est le même jeu. Alors il n'y a pas de peur, alors il n'y a pas de problème. Cette prise de conscience entraîne une grande acceptation.

ICI, Ô SARIPUTRA, TOUS LES DHARMAS SONT MARQUÉS PAR LA VACUITÉ ; ILS NE SONT NI PRODUITS NI ARRÊTÉS, NI SOUILLÉS NI IMMACULÉS, NI DÉFICIENTS NI COMPLETS.

Le Bouddha dit : Tous les dharmas sont pleins de vide. Ce néant existe au cœur de chaque chose : le néant existe dans un arbre, le néant existe dans un rocher, le néant existe dans une étoile.

Les scientifiques sont d'accord : ils disent que lorsqu'une étoile s'effondre, elle devient un trou noir, le néant. Mais ce néant n'est pas seulement le néant ; il est immensément puissant, il est très plein, débordant.

Le concept, l'hypothèse d'un trou noir, est d'une immense valeur pour comprendre le Bouddha.

Une étoile existe pendant des millions et des trillions d'années, mais un jour elle doit mourir. Tout ce qui naît doit mourir. L'homme existe pendant soixante-dix ans, puis que se passe-t-il ? Épuisé, fatigué, il disparaît, il retombe dans l'unité originelle. Il en sera de même pour tout, tôt ou tard. L'Himalaya disparaîtra un jour, la terre aussi, le soleil aussi. Mais lorsqu'une grande étoile disparaît, où disparaît-elle ? Elle s'effondre sur elle-même. C'est une masse tellement importante qu'elle s'effondre. Tout comme un homme qui marche - un vieil homme - tombe dans la rue et s'effondre, si vous laissez cet homme là, tôt ou tard son corps disparaîtra, se désintégrera dans la boue, dans la terre. Si vous le laissez là pendant de nombreuses années, les os disparaîtront également en poussière. L'homme était là un jour, il marchait, vivait, aimait, se battait, et maintenant tout a disparu dans un trou noir. Il en va de même pour les étoiles : lorsqu'une étoile s'effondre sur elle-même, elle devient un trou noir. Pourquoi l'appelle-t-on trou noir ? - Parce qu'il n'y a plus de masse, il n'y a plus que du vide pur, ce que le Bouddha appelle shunyata. Et le shunyata, le vide pur, est si puissant que si vous en subissez l'impact, près de lui, dans son voisinage, vous serez tiré, attiré dans le vide, et vous vous effondrerez et disparaîtrez également.

Pour les voyages spatiaux, ce sera un problème futur, car il y a beaucoup d'étoiles qui sont devenues des trous noirs. Et vous ne pouvez pas les voir parce que ce n'est rien, c'est juste l'absence. On ne peut pas le voir, mais on peut le rencontrer. Si un vaisseau spatial s'en approche, il sera simplement attiré par sa gravitation. Il n'y a alors aucun moyen d'en sortir, il est impossible de trouver un moyen d'en sortir. L'attraction est si forte qu'il sera simplement attiré à l'intérieur, puis il disparaîtra et s'effondrera.

Et vous n'entendrez jamais parler du vaisseau spatial, de l'endroit où il est allé, de ce qui lui est arrivé, de ce qui est arrivé aux voyageurs de l'espace.

Ce trou noir ressemble beaucoup au concept de vide du Bouddha. Toutes les formes s'effondrent et disparaissent dans le noir, puis, après un long repos, elles remontent à la surface - une étoile naît à nouveau. Cela continue : vie et mort, vie et mort - cela continue. C'est ainsi que l'existence évolue.

Il se manifeste d'abord, puis se fatigue, passe à la non-manifestation, puis ravive son énergie par le repos, la relaxation, et se manifeste à nouveau. Vous travaillez toute la journée, vous êtes fatigué ; la nuit, vous disparaissez dans votre sommeil, dans un trou noir. Vous éteignez la lumière, vous vous glissez sous votre couverture, vous fermez les yeux ; en quelques instants, la conscience a disparu. Vous vous êtes effondré à l'intérieur. Il y a des moments où même les rêves n'existent plus ; c'est alors que le sommeil est le plus profond. Dans ce sommeil profond, vous êtes dans un trou noir, vous êtes mort. Pour le moment, vous êtes dans la mort, vous vous reposez dans la mort. Et puis, le matin, vous êtes de retour, plein de jus, d'ardeur et de vie, de nouveau rajeuni. Si vous avez un très bon sommeil, profond et sans rêves, le matin est si frais, si vital, si radieux, vous êtes à nouveau jeune. Si vous savez comment dormir profondément, vous savez comment vous revivifier encore et encore. Le soir, vous êtes de nouveau effondré, fatigué, épuisé par les activités de la journée.

Il en va de même pour tout. L'homme est une miniature de l'existence entière. Ce qui arrive à l'homme arrive à toute l'existence à plus grande échelle, c'est tout. Chaque nuit, vous disparaissez dans le néant, chaque matin, vous prenez forme. Forme, non-forme, forme, non-forme, c'est ainsi que la vie évolue, ce sont les deux étapes.

ICI, Ô SARIPUTRA, TOUS LES DHARMAS SONT MARQUÉS PAR LA VACUITÉ ; ILS NE SONT NI PRODUITS NI ARRÊTÉS...

Et Bouddha dit : "Il n'y a rien à faire : Il n'y a rien à faire, seule la compréhension est nécessaire.

Il s'agit d'une affirmation radicale. Elle peut transformer toute votre vie si vous la considérez comme une évidence.

... ELLES NE SONT PAS PRODUITES OU ARRÊTÉES...

Personne ne produit ces formes et personne ne les arrête. Le Bouddha ne croit pas en un Dieu manipulateur, contrôleur ou créateur, non. Ce serait une dualité, une hypothèse inutile. Le Bouddha dit que les choses se produisent d'elles-mêmes ; c'est naturel, personne ne le fait. Ce n'est pas que le premier Dieu ait pensé "Que la lumière soit" - comme il est dit dans la Bible - et que la lumière soit apparue.

Et puis un jour, il dit : "Maintenant, qu'il n'y ait plus de lumière", et la lumière disparaît. Pourquoi faire venir ce Dieu ? Et pourquoi lui donner un travail aussi laid ? Et il devra le faire pour toujours et à jamais : "Que la lumière soit, que la lumière ne soit pas, que la lumière soit...". Maintenant, que cet homme soit là, maintenant qu'il meure" - pensez à lui et à son ennui ! Bouddha le soulage, il dit que ce n'est pas nécessaire.

C'est tout simplement naturel. Les arbres apportent des graines, puis les graines apportent des arbres, et les arbres apportent à nouveau des graines.

Qu'est-ce qu'une graine ? La disparition de l'arbre ; l'arbre est passé à l'état de non-forme. Vous pouvez transporter une graine dans votre poche, vous pouvez transporter mille graines dans votre poche, mais vous ne pouvez pas transporter mille arbres dans votre poche. Les arbres ont une forme, un volume, une masse ; la graine n'a rien. Et si vous regardez dans la graine, vous ne trouverez rien. Si vous n'aviez pas vu, pas su qu'une graine devient un arbre, et que quelqu'un vous donne une graine et vous dit : "Regarde, cette graine est très, très magique - elle peut devenir un grand arbre, et il y aura beaucoup de fruits pendant de nombreuses années, et un grand feuillage, des fleurs et de la verdure, et les oiseaux viendront y faire leur nid", vous direz : "Qu'est-ce que vous racontez ? De ce petit caillou ? Vous me prenez pour un imbécile ou quelque chose comme ça ? Comment cela peut-il arriver ? Ce n'est pas possible."

Mais vous savez que cela arrive, c'est pourquoi vous n'en tenez pas compte. Un miracle est en train de se produire.

La petite graine porte en elle tout le plan de l'arbre, des feuilles - leur forme, leur taille et leur nombre -, des branches, de leur forme, de leur longueur et de leur hauteur, de la vie, du nombre de fruits et de fleurs qui en sortiront et du nombre de graines que cette graine produira. Les scientifiques disent qu'une seule graine suffit à faire verdir la terre entière. Son potentiel est immense. Non seulement la terre entière, mais une seule graine peut faire verdir toutes les planètes, car une graine peut produire des millions de graines, puis chaque graine produira des millions de graines, et ainsi de suite. Toute l'existence peut devenir verte à partir d'une seule graine. Ce néant est très potentiel, très puissant ! Immense ! Énorme ! Vaste !

Bouddha dit que personne ne la produit et que personne ne l'arrête. Le Bouddha dit qu'il n'est pas nécessaire d'aller dans un temple, de prier et de dire à Dieu : "Fais ceci, ne fais pas cela" - il n'y a personne.

Quel est son message ? Il dit : "Acceptez-le. Il en est ainsi. C'est dans la nature des choses. C'est tout simplement naturel, les choses vont et viennent."

Dans cette acceptation, dans cette tathata, dans cette nature, tous les soucis disparaissent ; vous êtes libéré des soucis. Il n'y a alors plus de problème. Rien ne peut être arrêté, rien ne peut être changé, rien ne peut être produit. Les choses sont telles qu'elles sont et les choses seront telles qu'elles seront, il n'y a donc rien à faire. Vous pouvez simplement regarder ces choses se produire. Vous pouvez participer à ces choses. Soyez... dans cet être, il y a le silence, dans cet être, il y a la joie. Cet être est la liberté.

CELLES-CI SONT... NI SOUILLÉS NI IMMACULÉS...

Cette existence n'est ni impure ni pure. Il n'y a ni pécheur ni saint.

La vision du Bouddha est tout à fait révolutionnaire : il dit que rien ne peut être impur et que rien ne peut être pur ; les choses sont telles qu'elles sont. Nous créons l'idée de pureté, puis vient l'impureté. Nous créons l'idée du saint, puis vient le pécheur.

Vous voulez que les pécheurs disparaissent ? Ils ne pourront disparaître que lorsque vos saints auront disparu, pas avant. Ils existent ensemble. Vous voulez que l'immoralité disparaisse ? - alors la morale doit disparaître. C'est la morale qui crée l'immoralité. Ce sont les idéaux moraux qui créent la condamnation pour quelques personnes qui ne peuvent pas les suivre, qui ne peuvent pas aller avec eux. Et vous pouvez rendre n'importe quoi immoral - il suffit de créer une idée : Ceci est moral. Vous pouvez faire de n'importe quoi une vache sacrée, et cela devient alors un problème.

Le Bouddha dit que rien n'est jamais souillé et que rien n'est jamais immaculé. La pureté et l'impureté sont des attitudes de l'esprit. Pouvez-vous dire d'un arbre s'il est moral ou immoral ? Pouvez-vous dire d'un animal qu'il est un pécheur ou un saint ? Essayez de voir cette vision ultime : il n'y a pas de pécheur, pas de saint, rien de moral, rien d'immoral. Dans cette acceptation, où est la possibilité de s'inquiéter ?

Il n'y a rien à améliorer non plus ! Et il n'y a pas de but, parce qu'il n'y a pas de valeur. Ce voyage est un voyage sans but. C'est un pur voyage ; c'est une pièce de théâtre, un leela. Et il n'y a personne derrière, en train de le faire. Tout se passe, mais personne ne le fait. Si le faiseur est là, le problème se pose - alors priez le faiseur, persuadez le faiseur, devenez amis avec le faiseur. Vous en bénéficierez alors, tandis que ceux qui ne sont pas amis avec l'auteur de l'acte en seront privés - ils souffriront en enfer. C'est ce que pensent les chrétiens, les hindous et les mahométans.

Les mahométans pensent que ceux qui sont mahométans iront au paradis et que ceux qui ne le sont pas, les pauvres, iront en enfer. Il en va de même pour les chrétiens et les hindous :

les hindous pensent que ceux qui ne sont pas hindous n'ont aucune chance ; les chrétiens pensent que ceux qui ne passent pas par l'église, ceux qui ne passent pas par l'église, vont souffrir l'enfer éternel - non pas de façon limitée, mais de façon illimitée, pour toujours.

Bouddha dit : Il n'y a ni pécheur, ni saint ; rien n'est pur, rien n'est impur, les choses sont telles qu'elles sont. Essayez de persuader un arbre, demandez-lui : "Pourquoi es-tu vert ? Pourquoi n'es-tu pas rouge ?"

Et si l'arbre vous écoute, il deviendra névrosé : "Pourquoi ne suis-je pas rouge ? Pourquoi ? Vraiment, la question est pertinente. Pourquoi suis-je vert ?" Condamnez le vert et louez le rouge, et tôt ou tard vous trouverez l'arbre sur le divan d'un psychiatre en train d'être analysé, aidé.

On crée d'abord le problème, puis vient le sauveur. C'est une belle affaire.

Le Bouddha coupe la racine même. Il dit : Vous êtes comme vous êtes. Il n'y a rien à améliorer, nulle part où aller. Et c'est aussi toute mon approche : vous êtes aussi parfait que vous pouvez l'être, il n'est pas possible d'en faire plus. Le "plus" ne fera que vous créer des problèmes. L'idée du "plus" vous rendra fou. Acceptez la nature, vivez naturellement, simplement, spontanément, d'instant en instant, et la sainteté est là - parce que vous êtes entier, pas parce que vous êtes devenu un saint.

... NI SOUILLÉE NI IMMACULÉE, NI DÉFICIENTE NI COMPLÈTE.

Rien n'est complet et rien n'est incomplet ; ces valeurs n'ont pas de sens. Dit Bouddha : Ici, ô Sariputra, là où j'existe, rien n'est bon, rien n'est mauvais. Ici, là où j'existe, le samsara et le nirvana sont identiques. Il n'y a pas de distinction entre ce monde et ce monde.

Il n'y a pas de distinction entre le profane et le sacré. Ici, là où j'existe, toutes les distinctions ont disparu, car les distinctions sont faites par la pensée. Lorsque la pensée disparaît, les distinctions disparaissent.

Les pécheurs sont créés par la pensée, et les saints sont créés par la pensée. Le bien et le mal sont créés par la pensée. C'est la pensée seule qui fait les distinctions. Bouddha dit : Lorsque la connaissance disparaît, la pensée disparaît. Il n'y a pas de dualité. Tout est uni.

Il existe un célèbre dicton de Sosan :

DANS LES DOMAINES SUPÉRIEURS DE LA VRAIE NATURE, IL N'Y A NI SOI NI AUTRE QUE SOI.

LORSQUE L'ON CHERCHE UNE IDENTIFICATION DIRECTE, ON NE PEUT QUE DIRE "PAS DEUX".

UN EN TOUT, TOUS EN UN :

SI CELA SE RÉALISE, VOUS N'AUREZ PLUS À VOUS INQUIÉTER DE NE PAS ÊTRE PARFAIT.

UN EN TOUT, TOUT EN UN - SI CELA EST RÉALISÉ, VOUS N'AUREZ PLUS À VOUS INQUIÉTER DE NE PAS ÊTRE PARFAIT. Il n'y a ni perfection, ni imperfection. Voyez-le, et voyez-le tout de suite ! Ne venez pas plus tard me demander comment faire. Il n'y a pas de "comment" non plus. Le "comment" apporte la connaissance - et la connaissance est une malédiction.

Sans le support déformant de la pensée, vous tombez dans l'unité avec le tout. Sans la pensée qui s'interpose entre vous et le réel, toutes les distinctions disparaissent, vous êtes comblés. Et c'est ce que l'homme recherche constamment. Vous vous sentez déraciné, déraciné du tout. C'est là votre malheur. Et vous êtes déraciné à cause de ce média déformant qu'est la pensée.

Laissez tomber ces supports de pensée déformants, laissez tomber ces supports, regardez la réalité telle qu'elle est, sans idée en tête, sans idée de ce qu'elle devrait être. Regardez avec innocence. Regardez sans savoir et tous les soucis disparaissent. Dans cette disparition des soucis, vous devenez un bouddha.

Vous êtes un Bouddha ! Mais vous manquez à l'appel parce que vous portez des supports déformants autour de vous. Vous avez des yeux parfaits et vous portez des lunettes. Ces lunettes déforment, colorent, rendent les choses telles qu'elles ne sont pas. Jetez ces lunettes ! C'est ce que nous voulons dire lorsque nous disons "Jeter l'esprit". Négligez le mental et il y a le silence - et dans ce silence, vous êtes divin. Vous n'avez jamais été autre chose, vous avez toujours été cela. Mais la reconnaissance revient, la réalisation revient. Vous comprenez soudain que vous essayez de mettre des pattes à un serpent. Ce n'était pas nécessaire - le serpent est parfaitement parfait ! Sans pattes, il se déplace parfaitement. Par compassion, vous avez essayé de lui mettre des pattes. Si vous réussissez, vous tuerez le serpent. Il est heureux que vous ne puissiez jamais réussir.

Vous essayez d'acquérir des connaissances et c'est pourquoi vous perdez votre perception, votre connaissance, votre capacité à voir. C'est ce que j'entends par "mettre des pattes à un serpent". La connaissance est votre nature. Il n'est pas nécessaire d'avoir des connaissances pour savoir. En fait, le savoir est un obstacle, le savoir est une malédiction.

Négligez la connaissance et soyez - et vous êtes un bouddha, et vous avez toujours été un bouddha.

C'est suffisant pour aujourd'hui.

La compréhension : La seule loi

L a première question :
Question 1 :

BIEN-AIMÉ MAÎTRE, JE VIENS D'UNE FAMILLE OÙ IL Y A EU QUATRE SUICIDES DU CÔTÉ MATERNEL, Y COMPRIS MA GRAND-MÈRE.

SUICIDES DU CÔTÉ MATERNEL, DONT MA GRAND-MÈRE.

COMMENT CELA AFFECTE-T-IL LA MORT ? QU'EST-CE QUI AIDE À SURMONTER CETTE PERVERSION DE LA MORT QUI COURT COMME UN THÈME À TRAVERS LA FAMILLE ?

Le phénomène de la mort est l'un des plus mystérieux, tout comme celui du suicide. Il ne faut pas se fier aux apparences pour déterminer ce qu'est le suicide. Il peut s'agir de beaucoup de choses. Selon moi, les personnes qui se suicident sont les plus sensibles au monde, très intelligentes. En raison de leur sensibilité, de leur intelligence, ils ont du mal à faire face à ce monde névrotique.

La société est névrosée. Elle existe sur des bases névrotiques. Toute son histoire est une histoire de folie, de violence, de guerre, de destruction. Quelqu'un dit : "Mon pays est le plus grand pays du monde" - c'est de la névrose. Quelqu'un dit : "Ma religion est la plus grande et la plus élevée du monde" - c'est de la névrose. Et cette névrose a atteint le sang et les os, et les gens sont devenus très, très ennuyeux, insensibles. Il fallait qu'ils le deviennent, sinon la vie serait impossible.

Il faut devenir insensible pour faire face à cette vie terne qui nous entoure, sinon on commence à se désaccorder. Si vous commencez à ne plus être en phase avec la société, celle-ci vous déclare fou. La société est folle, mais si vous n'êtes pas en phase avec elle, elle vous déclare fou. Alors, soit vous devenez fou, soit vous devez trouver un moyen de sortir de la société ; c'est ce qu'est le suicide.

La vie devient intolérable. Il semble impossible de faire face à tant de gens autour de soi - et ils sont tous fous. Que ferez-vous si l'on vous jette dans un asile d'aliénés ?

C'est arrivé à l'un de mes amis ; il était dans un asile psychiatrique. Il y a été placé par le tribunal pour neuf mois. Au bout de six mois - il était fou, donc il pouvait le faire - il a trouvé une grande bouteille de phénol dans la salle de bain et l'a bue. Pendant quinze jours, il a souffert de diarrhée et de vomissements, et c'est grâce à cette diarrhée et à ces vomissements qu'il est revenu au monde. Son système a été purifié, le poison a disparu. Il m'a dit que les trois mois suivants avaient été les plus difficiles - "Les six premiers mois ont été magnifiques parce que j'étais fou et que tout le monde l'était aussi. Les choses allaient tout simplement très bien, il n'y avait aucun problème. J'étais en phase avec toute la folie qui m'entourait."

Lorsqu'il a bu du phénol et qu'il a connu quinze jours de diarrhée et de vomissements, son système et son estomac ont été purifiés par accident. Il ne pouvait pas manger pendant ces quinze jours - les vomissements étaient trop importants - et il a donc dû jeûner. Il s'est reposé au lit pendant quinze jours. Ce repos, ce jeûne, cette purification l'ont aidé - c'était un accident - et il est devenu sain d'esprit. Il est allé voir les médecins et leur a dit : "Je suis devenu sain d'esprit" ; ils ont tous ri. Ils ont dit : "Tout le monde le dit."

Plus il insistait, plus ils insistaient : "Vous êtes fou, parce que tous les fous le disent.

Vous n'avez qu'à aller faire votre travail. Vous ne pouvez pas être libéré avant que l'ordre du tribunal n'arrive."

"Ces trois mois ont été impossibles, cauchemardesques. Il a souvent pensé au suicide. Mais c'est un homme de grande volonté. Et ce n'était qu'une question de trois mois, il pouvait attendre. C'était intolérable ! - Quelqu'un lui tirait les cheveux, quelqu'un lui tirait la jambe, quelqu'un allait tout simplement lui sauter dessus. Tout cela durait depuis six mois, mais lui aussi y participait. Il faisait les mêmes choses, il était un membre à part entière de cette société de fous. Mais pendant trois mois, c'était impossible parce qu'il était sain d'esprit et que tout le monde était fou.

Dans ce monde névrosé, si vous êtes sain d'esprit, sensible, intelligent, soit vous devenez fou, soit vous vous suicidez, soit vous devenez sannyasin. Qu'est-ce qu'il y a d'autre ?

La question vient de Jane Ferber, l'épouse de Bodhicitta. Elle est venue me voir au bon moment. Elle peut devenir sannyasin et éviter le suicide.

En Orient, le suicide n'existe pas tant que cela, car le sannyas est une alternative. Vous pouvez abandonner respectueusement ; l'Orient l'accepte. Vous pouvez commencer à faire ce que vous voulez ; l'Orient le respecte. Ainsi, la différence entre l'Inde et l'Amérique est de cinq fois : pour un Indien qui se suicide, cinq Américains se suicident. Et le phénomène du suicide est un phénomène croissant en Amérique. L'intelligence s'accroît, la sensibilité s'accroît, et la société s'émousse. Et la société n'offre pas un monde intelligent - alors que faire ? Continuer à souffrir inutilement ?

On commence alors à se dire : "Pourquoi ne pas tout laisser tomber ? Pourquoi ne pas en finir ? Pourquoi ne pas rendre le billet à Dieu ?" En Amérique, si le sannyas devient un grand mouvement, le taux de suicide commencera à baisser, parce que les gens auront une alternative bien meilleure et plus créative d'abandonner.

Avez-vous observé que les hippies ne se suicident pas ? C'est dans le monde ordinaire, le monde conventionnel, que le suicide est le plus répandu. Le hippie a abandonné. Il est une sorte de sannyasin - pas encore totalement conscient de ce qu'il fait, mais sur la bonne voie ; il bouge, il tâtonne, mais dans la bonne direction. Le hippie est le début du sannyas. Le hippie dit : "Je ne veux pas faire partie de ce jeu pourri, je ne veux pas faire partie de ce jeu politique. Je vois les choses et j'aimerais vivre ma propre vie. Je ne veux pas devenir l'esclave de qui que ce soit. Je ne veux pas être tué sur un front de guerre. Je ne veux pas me battre - il y a des choses bien plus belles à faire.

Mais pour des millions de personnes, il n'y a rien ; la société leur a ôté toute possibilité de s'épanouir. Ils sont coincés. Les gens se suicident parce qu'ils se sentent coincés et qu'ils ne voient pas d'issue. Ils se retrouvent dans un cul-de-sac. Et plus on est intelligent, plus vite on arrive à ce cul-de-sac, à cette impasse. Et alors, que faire ? La société ne vous offre pas d'alternative ; la société ne permet pas une société alternative.

Le sannyas est une société alternative. Il est étrange qu'en Inde, le taux de suicide soit le plus bas du monde. Logiquement, il devrait être le plus élevé, parce que les gens souffrent, sont misérables, affamés. Mais ce phénomène étrange se produit partout : les pauvres ne se suicident pas. Ils n'ont pas de raison de vivre, ils n'ont pas de raison de mourir. Parce qu'ils sont affamés, ils se préoccupent de leur nourriture, de leur logement, de leur argent, de choses comme ça. Ils ne peuvent pas se permettre de penser au suicide, ils ne sont pas encore aussi riches. L'Amérique a tout, l'Inde n'a rien.

L'autre jour, je lisais... Quelqu'un a écrit : "Les Américains ont un Jimmy Carter souriant, un Johnny Cash et un Bob Hope. Et les Indiens ont un Morarji Desai sec, terne et mort, pas d'argent et très peu d'espoir."

Pourtant, les gens ne se suicident pas : ils continuent à vivre, ils profitent de la vie. Même les mendiants sont ravis, excités. Il n'y a pas de quoi s'enthousiasmer, mais ils espèrent.

Pourquoi cela se produit-il autant en Amérique ? - Les problèmes ordinaires de la vie ayant disparu, l'esprit est libre de s'élever plus haut que la conscience ordinaire. L'esprit peut s'élever au-delà du corps, au-delà de l'esprit lui-même. La conscience est prête à prendre son envol, mais la société ne le permet pas. Sur dix suicides, environ neuf concernent des personnes sensibles. Voyant que la vie n'a pas de sens, voyant l'indignité qu'elle impose, voyant les compromis que l'on doit faire pour rien, voyant toute cette taciturnité, regardant autour d'eux et voyant cela - "une histoire racontée par un idiot, ne signifiant rien" - ils décident de se débarrasser du corps. S'ils pouvaient avoir des ailes dans le corps, ils ne le décideraient pas.

Le suicide a également une autre signification : il doit être compris. Dans la vie, tout semble être commun, imité. On ne peut pas avoir une voiture que d'autres n'ont pas. Des millions de personnes ont la même voiture que vous. Des millions de personnes vivent la même vie que vous, voient le même film, la même télévision que vous, lisent le même journal que vous. La vie est trop commune, il ne vous reste plus rien d'unique à faire, à être. Le suicide semble être un phénomène unique : vous seul pouvez mourir pour vous-même, personne d'autre ne peut mourir pour vous. Votre mort sera votre mort, celle de personne d'autre. La mort est unique !

Regardez le phénomène : la mort est unique - elle vous définit en tant qu'individu, elle vous donne une individualité. La société a pris votre individualité ; vous n'êtes qu'un rouage, remplaçable. Si vous mourez, vous ne manquerez à personne, vous serez remplacé. Si vous êtes professeur à l'université, un autre sera professeur à l'université. Même si vous êtes président d'un pays, un autre sera président du pays, immédiatement, dès que vous n'existerez plus. Vous êtes remplaçable.

Cela fait mal - que vous ne valez pas grand-chose, que vous ne manquerez à personne, qu'un jour vous disparaîtrez et que bientôt les personnes qui se souviendront de vous disparaîtront également. Ce sera alors comme si vous n'aviez jamais existé. Pensez à ce jour. Tu disparaîtras... Oui, pendant quelques jours, des gens se souviendront de vous - votre amant se souviendra de vous, vos enfants se souviendront de vous, peut-être quelques amis. Peu à peu, leur mémoire deviendra pâle, faible, et commencera à disparaître.

Mais peut-être que tant que les personnes avec lesquelles vous aviez une certaine intimité sont en vie, on se souviendra de vous de temps en temps. Mais une fois qu'elles ont disparu, alors... alors vous disparaissez simplement, comme si vous n'aviez jamais été là. Il n'y a alors aucune différence entre le fait d'avoir été ici et le fait de ne pas avoir été ici.

La vie ne vous accorde pas un respect unique. Elle est très humiliante. Elle vous enfonce dans un trou tel que vous n'êtes plus qu'un rouage dans la roue, un rouage dans le vaste mécanisme. Elle vous rend anonyme.

La mort, au moins, est unique. Et le suicide est encore plus unique que la mort. Pourquoi ? parce que la mort vient, et que le suicide est quelque chose que l'on fait. La mort vous dépasse : quand elle viendra, elle viendra. Mais vous pouvez gérer le suicide, vous n'êtes pas une victime. Vous pouvez gérer le suicide. Avec la mort, vous serez une victime, avec le suicide, vous aurez le contrôle. La naissance a déjà eu lieu - maintenant vous ne pouvez rien y faire, et vous n'aviez rien fait avant de naître - c'était un accident.

Il y a trois choses vitales dans la vie : la naissance, l'amour et la mort. La naissance a eu lieu, il n'y a rien à faire. On ne vous a même pas demandé si vous vouliez naître ou non. Vous êtes une victime. L'amour arrive aussi ; vous n'y pouvez rien, vous êtes impuissant.

Un jour, vous tombez amoureux de quelqu'un, vous n'y pouvez rien. Si vous voulez tomber amoureux de quelqu'un, vous n'y arriverez pas, c'est impossible. Et quand on tombe amoureux de quelqu'un, si l'on ne veut pas - si l'on veut s'éloigner - cela semble également difficile. La naissance est un événement, l'amour aussi. Il ne reste plus que la mort pour laquelle on peut faire quelque chose : on peut être victime ou décider soi-même.

Un suicidé est quelqu'un qui décide, qui dit : "Laissez-moi au moins faire une chose dans cette existence où j'ai été presque accidentel : je vais me suicider. Au moins, il y a une chose que je peux faire !"

La naissance est impossible à faire ; l'amour ne peut être créé s'il n'est pas là ; mais la mort... la mort a une alternative. On peut être victime ou décider.

Cette société vous a enlevé toute dignité. C'est pourquoi les gens se suicident - parce que leur suicide leur donnera une sorte de dignité. Ils peuvent dire à Dieu : "J'ai renoncé à votre monde et à votre vie. Cela ne valait rien !" Les personnes qui se suicident sont presque toujours plus sensibles que les autres qui continuent à traîner, à vivre. Et je ne dis pas qu'il faut se suicider, je dis qu'il y a une possibilité plus grande. Chaque moment de la vie peut être si beau, individuel, non imitatif, non répétitif. Chaque instant peut être si précieux ! Il n'est alors pas nécessaire de se suicider. Chaque instant peut apporter une telle bénédiction, et chaque instant peut vous définir comme unique - parce que vous êtes unique ! Il n'y a jamais eu de personne comme vous, et il n'y en aura jamais plus.

Mais la société vous oblige à faire partie d'une grande armée. La société n'aime pas les personnes qui suivent leur propre voie. La société veut que vous fassiez partie de la foule : soyez un hindou, un chrétien, un juif, un Américain, un Indien - mais faites partie d'une foule ; n'importe quelle foule, mais faites partie d'une foule. Ne soyez jamais vous-même. Et ceux qui veulent être eux-mêmes... et ceux-là sont le sel de la terre, ces gens qui veulent être eux-mêmes. Ce sont les personnes les plus précieuses de la planète. La terre a un peu de dignité et de parfum grâce à ces personnes. Puis ils se suicident.

Le sannyas et le suicide sont des alternatives. Voici mon expérience : on ne peut devenir sannyasin que lorsqu'on en est arrivé au point où, si ce n'est pas le sannyas, c'est le suicide. Sannyas signifie : "J'essaierai de devenir un individu de mon vivant ! Je vivrai ma vie à ma manière. Je ne me laisserai pas dicter ma conduite, je ne me laisserai pas dominer. Je ne fonctionnerai pas comme un mécanisme, comme un robot. Je n'aurai pas d'idéaux, ni d'objectifs. Je vivrai dans l'instant, et je vivrai sur l'impulsion du moment. Je serai spontané, et je risquerai tout pour cela !"

Le sannyas est un risque.

Jane, j'aimerais te dire que je t'ai regardée dans les yeux : J'ai regardé dans tes yeux ; la possibilité de te suicider est là aussi. Mais je ne pense pas que tu doives te suicider - le sannyas fera l'affaire ! Vous avez plus de chance que les quatre personnes de votre famille qui se sont suicidées. En fait, toute personne intelligente a la capacité de se suicider, seuls les idiots ne le font jamais. Avez-vous déjà entendu parler d'un idiot qui se serait suicidé ? Il ne se soucie pas de la vie, pourquoi se suiciderait-il ? Seule une intelligence rare commence à ressentir le besoin de faire quelque chose, parce que la vie telle qu'elle est vécue ne vaut pas la peine d'être vécue. Alors, soit vous faites quelque chose et vous changez votre vie - vous lui donnez une nouvelle forme, une nouvelle direction, une nouvelle dimension - soit vous continuez à porter ce fardeau cauchemardesque, jour après jour, année après année. Et cela continuera... Et la science médicale vous aide à le faire durer encore plus longtemps - cent ans, cent vingt ans. Et maintenant, ces gens disent qu'un homme peut vivre jusqu'à près de trois cents ans, facilement. Imaginez que les gens doivent vivre trois cents ans : le taux de suicide serait très élevé - parce que même les esprits médiocres commenceraient à penser que cela ne sert à rien.

L'intelligence consiste à voir les choses en profondeur. Votre vie a-t-elle un sens ? Y a-t-il de la joie dans votre vie ? Y a-t-il de la poésie dans votre vie ? Y a-t-il de la créativité dans votre vie ? Êtes-vous reconnaissant d'être ici ? Êtes-vous reconnaissant d'être né ? Pouvez-vous remercier votre Dieu ? Pouvez-vous dire de tout votre cœur que c'est une bénédiction ? Si vous ne le pouvez pas, pourquoi continuez-vous à vivre ?

Faites de votre vie une bénédiction... ou pourquoi continuer à peser sur cette terre ? Disparaissez. Quelqu'un d'autre peut occuper votre place et faire mieux. Cette idée vient naturellement à l'esprit intelligent. C'est une idée très, très naturelle quand on est intelligent. Les personnes intelligentes se suicident. Et ceux qui sont plus intelligents que les autres prennent le sannyas.

Ils commencent à créer un sens, ils commencent à créer une signification, ils commencent à vivre. Pourquoi rater cette occasion ?

Heidegger a dit : "La mort m'isole et fait de moi un individu : "La mort m'isole et fait de moi un individu". C'est ma mort, et non celle de la multitude à laquelle j'appartiens. Chacun d'entre nous meurt de sa propre mort ; la mort ne peut être répétée. Je peux passer un examen deux ou trois fois, comparer mon deuxième mariage avec le premier, etc. Je ne meurs qu'une fois. Je peux me marier autant de fois que je le souhaite, je peux changer de travail autant de fois que je le souhaite, je peux changer de ville autant de fois que je le souhaite... mais je ne meurs qu'une fois. La mort est un véritable défi parce qu'elle est à la fois certaine et incertaine. Il est certain qu'elle viendra, mais le moment où elle viendra est incertain.

D'où une grande curiosité à l'égard de la mort, de ce qu'elle est. On veut la connaître.

Cette contemplation de la mort n'a rien de morbide. Les accusations de ce genre ne sont que l'artifice du "ils" impersonnel - la foule - pour empêcher que l'on échappe à sa tyrannie et que l'on devienne des individus. Ce qu'il faut, c'est voir notre vie comme un cheminement vers la mort. Une fois ce point atteint, il est possible de se libérer de la banalité du quotidien et de son asservissement à des puissances anonymes. Celui qui a ainsi affronté sa mort est poignardé en plein éveil. Il se perçoit désormais comme un individu distinct de la masse et est prêt à assumer la responsabilité de sa propre vie. C'est ainsi que nous nous décidons pour une existence authentique contre une existence inauthentique. Nous émergeons de la masse et devenons enfin nous-mêmes.

Le simple fait d'envisager la mort nous donne une individualité, une forme, un contour, une définition - parce que c'est notre mort. C'est la seule chose au monde qui reste unique. Et lorsque vous pensez au suicide, cela devient encore plus personnel ; c'est votre décision.

Et rappelez-vous, je ne dis pas que vous devriez vous suicider. Je dis que votre vie, telle qu'elle est, vous mène au suicide. Changez-la.

Et envisagez la mort. Elle peut survenir à tout moment, alors ne pensez pas qu'il est morbide de penser à la mort. Ce n'est pas le cas, car la mort est l'aboutissement de la vie, le crescendo même de la vie. Vous devez en prendre note. Elle arrive - que vous vous suicidiez ou qu'elle arrive... mais elle arrive. Il doit se produire. Vous devez vous y préparer, et la seule façon de se préparer à la mort - la bonne façon - n'est pas de se suicider ; la bonne façon est de mourir à chaque instant au passé.

C'est la bonne façon. C'est ce qu'un sannyasin est censé faire : mourir à chaque instant au passé, ne jamais porter le passé un seul instant. À chaque instant, mourir au passé et naître au présent. C'est ainsi que vous resterez frais, jeune, vibrant, radieux ; c'est ainsi que vous resterez vivant, palpitant, excité, extatique. Et un homme qui sait comment mourir à chaque instant au passé sait comment mourir, et c'est là la plus grande habileté et le plus grand art. Alors, quand la mort vient à un tel homme, il danse avec elle, il l'embrasse ! - C'est un ami, ce n'est pas un ennemi. C'est Dieu qui vient à vous sous la forme de la mort. C'est un relâchement total dans l'existence. C'est redevenir le tout, ne faire qu'un avec le tout.

N'appelez donc pas cela de la perversion.

Vous dites : "Je viens d'une famille où il y a eu quatre suicides du côté maternel, dont ma grand-mère."

Ne condamnez pas ces pauvres gens, et ne pensez pas un instant qu'ils étaient des pervers.

"Comment cela affecte-t-il la mort ? Qu'est-ce qui aide à surmonter cette perversion de la mort qui traverse la famille ?"

N'appelez pas cela une perversion, ce n'en est pas une. Ces personnes étaient simplement des victimes. Ils n'ont pas pu faire face à la société névrosée et ont décidé de disparaître dans l'inconnu. Ayez de la compassion pour eux, ne les condamnez pas. Ne les maltraitez pas, ne les insultez pas - n'appelez pas cela de la perversion ou quoi que ce soit de ce genre. Ayez de la compassion pour eux et de l'amour pour eux.

Il n'est pas nécessaire de les suivre, mais ayez de la compassion pour eux. Ils ont dû beaucoup souffrir. On ne décide pas facilement d'abandonner la vie : ils ont dû souffrir intensément, ils ont dû voir l'enfer de la vie. On ne se décide jamais facilement pour la mort, parce que survivre est un instinct naturel. On continue à survivre dans toutes sortes de situations et de conditions. On fait des compromis - juste pour survivre. Lorsque quelqu'un met fin à ses jours, cela montre simplement qu'il n'est pas en mesure de faire des compromis ; la demande est trop forte. L'exigence est telle qu'elle n'en vaut pas la peine. C'est alors seulement que l'on décide de se suicider. Ayez de la compassion pour ces personnes.

Et si vous estimez que quelque chose ne va pas, c'est que quelque chose ne va pas dans la société, pas chez ces personnes. La société est pervertie ! Dans une société primitive, personne ne se suicide. J'ai visité des tribus primitives en Inde : pendant des siècles, personne ne s'est suicidé. Ils n'ont aucune trace de suicide. Pourquoi ? La société est naturelle, elle n'est pas pervertie. Elle ne pousse pas les gens à faire des choses contre nature. La société accepte tout. Elle permet à chacun de vivre sa vie comme il l'entend. C'est le droit de chacun. Même si quelqu'un devient fou, la société l'accepte ; c'est son droit de devenir fou.

Il n'y a pas de condamnation. En fait, dans une société primitive, les fous sont respectés comme des mystiques - et ils sont entourés d'une sorte de mystère. Si vous regardez dans les yeux d'un fou et dans les yeux d'un mystique, il y a une certaine similitude - quelque chose d'immense, d'indéfini, de nébuleux, quelque chose comme un chaos d'où naissent les étoiles. Le mystique et le fou se ressemblent.

Tous les fous ne sont peut-être pas des mystiques, mais tous les mystiques sont fous. Par "fou", j'entends qu'ils sont allés au-delà de l'esprit. Le fou peut être tombé en dessous de l'esprit, et le mystique peut être allé au-delà de l'esprit, mais une chose est similaire - tous deux ne sont pas dans leur esprit. Dans une société primitive, même le fou est respecté, extrêmement respecté. S'il décide d'être fou, ce n'est pas grave. La société s'occupe de sa nourriture, de son logement. La société l'aime, elle aime sa folie. La société n'a pas de règle fixe ; alors personne ne se suicide parce que la liberté reste intacte.

Lorsque la société exige l'esclavage et continue à détruire votre liberté, à vous paralyser de toutes parts, à paralyser votre âme et à tuer votre cœur... on en vient à penser qu'il vaut mieux mourir que de faire des compromis.

Ne les traitez pas de pervers. Ayez de la compassion pour eux ; ils ont beaucoup souffert, ils ont été victimes.

Et essayez de comprendre ce qui leur est arrivé, cela vous permettra de mieux comprendre votre propre vie.

Et il n'est pas nécessaire de le répéter, parce que je vous donne l'occasion d'être vous-même. Je vous ouvre une porte. Si vous êtes compréhensif, vous en comprendrez l'intérêt, mais si vous n'êtes pas compréhensif, c'est difficile. Je peux continuer à crier et vous n'entendrez que ce que vous pouvez entendre, et vous n'entendrez que ce que vous voulez entendre - ce que vous voulez entendre.

Un ami psychologue est venu : il a écrit une longue question. Il dit : "Pourquoi continuez-vous à dire qu'il faut laisser tomber l'ego ? Personne n'a jamais été capable de laisser tomber l'ego."

Comment peut-il savoir que personne n'a jamais réussi à se débarrasser de l'ego ? Il dit qu'il n'y est pas parvenu. Comment le savez-vous ? Il a réussi, bien qu'il n'ait réussi qu'avec des personnes très rares et peu nombreuses. Mais il a réussi, et il n'a réussi qu'avec des personnes rares parce que seules ces personnes rares lui ont permis de réussir. Elle peut réussir avec tout le monde, mais les gens ne lui permettent pas de réussir. Ils ne sont pas prêts à perdre leur ego.

Il est psychologue et il dit : "Maître, je vois en toi aussi un grand ego." En tant que psychologue, il dit : "Je vois un grand ego en vous."

Alors vous ne m'avez pas vu du tout. Vous avez vu quelque chose qui est votre projection.

L'ego continue à se projeter. L'ego continue à créer sa propre réalité autour de lui, ses propres reflets.

Maintenant, si tu peux voir si profondément en moi, pourquoi es-tu venu ici ? - Vous pouvez voir profondément en vous. Si vous avez une si grande perspicacité, quel est l'intérêt de venir ici ? - C'est inutile.

Et si vous avez déjà décidé que l'ego ne peut pas être abandonné, que ce n'est pas possible, alors vous avez pris une décision sans même essayer.

Et je ne dis pas que l'ego peut disparaître ! Je dis que l'ego n'existe pas ! Comment peut-on abandonner quelque chose qui n'existe pas ? Et Bouddha n'a pas dit que l'ego devait être abandonné, il a dit que l'ego devait seulement être examiné - et que vous ne le trouviez pas, donc qu'il disparaisse.

Que pouvez-vous faire alors - lorsque vous allez à l'intérieur de votre être et que vous ne trouvez pas d'ego, vous y trouvez le silence ;

pas de domination de soi, pas de centre comme un ego ? Abandonner l'ego ne signifie pas que vous devez l'abandonner. L'abandon de l'ego n'est qu'une métaphore. Cela signifie simplement que lorsque vous entrez, que vous regardez et que vous ne trouvez rien, l'ego disparaît. En fait, même dire "disparaît" n'est pas correct, parce qu'il n'était pas là au départ. C'est un malentendu.

Maintenant, au lieu de rentrer en vous-même, vous me regardez. Et vous pensez que vous avez regardé en moi ! Et parce que vous êtes psychanalyste ou psychologue, vous décidez. Et votre décision deviendra une barrière - parce que l'ego n'existe pas en moi ! Et je voudrais déclarer : l'ego n'existe pas en vous ! Même à cet ami psychologue, je dirai : l'ego n'existe pas en lui. L'ego n'existe pas ! C'est une idée non existentielle, juste une idée.

C'est comme lorsque vous voyez une corde dans l'obscurité et que vous pensez que c'est un serpent, que vous vous mettez à courir, que vous êtes essoufflé, que vous trébuchez sur un rocher et que vous vous fracturez, et que le matin vous vous rendez compte qu'il ne s'agissait que d'une corde. Mais cela a fonctionné à merveille ! Le serpent n'était pas là, mais il a affecté votre réalité. Un malentendu est aussi réel qu'une compréhension. Il n'est pas vrai, mais il est réel ! C'est la différence entre la réalité et la vérité. Un serpent vu dans une corde est réel, parce que ses résultats, ses conséquences seront réels. Si vous avez un cœur fragile, il peut être très dangereux de voir un serpent dans une corde : vous pouvez courir si vite que vous risquez un arrêt cardiaque. Cela peut affecter votre vie entière. Et cela semble tellement ridicule ; ce n'était qu'une corde.

Ce que je dis, ou ce que Bouddha dit, c'est : "Prenez une lampe et allez à l'intérieur : Prenez une lampe et entrez. Regardez bien si le serpent existe ou non. Bouddha a constaté qu'il n'existait pas en lui. J'ai découvert qu'il n'existait pas en moi. Et le jour où j'ai découvert qu'il n'existait pas en moi, j'ai regardé tout le monde dans les yeux et je ne l'ai jamais trouvé. C'est une idée sans fondement. C'est un rêve.

Mais si vous êtes trop imbu de ce rêve, vous pouvez même le projeter sur moi. Et je ne peux rien y faire. Si vous projetez, vous projetez. C'est comme si vous portiez des lunettes, des lunettes colorées, des lunettes vertes, et que le monde entier paraissait vert. Vous venez me voir et vous me dites : "Maître, tu portes une robe verte." Que puis-je faire ? Je ne peux que dire : "Vous n'avez qu'à enlever vos lunettes." Et vous dites : "Personne n'a jamais pu enlever ses lunettes. Ça n'est jamais arrivé !" Alors c'est difficile.

Mais ce n'est pas un problème pour moi ; ce sera un problème pour vous. Je suis désolé pour vous, parce que si c'est votre idée, vous souffrirez toute votre vie - parce que l'ego crée la souffrance. Une idée irréelle, que l'on croit réelle, crée la souffrance. Qu'est-ce que la souffrance en réalité ?

On souffre lorsqu'on a des idées qui ne correspondent pas à la vérité. C'est alors qu'il y a souffrance.

Par exemple, vous pensez que les pierres sont de la nourriture et vous les mangez ; alors vous souffrez, vous avez très mal à l'estomac. Mais s'il s'agit d'une vraie nourriture, vous ne souffrez pas, vous êtes satisfait. La souffrance est créée par des idées qui ne correspondent pas à la réalité ; la félicité est créée lorsque vous avez des idées qui correspondent à la réalité. La félicité est une cohérence entre vous et la vérité ; la souffrance est une dichotomie, une division entre vous et la vérité. Lorsque vous n'évoluez pas avec la vérité, vous êtes en enfer ; lorsque vous évoluez avec la vérité, vous êtes au paradis - c'est tout. C'est tout ce qu'il faut comprendre.

Cet homme vient de la lointaine Amérique. En écoutant mes cassettes, il a commencé à avoir des sentiments pour moi. Il est venu ici, mais si c'est sa façon de voir les choses, il manquera son coup. Et n'oubliez pas que ce n'est pas un problème pour moi. Si vous pensez que je suis un grand égoïste, merci - ce n'est pas un problème pour moi. C'est votre idée, et vous avez parfaitement le droit d'avoir des idées. Mais si vous êtes si sûr de vous, que va-t-il se passer ?

Il dit : "J'ai rencontré de nombreux saints de toutes les religions, et ils étaient tous égoïstes".

Vous devez porter les mêmes lunettes partout. Vous continuez à créer votre propre réalité, ce qui n'est pas vrai. C'est pourquoi le Bouddha insiste tant sur le néant, sur le non-esprit - parce que lorsque l'esprit n'a pas de pensées, on ne peut rien projeter. Il faut alors voir ce qui est. Lorsque vous n'avez pas d'idées, lorsque vous êtes simplement vide, un miroir qui reflète, alors tout ce qui se présente devant vous est reflété. Et il est reflété tel qu'il est. Mais si vous avez des idées, vous les déformez. Les pensées sont le support de la distorsion.

Si vous pouvez voir l'ego en moi, vous faites vraiment un miracle. Mais c'est possible... et vous pouvez en profiter. Mais c'est vous seul qui serez blessé par votre idée, personne d'autre. Si cette idée persiste, il n'y aura pas de possibilité de rapprochement avec moi. Au moins pour les quelques jours que vous passez ici, mettez vos idées de côté. Et une chose est sûre : votre psychologie ne vous a pas aidé, sinon vous n'auriez pas besoin d'être ici.

L'autre jour, il était assis devant moi et parlait de ses problèmes. Parfois, je me demande... il a tant de problèmes et il est chef de groupe. Que va-t-il faire avec les gens ? Quel genre d'aide peut-il apporter ? Et il a un corps si gros qu'il ne peut même pas le changer ; et il continue à s'empiffrer. Tels étaient ses problèmes. Il avait tellement peur qu'il insistait encore et encore auprès de Laxmi pour qu'elle lui accorde un entretien privé, parce que " je ne peux pas dire les choses devant les gens ". Pourquoi ? Les gens vont vous voir, vous êtes gros. Peu importe que vous le disiez ou non. Tout le monde a des yeux et ils peuvent voir que vous êtes gros et que vous continuez à vous empiffrer. Comment allez-vous éviter les gens de Vrindavan ? Ils le sauront.

Il voulait avoir un entretien privé pour pouvoir raconter ses problèmes, et le problème était l'obésité - "Je continue à manger et je ne peux pas m'arrêter ; que dois-je faire ?" Votre psychologie n'a même pas été d'une grande aide, et vous pensez qu'elle est capable de me connaître, de me voir ? Ne vous laissez pas tromper par vos propres jeux.

Et vous n'avez pas rencontré de saints hommes. Je ne dis pas qu'ils n'étaient pas saints ; je dis simplement que vous avez peut-être été là, mais que vous n'avez pas été avec eux. Si vous ne pouvez pas être avec moi, comment pouvez-vous être avec eux ? Vous n'avez été avec aucun saint homme. Où que vous alliez, vous y alliez avec votre psychologie, avec tout le savoir que vous avez rassemblé autour de vous. Et cela ne vous sert à rien. Cela n'a aucune valeur ! Et vous continuez à conseiller les gens. Vous allez créer les mêmes types de traumatismes, de complexes, chez d'autres personnes également. Un thérapeute ne peut être utile que si ses conseils ne s'adressent pas seulement aux autres, mais s'ils correspondent à sa vie, s'il les a vécus et s'il en a vu la vérité.

Vous dites que l'enseignement de tous les temps, qui consiste à laisser tomber l'ego, le mental, n'a pas fonctionné. Il a fonctionné ! Il a fonctionné pour moi ; c'est pourquoi je dis qu'il a fonctionné. Je sais que cela n'a pas marché pour vous. Mais il n'y a rien de faux dans l'enseignement, quelque chose ne va pas chez vous ; c'est pourquoi cela ne marche pas chez vous. Il a fonctionné pour des millions de personnes. Et parfois, il arrive que votre voisin soit un être éclairé et que vous ne puissiez pas le voir.

C'est arrivé...

Un chercheur est venu d'Amérique. Il avait entendu dire qu'il y avait un grand mystique soufi à Dacca, au Bangladesh, et il s'est donc précipité - comme le font les Américains. Il s'est précipité : il a tout simplement sauté sur Dacca ! Il s'est accroché à un chauffeur de taxi et lui a dit : "Conduisez-moi à ce mystique !"

Le chauffeur de taxi s'est mis à rire. Il lui dit : "Vous êtes vraiment intéressé ? Alors vous avez trouvé l'homme qu'il vous faut. Si vous aviez demandé à un autre chauffeur de taxi, personne ne l'aurait su. Je connais cet homme. Je vis avec lui depuis près de cinquante ans."

"Cinquante ans ? Quel âge a-t-il ?" demande l'Américain.

Le chauffeur de taxi répond : "Lui aussi a cinquante ans."

L'Américain se dit : "Cet homme est fou !". Il a essayé d'autres chauffeurs de taxi, mais personne ne connaissait l'homme, alors il a dû revenir à ce fou.

Il lui dit : "Je vous avais dit que personne ne le connaissait. Venez avec moi et je vous emmènerai." Et il l'a emmené - Dacca est une vieille ville, avec de petites rues et de petits immeubles - et il a fait des zigzags ici et là, pendant des heures. L'Américain était très heureux, car le but se rapprochait de plus en plus. Au bout de trois ou quatre heures, ils se sont arrêtés devant une petite maison, la maison d'un homme très pauvre. Le chauffeur de taxi leur dit : "Attendez, je vais m'occuper du maître."

Une femme est arrivée et a dit : "Le maître vous attend." L'homme est entré et le chauffeur de taxi était assis là.

Il a dit : "Allez, mon fils, qu'est-ce que tu as à demander ?"

L'Américain n'en revenait pas. Il a dit : "Vous êtes le maître ?"

Il a répondu : "Je suis le maître, et je vis avec cet homme depuis cinquante ans ; personne d'autre n'est au courant." Et il s'est avéré qu'il était le maître.

... Mais vous avez vos idées : "Comment un chauffeur de taxi peut-il être un maître ?" Pensez simplement que je suis un chauffeur de taxi... Vous ne me croirez pas, n'est-ce pas ? Cet ami psychologue le croira-t-il ? Ce sera impossible.

Vous avez des idées. À cause de vos idées, vous passez à côté de beaucoup de choses qui existent. La terre n'est jamais vide de maîtres. Il y a des gens partout, mais vous ne les voyez pas ! Et quand vous voulez les voir, vous allez au Vatican parce que vous avez l'idée que le pape doit être éclairé. En fait, comment une personne éclairée peut-elle être pape ? Aucune personne éclairée n'acceptera cette absurdité. Il préférera peut-être être chauffeur de taxi.

S'il vous plaît, laissez tomber vos idées pendant que vous êtes ici, pendant ces quelques jours. Ouvrez-vous, n'ayez pas de préjugés dès le début en vous disant : "Cela n'est jamais arrivé." C'est arrivé ! C'est arrivé en moi. Il vous suffit de me regarder dans les yeux, de me sentir, et cela peut se produire en vous.

Il n'y a rien d'autre qui l'empêche que ces idées, cette connaissance. C'est pourquoi je dis que le savoir est une malédiction. Débarrassez-vous de votre savoir et vous vous débarrasserez de votre pathologie !

Deuxième question :

Question 2 :

MONSIEUR MAÎTRE,

JE SUIS UN FAIBLE. POURTANT, J'AI LE SENTIMENT QUE JE PEUX, POUR LA PREMIÈRE FOIS, ME DÉTENDRE DANS MA FAIBLESSE ICI. DOIS-JE ÊTRE FORT ET COURAGEUX ?

Il n'y a pas de devoir ici. Il faut laisser tomber tous les "il faut", les "il faut", les "il faut". Ce n'est qu'alors que l'on devient un être naturel.

Et qu'y a-t-il de mal à être faible ? Tout le monde est faible. Comment la partie peut-elle être forte ? - La partie doit être faible. Et nous sommes de minuscules parties, des gouttes dans ce vaste océan. Comment pouvons-nous être forts ? - forts contre qui, forts pour quoi ? Oui, on vous a appris, je le sais, à être forts, parce qu'on vous a appris à être violents, agressifs, guerriers. On vous a appris à être forts parce qu'on vous a appris à être compétitifs, ambitieux, égoïstes. On vous a enseigné toutes sortes d'agressivité parce qu'on vous a appris à violer les autres, à violer la nature. Vous n'avez pas été éduqués à aimer.

Ici, le message est l'amour - alors pourquoi avez-vous besoin de force ? Le message ici est l'abandon. Le message est l'acceptation, l'acceptation totale de tout ce qui se passe.

La faiblesse est belle. Détendez-vous, acceptez-la, appréciez-la. Elle a ses propres beautés, ses propres joies.

"Je suis un faible..."

S'il vous plaît, n'utilisez même pas le mot "faible", car il contient une note de condamnation. Dites "Je suis une partie", et la partie est forcément impuissante. En elle-même, la partie est forcément impuissante. La partie n'est puissante qu'avec le tout. Votre force est d'être avec la vérité ; il n'y a pas d'autre force. La vérité est forte, nous sommes faibles. Dieu est fort, nous sommes faibles. Avec lui, nous sommes également forts ; contre lui, sans lui, nous sommes faibles. Luttez contre le fleuve, essayez de remonter le courant et vous serez considéré comme un faible. Flottez avec la rivière et descendez le courant - ne nagez même pas, laissez-vous porter par la rivière - et alors il n'y a plus de faiblesse. Lorsque l'idée d'être fort est abandonnée, il n'y a plus de faiblesse. Les deux disparaissent ensemble. Et soudain, vous n'êtes ni faible ni fort. En fait, vous ne l'êtes pas ; c'est Dieu qui l'est - ni faible ni fort.

Vous dites : "Pourtant, j'ai l'impression que, pour la première fois, je peux me détendre dans ma faiblesse ici."

Un bon sentiment, ne le perdez pas de vue ! Un bon sentiment : se détendre - c'est tout mon enseignement.

Détendez-vous dans votre être, qui que vous soyez. Ne vous imposez aucun idéal. Ne vous rendez pas fou, ce n'est pas nécessaire. Soyez - abandonnez le devenir. Nous n'allons nulle part, nous sommes simplement ici.

Et ce moment est si beau, c'est une telle bénédiction ; n'y introduisez pas de futur, sinon vous le détruirez. Le futur est un poison. Détendez-vous et profitez. Si je peux vous aider à vous détendre et à vous amuser, mon travail est terminé. Si je peux vous aider à abandonner vos idéaux, vos idées sur la façon dont vous devriez être et ne pas être, si je peux vous débarrasser de tous les commandements qui vous ont été donnés, alors mon travail est terminé. Et lorsque vous n'avez plus de commandements et que vous vivez selon l'impulsion du moment - de manière naturelle, spontanée, simple, ordinaire - vous pouvez vous réjouir, car vous êtes rentrés chez vous.

Maintenant, n'en parlez plus... "Dois-je être fort et courageux ?" Pour quoi faire ? En fait, c'est la faiblesse qui veut être forte.

Essayez de comprendre ; c'est un peu complexe, mais allons-y. C'est la faiblesse qui veut être forte, c'est l'infériorité qui veut être supérieure, c'est l'ignorance qui veut être savante - pour pouvoir se cacher dans la connaissance, pour pouvoir cacher sa faiblesse dans son soi-disant pouvoir. C'est de l'infériorité que naît le désir d'être supérieur. C'est là tout le substrat de la politique dans le monde, la politique du pouvoir. Seules les personnes inférieures deviennent des politiciens : elles ont envie de pouvoir, parce qu'elles se savent inférieures. S'ils ne deviennent pas président ou premier ministre d'un pays, ils ne peuvent pas se prouver aux autres. En eux-mêmes, ils se sentent faibles ; ils se poussent vers le pouvoir.

Mais comment, en devenant président, pouvez-vous être puissant ? Au fond de vous, vous saurez que votre faiblesse est là. En fait, vous la ressentirez davantage, encore plus qu'avant, parce qu'il y aura désormais un contraste. À l'extérieur, il y aura le pouvoir, et à l'intérieur, il y aura la faiblesse - plus claire, comme une doublure d'argent dans un nuage noir. C'est ce qui se passe : à l'intérieur, vous vous sentez pauvre et vous commencez à saisir, vous devenez avide, vous commencez à posséder des choses, et vous continuez encore et encore, et cela n'a pas de fin. Et toute votre vie est gâchée par les choses, par l'accumulation.

Mais plus on accumule, plus on ressent la pauvreté intérieure. Face à la richesse, on la voit très facilement. Quand on voit cela -

que la faiblesse essaie de devenir forte - c'est absurde. Comment la faiblesse peut-elle devenir forte ? En voyant cela, on ne veut pas devenir fort.

Et quand on ne veut pas devenir fort, la faiblesse ne peut pas rester en nous. Elle ne peut rester qu'avec l'idée de force - ils sont ensemble, comme les pôles négatifs et positifs de l'électricité. Ils existent ensemble. Si vous abandonnez votre ambition d'être fort, vous constaterez soudain que la faiblesse a également disparu. Elle ne peut plus s'accrocher à vous. Si vous abandonnez l'idée d'être riche, comment pouvez-vous continuer à vous croire pauvre ? Comment allez-vous comparer et comment allez-vous juger que vous êtes pauvre ? Par rapport à quoi ? Il n'y aura aucune possibilité de mesurer votre pauvreté. En abandonnant l'idée de richesse, d'être riche, un jour la pauvreté disparaît.

Lorsque vous n'avez plus envie de savoir et que vous abandonnez la connaissance, comment pouvez-vous rester ignorant ? Lorsque le savoir disparaît, dans son sillage, comme son ombre, l'ignorance disparaît. L'homme est alors sage. La sagesse n'est pas le savoir ; la sagesse est l'absence de savoir et d'ignorance.

Il y a trois possibilités : on peut être ignorant, on peut être ignorant et savant, et on peut être sans ignorance et sans savoir. La troisième possibilité est ce qu'est la sagesse.

C'est ce que le Bouddha appelle prajnaparamita - la sagesse au-delà, la sagesse transcendantale. Ce n'est pas de la connaissance.

Tout d'abord, abandonnez ce désir de force et observez. Un jour, vous serez surpris, vous vous mettrez à danser : la faiblesse a disparu. Ce sont les deux aspects d'une même pièce : ils vivent ensemble, ils vont ensemble. Une fois que vous avez pénétré ce fait dans votre être, il y a une grande transformation.

Troisième question :

Question 3 :

LE BIENVENU MAÎTRE,

POURQUOI ET COMMENT LES GENS VIENNENT-ILS À VOUS DES QUATRE COINS DE LA TERRE ?

Si quelqu'un dit la vérité, il est sûr d'être découvert tôt ou tard - c'est pourquoi.

Il est impossible... si vous avez dit la vérité, il est impossible que les gens ne viennent pas.

Ils en ont envie, ils en ont soif, ils en ont faim, et ils sont restés affamés pendant de nombreuses vies. Dès qu'une onde de vérité surgit quelque part, un chant, ceux qui ont faim - ils peuvent être n'importe où sur la planète - quelque chose dans leur inconscient commence à se produire. Nous sommes connectés dans l'inconscient ; au plus profond de notre être, nous ne faisons qu'un. Si un homme devient un Bouddha, l'inconscient de tout le monde est ravi. Vous ne le savez peut-être pas consciemment, mais l'inconscient de tout le monde est ravi. C'est comme une toile d'araignée : vous la touchez de n'importe où et toute la toile se met à trembler. Nous ne faisons qu'un dans notre base. Nous sommes comme un arbre solide et fort, qui se dresse solitairement dans le champ - grand, énorme, avec un grand feuillage. Les feuilles se comptent par millions, les branches sont nombreuses, mais tout dépend d'un tronc solide, et toutes sont enracinées dans le même sol. Si une feuille s'illumine, tout l'arbre le sait inconsciemment... "Il s'est passé quelque chose."

Ceux qui recherchent consciemment la vérité seront les premiers à se mettre en mouvement. L'inconscient aura des répercussions.

Un ami vient d'écrire : il était assis quelque part en Californie... Et cela peut se produire plus facilement en Californie que n'importe où ailleurs. La Californie, c'est l'avenir ; c'est là que la conscience a le plus de potentiel. La Californie est la plus vulnérable, c'est pourquoi cela ne peut se produire qu'en Californie. Cela ne peut pas se produire en Russie soviétique - les choses y sont très ternes et mortes.

Un ami est allé rendre visite à une femme. Ils mangeaient et buvaient, et soudain il a regardé dans les yeux de la femme et il y a eu un immense pouvoir. Peut-être que l'alcool, la boisson, la musique, la solitude de ces deux personnes, l'atmosphère amoureuse, ont déclenché quelque chose. Il a vu un pouvoir immense dans les yeux de la femme, et il a été happé par ces yeux, presque magnétisé, hypnotisé. Il a commencé à regarder, et quand il a commencé à regarder, la femme a commencé à se balancer, quelque chose a commencé à bouger, quelque chose dans l'inconscient. Au bout de quelques minutes, la femme a commencé à dire : "Rauneesh, Rauneesh, Rauneesh", alors qu'elle ne me connaissait pas du tout, qu'elle n'avait jamais entendu parler de moi. Lorsqu'elle est revenue, l'homme a dit : "Vous répétiez un certain nom - Rauneesh - qui semble très étrange. Je ne l'ai jamais entendu."

Et la femme a répondu : "Je ne l'ai jamais entendu. Je ne sais pas." Ils sont allés tous les deux dans une librairie pour chercher ce nom. Bien sûr, ce n'était pas Rauneesh, mais Rajneesh. Il a consulté mes livres et c'est ce qu'il cherchait depuis de nombreuses années. Le mois prochain, il viendra ici. Comment cela se produit-il ? Quelque chose dans la profondeur de la femme...

Il est plus facile pour une femme de recevoir des messages, parce qu'elle est plus proche de l'inconscient que l'homme. L'homme s'est éloigné de l'inconscient. Il est devenu trop accroché à la tête, au conscient. La femme vit encore d'intuitions. Quelque chose a commencé à s'agiter dans son inconscient lorsque l'homme l'a regardée dans les yeux. L'homme est un chercheur conscient, la femme ne l'est pas. La femme n'a jamais cherché de maître. Elle ne vient pas. Elle a dû expliquer qu'il s'agissait d'une simple coïncidence ou de quelque chose comme ça. Elle n'a jamais été intéressée par une quelconque recherche, mais son inconscient était plus réceptif. Le fait d'être une femme, puis l'alcool, et cet homme immensément magnétisé par ses yeux - tout cela a fonctionné, quelque chose a fait surface. Et le conscient de cet homme était à l'affût. En entendant ce mot, il a été accroché. Il est devenu accro à ce mot ; il ne pouvait pas l'oublier. Il a dû aller dans les librairies pour savoir, à la bibliothèque, ici et là, demander à des amis ce qu'était ce mot.

Ce n'est pas un miracle. Il s'agit d'un simple processus qui permet aux choses de se produire.

Vous me demandez : "Comment et pourquoi les gens viennent-ils à vous des quatre coins du monde ?"

La distance n'est pas la question ; la recherche, la faim, la soif sont la question. Si quelqu'un est en recherche, tôt ou tard, il apprendra à me connaître - parfois accidentellement - et il commencera à être attiré par moi. Des millions de personnes sont en quête, et plus il y a de gens autour de moi, et plus les gens commencent à s'enfoncer dans leur être, plus l'attraction de ce lieu se fera sentir. Ce ne sera plus seulement moi qui les attirerai, plus seulement moi qui remuerai leurs profondeurs - c'est l'endroit tout entier qui commencera à être attiré. Il peut devenir un centre magnétique.

Cela dépend de vous, de la mesure dans laquelle vous commencez à avancer dans votre être, de la mesure dans laquelle vous vous mettez en phase avec moi, de la mesure dans laquelle vous vous abandonnez.

La dernière question :

La question 4 :

LE BIENVENU MAÎTRE,

QUE FAIRE DE LA PEUR ? JE ME SENS TRÈS FATIGUÉ D'ÊTRE MENÉ PAR ELLE. PEUT-ON LA MAÎTRISER OU LA TUER ? COMMENT ?

La question vient de Ramananda.

On ne peut pas le tuer, on ne peut pas le maîtriser, on ne peut que le comprendre. Comprendre" est le mot clé ici. Et seule la compréhension apporte la mutation, rien d'autre. Si vous essayez de maîtriser votre peur, elle restera refoulée, elle s'enfoncera en vous. Cela ne servira à rien, cela compliquera les choses. Elle fait surface, vous pouvez la réprimer - c'est cela la maîtrise. Vous pouvez le refouler ; vous pouvez le refouler si profondément qu'il disparaît complètement de votre conscience. Vous n'en serez alors jamais conscient, mais il sera là, au sous-sol, et il exercera une force d'attraction. Il se débrouillera, il vous manipulera, mais il vous manipulera d'une manière si indirecte que vous n'en prendrez pas conscience. Mais le danger est devenu plus profond. Maintenant, vous ne pouvez même pas le comprendre.

La peur ne doit donc pas être maîtrisée - elle ne doit pas être tuée. Elle ne peut pas non plus être tuée, car la peur contient une sorte d'énergie et aucune énergie ne peut être détruite. Avez-vous vu que dans la peur, vous pouvez avoir une immense énergie ? - tout comme on peut en avoir dans la colère ; il s'agit de deux aspects du même phénomène énergétique. La colère est agressive et la peur est non agressive. La peur est la colère dans un état négatif ; la colère est la peur dans un état positif. Lorsque vous êtes en colère, n'avez-vous pas observé à quel point vous devenez puissant, à quel point vous avez une grande énergie ? Vous pouvez lancer une grosse pierre lorsque vous êtes en colère ; d'ordinaire, vous ne pouvez même pas l'ébranler. Vous devenez trois, quatre fois plus grand lorsque vous êtes en colère. Vous pouvez faire certaines choses que vous ne pouvez pas faire sans colère.

Ou bien, dans la peur, vous pouvez courir si vite que même un coureur olympique en sera jaloux. La peur crée de l'énergie ; la peur est de l'énergie, et l'énergie ne peut pas être détruite. Pas un seul iota d'énergie ne peut être détruit de l'existence. Il faut s'en souvenir constamment, sinon vous ferez quelque chose de mal. Vous ne pouvez pas détruire quoi que ce soit, vous ne pouvez que changer sa forme. Vous ne pouvez pas détruire un petit caillou ; un petit atome de sable ne peut pas être détruit, il changera seulement de forme.

Vous ne pouvez pas détruire une goutte d'eau. Vous pouvez la transformer en glace, vous pouvez l'évaporer, mais elle restera. Elle restera quelque part, elle ne peut pas disparaître.

Vous ne pouvez pas non plus détruire la peur. Et c'est ce qui a été fait à travers les âges - les gens ont essayé de détruire la peur, de détruire la colère, de détruire le sexe, de détruire la cupidité, etc. Le monde entier a travaillé sans relâche, et quel est le résultat ? L'homme est devenu un gâchis. Rien n'est détruit, tout est là ; seules les choses sont devenues confuses.

Il n'est pas nécessaire de détruire quoi que ce soit, car rien ne peut être détruit en premier lieu.

Alors, que faut-il faire ? Il faut comprendre la peur. Qu'est-ce que la peur ? Comment se manifeste-t-elle ?

D'où vient-elle ? Quel est son message ? Examinez-la, sans porter de jugement ; ce n'est qu'à ce moment-là que vous comprendrez. Si vous avez déjà l'idée que la peur est mauvaise, qu'elle ne devrait pas être - "je ne devrais pas avoir peur" - alors vous ne pouvez pas regarder. Comment pouvez-vous affronter la peur ? Comment pouvez-vous regarder la peur dans les yeux si vous avez déjà décidé qu'elle était votre ennemie ? Personne ne regarde dans les yeux de l'ennemi. Si vous pensez qu'il s'agit de quelque chose de mal, vous essayerez de le contourner, de l'éviter, de le négliger. Vous essayerez de ne pas le rencontrer, mais il restera. Cela ne vous aidera pas.

Laissez tomber tout d'abord la condamnation, le jugement, l'évaluation. La peur est une réalité. Elle doit être affrontée, elle doit être comprise. Et ce n'est que par la compréhension qu'elle peut être transformée. En fait, elle est transformée par la compréhension. Il n'est pas nécessaire de faire quoi que ce soit d'autre ; la compréhension la transforme.

Qu'est-ce que la peur ? Tout d'abord, la peur est toujours liée à un désir. Vous voulez devenir un homme célèbre, l'homme le plus célèbre du monde - alors il y a la peur. Et si vous n'y arrivez pas ? - la peur arrive. La peur est maintenant un sous-produit du désir : vous voulez devenir l'homme le plus riche du monde. Et si vous n'y arrivez pas ? Vous commencez à trembler, la peur arrive. Vous possédez une femme : vous avez peur que demain vous ne puissiez plus la posséder, qu'elle aille à quelqu'un d'autre.

Elle est encore en vie, elle peut partir. Seules les femmes mortes ne partiront pas ; elle est encore en vie. Vous ne pouvez posséder qu'un cadavre - alors il n'y a pas de crainte, le cadavre sera là. Vous pouvez posséder un meuble, il n'y a alors aucune crainte. Mais lorsque vous essayez de posséder un être humain, la peur s'installe. Qui sait, hier elle n'était pas à vous, aujourd'hui elle est à vous... Qui sait ? Demain, elle sera à quelqu'un d'autre. La peur apparaît. La peur naît du désir de posséder, c'est un sous-produit ; parce que vous voulez posséder, d'où la peur. Si vous ne voulez pas posséder, il n'y a pas de peur. Si vous n'avez pas le désir d'être ceci ou cela dans le futur, alors il n'y a pas de peur. Si vous ne voulez pas aller au paradis, il n'y a pas de peur, le prêtre ne peut pas vous faire peur. Si vous ne voulez aller nulle part, personne ne peut vous faire peur.

Si vous commencez à vivre dans l'instant présent, la peur disparaît. La peur naît du désir. En fait, c'est le désir qui crée la peur.

Examinez-la. Chaque fois qu'il y a une peur, voyez d'où elle vient - quel désir la crée - et voyez ensuite sa futilité. Comment pouvez-vous posséder une femme ou un homme ? C'est une idée tellement idiote et stupide. Seules les choses peuvent être possédées, pas les personnes.

Une personne est une liberté. Une personne est belle parce qu'elle est libre. L'oiseau est beau sur l'aile dans le ciel : vous l'encagez - ce n'est plus le même oiseau, souvenez-vous. Il lui ressemble, mais ce n'est plus le même oiseau. Où est le ciel ? Où est le soleil ? Où sont les vents ?

Où sont les nuages ? Où est cette liberté sur l'aile ? Tout a disparu. Ce n'est pas le même oiseau.

Vous aimez une femme parce qu'elle est une liberté. Puis vous l'encagez : vous allez au tribunal et vous vous mariez, vous lui faites une belle cage, peut-être en or, constellée de diamants, mais ce n'est plus la même femme. C'est alors que la peur s'installe. Vous avez peur, peur que la femme n'aime pas cette cage. Il se peut qu'elle ait à nouveau envie de liberté.

Et la liberté est une valeur ultime, on ne peut pas la laisser tomber.

L'homme est fait de liberté, la conscience est faite de liberté. Tôt ou tard, la femme commencera à s'ennuyer, à en avoir assez. Elle commencera à chercher quelqu'un d'autre. Vous avez peur. Votre peur vient du fait que vous voulez posséder - mais pourquoi voulez-vous d'abord posséder ? Soyez non possessif, et alors il n'y aura pas de peur. Et lorsqu'il n'y a pas de peur, une grande partie de votre énergie qui est impliquée, prise, enfermée dans la peur, est disponible, et cette énergie peut devenir votre créativité. Elle peut devenir une danse, une célébration.

Vous avez peur de mourir ? Bouddha dit : Vous ne pouvez pas mourir, parce qu'en premier lieu, vous n'êtes pas.

Comment pouvez-vous mourir ? Regardez dans votre être, allez au plus profond de lui. Voyez, qui est là pour mourir ? - et vous n'y trouverez aucun ego. Il n'y a alors aucune possibilité de mort. Seule l'idée de l'ego crée la peur de la mort. Quand il n'y a pas d'ego, il n'y a pas de mort. Vous êtes le silence absolu, l'absence de mort, l'éternité - non pas en tant que vous, mais en tant que ciel ouvert, non contaminé par une quelconque idée de "moi", de soi - sans limites, sans définition. Il n'y a alors pas de peur.

La peur vient parce qu'il y a d'autres choses, Ramananda. Vous devrez vous pencher sur ces choses, et c'est en vous penchant sur elles que vous commencerez à changer les choses.

Alors, s'il vous plaît, ne demandez pas comment il peut être maîtrisé ou tué. Il ne doit pas être maîtrisé, il ne doit pas être tué. On ne peut ni la maîtriser ni la tuer ; on ne peut que la comprendre. Que la compréhension soit votre seule loi.

C'est tout pour aujourd'hui.

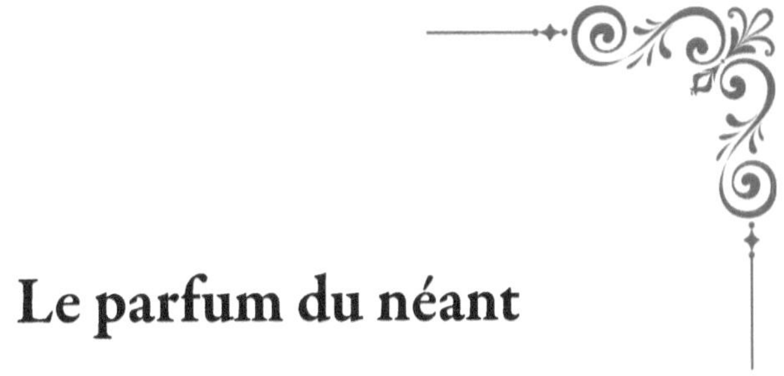

Le parfum du néant

PAR CONSÉQUENT, O SARIPUTRA, DANS LA VACUITÉ, IL N'Y A NI FORME, NI SENTIMENT, NI PERCEPTION, NI IMPULSION, NI CONSCIENCE ; NI ŒIL, NI OREILLE, NI NEZ, NI LANGUE, NI CORPS, NI ESPRIT ; NI FORMES, NI SONS, NI ODEURS, NI GOÛTS, NI OBJETS TACTILES, NI OBJETS DE L'ESPRIT ; NI ÉLÉMENT VUE-ORGANE, ET AINSI DE SUITE, JUSQU'À CE QUE NOUS ARRIVIONS À : PAS D'ÉLÉMENT ESPRIT-CONSCIENCE ; IL N'Y A NI IGNORANCE, NI EXTINCTION DE L'IGNORANCE, ET AINSI DE SUITE : PAS D'ÉLÉMENT ESPRIT-CONSCIENCE ; IL N'Y A PAS D'IGNORANCE, PAS D'EXTINCTION DE L'IGNORANCE, ET AINSI DE SUITE, JUSQU'À CE QUE NOUS ARRIVIONS À :

IL N'Y A PAS DE DÉCOMPOSITION ET DE MORT, PAS D'EXTINCTION DE LA DÉCOMPOSITION ET DE LA MORT.

IL N'Y A PAS DE SOUFFRANCE, PAS D'ORIGINE, PAS D'ARRÊT, PAS DE CHEMIN.

IL N'Y A NI CONNAISSANCE, NI RÉALISATION, NI NON-RÉALISATION.

Le néant est le parfum de l'au-delà. C'est l'ouverture du cœur à la transcendance. C'est l'épanouissement du lotus aux mille pétales. C'est le destin de l'homme. L'homme n'est complet que lorsqu'il est parvenu à ce parfum, lorsqu'il est parvenu à ce néant absolu à l'intérieur de son être, lorsque ce néant s'est répandu sur lui, lorsqu'il n'est plus qu'un ciel pur, sans nuages.

Ce néant est ce que le Bouddha appelle le nirvana. Nous devons d'abord comprendre ce qu'est ce néant, car il n'est pas seulement vide - il est plein, il déborde. Ne pensez jamais un seul instant que le néant est un état négatif, une absence, non. Le néant est simplement le néant. Les choses disparaissent, seule la substance ultime demeure. Les formes disparaissent, seul l'informe demeure. Les définitions disparaissent, l'indéfini demeure.

Le néant ne signifie donc pas qu'il n'y a rien. Cela signifie simplement qu'il n'y a pas de possibilité de définir ce qui existe. C'est comme si vous enleviez tous les meubles de votre maison et que vous les mettiez dehors. Quelqu'un entre et dit : "Maintenant, il n'y a rien". Il a vu les meubles auparavant ; maintenant, les meubles ont disparu et il dit : "Ici, il n'y a plus rien. Il n'y a rien." Son affirmation n'est valable que dans une certaine mesure. En fait, lorsque vous enlevez les meubles, vous supprimez simplement les obstructions dans l'espace de la maison. L'espace est désormais pur, plus rien ne l'obstrue. Il n'y a plus de nuage dans le ciel ; c'est juste un ciel. Ce n'est pas seulement rien, c'est la pureté. Ce n'est pas seulement une absence, c'est une présence.

Vous êtes-vous déjà trouvé dans une maison absolument vide ? Vous trouverez ce vide comme une présence ; il est très tangible, vous pouvez presque le toucher. C'est la beauté d'un temple, d'une église ou d'une mosquée - un pur néant, un vide. Lorsque vous entrez dans un temple, ce qui vous entoure est le néant. Il est vide de tout, mais pas seulement. Dans ce vide, quelque chose est présent - mais seulement pour ceux qui peuvent le sentir, qui sont assez sensibles pour le sentir, qui sont assez conscients pour le voir.

Ceux qui ne voient que des choses diront : "Qu'y a-t-il ? Rien." Ceux qui ne voient rien diront : "Tout est là, parce que rien n'est là."

L'identité du "oui" et du "non" est le secret du néant. Permettez-moi de le répéter ; c'est un élément fondamental de l'approche du Bouddha : le néant n'est pas identique au "non", le néant est l'identité du "oui" et du "non", où les polarités ne sont plus des polarités, où les opposés ne sont plus des opposés.

Lorsque vous faites l'amour à une femme ou à un homme, le point d'orgasme est le point de néant. À ce moment-là, la femme n'est plus une femme et l'homme n'est plus un homme.

Ces formes ont disparu. La polarité entre l'homme et la femme n'existe plus, la tension n'existe plus, elle est totalement relâchée. Ils se sont fondus l'un dans l'autre. Ils se sont déformés, ils sont entrés dans un état qui ne peut être défini. L'homme ne peut pas dire "je", la femme ne peut pas dire "je" ; ils ne sont plus des "je", ils ne sont plus des egos - parce que les egos sont toujours en conflit, l'ego existe à travers le conflit, il ne peut pas exister sans conflit. Au moment de l'orgasme, il n'y a plus d'ego. D'où sa beauté, son extase, sa qualité de samadhi.

Mais cela ne dure qu'un instant. Mais même cet instant, un seul instant, a plus de valeur que toute votre vie - parce que c'est à ce moment-là que vous vous rapprochez le plus de la vérité. L'homme et la femme ne sont plus séparés ; il s'agit d'une polarité. Le yin et le yang, le positif et le négatif, le jour et la nuit, l'été et l'hiver, la vie et la mort sont des polarités. Lorsque le "oui" et le "non" se rencontrent, lorsque les opposés se rencontrent et ne sont plus opposés, lorsqu'ils entrent l'un dans l'autre et se dissolvent l'un dans l'autre, il y a orgasme. L'orgasme est la rencontre du oui et du non. Il n'est pas identique au non, il est au-delà du oui et du non.

Dans un sens, il est au-delà des deux ; dans un sens, il est les deux ensemble, simultanément. La fusion du négatif et du positif est la définition du néant. Et c'est aussi la définition de l'orgasme, et c'est aussi la définition du samadhi. Qu'on s'en souvienne.

L'identité du oui et du non est le secret du vide, du néant, du nirvana. Le vide n'est pas seulement vide, c'est une présence, une présence très solide. Il n'exclut pas ses contraires, il les inclut, il en est plein. C'est un vide plein, c'est un vide débordant. Il est vivant, abondamment vivant, formidablement vivant. Ne laissez donc pas un seul instant les dictionnaires vous tromper, sinon vous comprendrez mal le Bouddha.

Si vous allez chercher dans le dictionnaire la signification du mot "néant", vous manquerez Bouddha. Le dictionnaire ne définit que le néant ordinaire, le vide ordinaire.

Le Bouddha parle de quelque chose de très extraordinaire. Si vous voulez le savoir, vous devrez aller dans la vie, dans une situation où le oui et le non se rencontrent - alors vous le saurez. Là où le corps et l'âme se rencontrent, où le monde et Dieu se rencontrent, où les opposés ne sont plus opposés, alors seulement vous en aurez le goût. C'est le goût du Tao, du Zen, du Hassidisme, du Yoga.

Le mot yoga est également significatif. Il signifie se réunir. Lorsqu'un homme et une femme se rencontrent, c'est un yoga : ils se rapprochent, ils s'approchent vraiment, ils commencent à se chevaucher, puis ils disparaissent l'un dans l'autre. Ils n'ont plus de centre. Le conflit des opposés a disparu et la détente est totale.

Cette détente ne se produit que momentanément entre un homme et une femme. Mais cette détente peut se produire avec le total, avec le tout, de manière non temporelle. Elle peut se produire de manière éternelle. Dans l'amour, vous n'avez qu'une goutte de son extase. Dans l'extase, vous avez tout l'océan de l'amour.

Ce néant ne peut être atteint que s'il n'y a pas de nuages de pensées en vous. Ce sont les nuages qui entravent votre espace intérieur, qui l'obstruent. Avez-vous observé le ciel ? En été, il est si propre et si clair, si limpide - pas le moindre nuage. Puis viennent les pluies, et des milliers de nuages apparaissent, et la terre entière est entourée de nuages.

Le soleil disparaît, le ciel n'est plus disponible. Tel est l'état de l'esprit : l'esprit est constamment obscurci. C'est la saison des pluies de votre conscience ; le soleil n'est plus disponible, la lumière est cachée, entravée, et la pureté de l'espace et la liberté de l'espace ne sont plus disponibles. Partout, vous vous trouvez défini par les nuages.

Lorsque vous dites "Je suis hindou", que dites-vous ? Vous êtes pris par un nuage, la pensée que vous êtes un hindou. Lorsque vous dites "Je suis mahométan" - ou chrétien ou jaïniste - que dites-vous ? Vous vous identifiez à un nuage de pensées, vous perdez votre pureté. C'est pourquoi je dis qu'un homme religieux n'est ni hindou, ni mahométan, ni chrétien - il ne peut pas l'être. Il est un été de conscience, il n'a pas de nuages : le soleil est là, brillant, sans entrave, et il y a un espace infini autour de lui, il y a le silence autour de lui.

Vous ne trouverez pas la vibration de la conscience trouble.

Lorsque vous dites "Je suis communiste", que voulez-vous dire ? Vous dites que vous avez lu Karl Marx, Lénine, Staline, Mao ; que vous vous êtes trop attaché à "Das Kapital" ; que vous vous êtes identifié à l'idée de la lutte des classes - les pauvres et les riches et le conflit ; que vous avez été trop attiré, hypnotisé par un rêve, une utopie :

qu'un jour, dans le futur, une société sans classe pourra être créée ; que vous êtes devenus trop obsédés par cette utopie et que vous êtes prêts à faire n'importe quoi pour elle. Même si vous devez tuer des millions de personnes, vous êtes prêts - pour leur propre bien. C'est un état trouble.

Lorsque vous dites "Je suis Indien", c'est toujours la même chose. Lorsque vous dites "je suis un Chinois", c'est encore la même chose. Si vous voulez vraiment être religieux, vous devrez abandonner ces identités lentement, lentement. Aucune idée ne doit jamais vous posséder. Aucun livre ne doit être votre Bible ! Aucun Veda ne doit vous définir, aucune Gita ne doit vous enfermer. Vous ne devez laisser aucune philosophie, théologie, dogme, théorie, hypothèse vous envahir. Vous ne devez laisser aucune fumée entourer la flamme de votre conscience. Ce n'est qu'à cette condition que vous êtes religieux.

Si vous demandez à un homme religieux qui il est, il ne peut que répondre : "Je suis un néant", car le néant n'est pas une idée, ce n'est pas une théorie. Il indique simplement un état de pureté.

Rappelez-vous que la perception n'a rien à voir avec la connaissance. En fait, lorsque vous percevez par le biais de la connaissance, vous ne percevez pas correctement. Toute connaissance crée des projections. La connaissance est un biais, la connaissance est un préjugé. La connaissance est une conclusion - vous avez conclu avant même d'avoir approfondi la question.

Par exemple, si vous venez à moi avec une conclusion déjà en tête - qu'elle soit pour ou contre moi, cela n'a pas d'importance - si vous venez à moi avec une conclusion, vous arrivez avec un nuage. Vous continuerez alors à me regarder à travers votre nuage, et naturellement votre nuage projettera des ombres sur moi. Si vous êtes venu avec l'idée que "c'est l'homme qu'il vous faut", alors vous trouverez quelque chose qui soutiendra votre idée. Si vous êtes venu avec l'idée que "c'est un mauvais homme, dangereux, méchant", alors vous continuerez à trouver quelque chose qui soutiendra votre idée.

Quelle que soit l'idée que vous apportez, elle se perpétue, elle trouve des preuves d'elle-même. Et l'homme qui est venu avec des préjugés repartira avec des préjugés renforcés. En fait, il n'est jamais venu me voir.

Pour venir me voir, il faut être dégagé, sans préjugé pour ou contre, sans jugement a priori. On vient juste pour voir ce qu'il y a, on n'apporte pas d'opinion. Vous avez entendu beaucoup de choses, mais vous n'en croyez aucune. Vous venez simplement voir avec vos propres yeux, vous venez sentir avec votre propre cœur. Telle est la qualité d'un homme religieux.

Et si vous voulez connaître la vérité, vous devrez abandonner toutes les connaissances que vous avez accumulées au fil des âges, au cours de nombreuses vies. Lorsque quelqu'un arrive à la vérité avec des connaissances, il ne peut pas la voir, il est aveugle. La connaissance vous rend aveugle. Si vous voulez avoir les yeux clairs, abandonnez le savoir. La perception n'a rien à voir avec la connaissance.

La vérité et la connaissance ne vont pas ensemble. La connaissance ne peut contenir l'immensité de la vie et de l'existence. La connaissance est si minuscule, si petite, et l'existence est si vaste, si énorme - comment peut-elle contenir l'existence ? Elle ne le peut pas. Et si vous forcez l'existence à entrer dans vos modèles de connaissance, vous en détruirez la beauté et la vérité. Une fois que l'existence est transformée en connaissance, elle n'est plus une existence. C'est comme si une personne transportait une carte de l'Inde et pensait qu'elle transportait l'Inde. Aucune carte ne peut contenir l'Inde.

La photo de la lune n'est pas la lune. Le mot dieu n'est pas Dieu ; le mot amour n'est pas non plus l'amour. Aucun mot ne peut contenir les mystères de la vie. Et la connaissance n'est rien d'autre que des mots, des mots et encore des mots. La connaissance est une grande illusion. C'est pourquoi Bouddha dit : "Laissez le néant s'installer en vous : Laissez le néant s'installer en vous.

Le néant est un état d'ignorance, un état dans lequel aucun nuage ne flotte dans votre conscience. Lorsque votre conscience est dégagée, vous n'êtes rien. Rien ne s'accorde parfaitement avec la vérité - seulement rien ne s'accorde parfaitement avec la vérité. La connaissance ne peut pas contenir le mystère de l'être ; la connaissance va à l'encontre du mystère. Le mystérieux signifie ce qui n'est pas connu, ce qui ne peut être connu, ce qui est fondamentalement, intrinsèquement, essentiellement inconnaissable - non seulement inconnu, mais inconnaissable. Comment l'inconnaissable peut-il être réduit à la connaissance ? La connaissance continue à ramasser des cailloux sur le rivage et à manquer les diamants. La connaissance est médiocre, empruntée, jamais authentique, jamais originale. Pour connaître la vérité, il faut une vision, une vision originale. Il faut des yeux qui puissent voir de part en part ; il faut une vision transparente.

Ce n'est donc que lorsque l'esprit est entièrement dépourvu de connaissance, vide de toute connaissance, qu'il parvient à savoir. Quand il n'y a pas de connaissance, il y a connaissance, parce que quand il n'y a pas de connaissance, il y a savoir. Lorsque l'esprit est entièrement dénudé de connaissance, nu, silencieux, non fonctionnel, lorsque l'esprit est dans l'attente, sans aucune idée de quoi, juste une pure attente, dans l'expectative mais sans savoir de quoi, dans l'attente de l'invité mais sans aucune idée, dans l'attente du coup de l'invité avec une porte ouverte mais sans aucune idée de l'identité de cet invité... Comment le savoir à l'avance ?

Si vous portez un plan de Dieu, vous continuerez à manquer Dieu - parce que vous ne l'avez pas connu auparavant. Oui, d'autres l'ont connu, mais tout ce qu'ils ont dit n'est qu'une carte. Je ne peux vous donner qu'une carte. Toute connaissance est une carte. Ne commencez pas à adorer la carte, ne commencez pas à créer un temple autour de la carte. C'est ainsi que les temples ont été créés. Un temple est consacré aux Védas, un autre à la Bible, un autre au Coran - ce sont des cartes ! Ce ne sont pas les pays réels, ce ne sont que des cartes. Lorsque je vous dis quelque chose, je dois utiliser des mots. Les mots vous atteignent, vous sautez sur les mots, vous commencez à les accumuler - l'esprit est un grand accumulateur - et ensuite vous commencez à penser que vous savez.

Ce n'est pas la façon de savoir. La façon de savoir est de se débarrasser de toute connaissance. Et le faire d'un seul coup ! N'y allez pas lentement, progressivement. Si vous voyez le but, cela peut se produire à l'instant même. En fait, voir le but, c'est le laisser se produire. Vous n'avez pas besoin de faire quoi que ce soit de particulier, vous n'avez même pas besoin de laisser tomber le savoir. Il suffit de voir que la connaissance ne peut pas faire de vous un connaisseur - en fait, elle vous entravera - voir cela, c'est la révolution... voir cela, c'est la transformation.

Ainsi, lorsque l'esprit est nu, silencieux, non fonctionnel, en attente totale, la vérité apparaît. La vérité est alors là. Elle n'a pas besoin de venir de n'importe où, elle a toujours été là.

Mais vous étiez si plein de connaissances que vous avez continué à passer à côté.

Le néant peut connaître la vérité parce que dans le néant, l'intelligence fonctionne totalement. Ce n'est que dans le néant que l'intelligence fonctionne totalement. C'est pourquoi - vous voyez le miracle ! - les enfants sont si intelligents et les personnes âgées deviennent de plus en plus ennuyeuses. Les enfants apprennent les choses si vite ! Plus on vieillit, plus il est difficile d'apprendre. Si vous êtes vieux et que vous voulez apprendre le chinois, il vous faudra trente ans, alors qu'un enfant apprend en deux ou trois ans.

Aujourd'hui, les scientifiques affirment qu'un enfant peut apprendre au moins quatre langues très facilement s'il est simplement exposé à quatre langues - très facilement ! C'est le minimum. Le maximum n'a pas encore été déterminé : combien de langues un enfant peut apprendre ensemble s'il y est exposé. Cela arrive ! Si la famille est multilingue, c'est très facile. Si la ville est multilingue, c'est très facile. À Bombay, c'est facile : l'enfant apprendra très facilement l'hindi, l'anglais, le marathi, le gujarati. L'enfant n'a besoin que d'être exposé. Il est si intelligent qu'il en comprend immédiatement l'intérêt et l'apprend. Plus on vieillit, plus c'est difficile.

Il est très difficile, dit-on, d'apprendre de nouveaux tours à un vieux chien. Ce n'est pas nécessaire ! Si vous restez un néant, ce n'est pas nécessaire - car vous restez alors un enfant toute votre vie.

Socrate est un enfant même lorsqu'il est mourant, parce qu'il est encore vulnérable, ouvert, prêt à apprendre ; prêt à apprendre même de la mort ! Lorsqu'il est allongé sur le lit et que l'on prépare le poison - à six heures, on lui administrera le poison, alors que le soleil se couchera - il est si excité, comme un enfant. Ses disciples pleurent et se lamentent, et lui est si excité. Il se lève encore et encore et sort pour s'enquérir auprès de l'homme qui prépare le poison : "Combien de temps cela va-t-il prendre ?" - Ses yeux sont si curieux. Et l'homme va mourir ! - ce n'est pas le moment d'être si curieux. L'homme va rendre son dernier souffle dans quelques minutes, et il est si excité, si extatique. Un disciple lui demande : "Pourquoi es-tu si excité ? Tu vas mourir !" Socrate répond : "J'ai connu la vie et j'ai beaucoup appris de la vie. Maintenant, je voudrais connaître la mort et apprendre de la mort. C'est pourquoi je suis excité."

Même la mort devient une grande expérience pour celui qui est innocent. Socrate est innocent. L'Occident n'a pas produit d'homme comparable à Socrate. Socrate est le Bouddha de l'Occident.

On peut toujours rester capable d'apprendre si l'on reste un enfant. Qu'est-ce qui crée en vous l'ennui, la stupidité, la médiocrité ? Le savoir. On accumule des connaissances, on devient de moins en moins capable de savoir.

Renoncez au savoir ! Je vous enseigne le renoncement à la connaissance. Je ne vous enseigne pas le renoncement au monde ; c'est stupide, insensé, dénué de sens ! Je vous enseigne le renoncement à la connaissance. Et une chose étrange se produit...

J'ai rencontré des gens qui avaient renoncé au monde. Dans l'Himalaya, j'ai rencontré un fakir hindou - très âgé, il devait avoir quatre-vingt-dix ans ou plus. Pendant soixante-dix ans, il avait été un sannyasin, pendant soixante-dix ans, il avait vécu en dehors de la société. Il avait renoncé à la société, il n'était pas retourné dans les plaines depuis soixante-dix ans. Alors qu'il n'était qu'un jeune homme de vingt ans, il s'est rendu dans l'Himalaya et n'est plus jamais retourné à la campagne. Il n'avait plus jamais été dans une foule, mais il était toujours hindou. Il se considérait toujours comme un hindou.

Je lui ai dit : "Vous renoncez à la société, mais vous n'avez pas renoncé à vos connaissances, qui vous ont été transmises par la société. Vous êtes toujours un hindou. Vous êtes toujours dans la foule - parce qu'être hindou, c'est être dans la foule. Vous n'êtes pas encore un individu ; vous n'êtes pas encore devenu un rien.

Le vieil homme a compris. Il s'est mis à pleurer. Il dit : "Personne ne m'a dit cela."

On peut renoncer à la société, à la richesse, à sa femme, à ses enfants, à son mari, à sa famille, à ses parents - c'est facile, il n'y a pas grand-chose à faire. La véritable chose est de renoncer à la connaissance. Ces choses sont à l'extérieur de vous, vous pouvez y échapper - mais où et comment allez-vous échapper à quelque chose qui est à l'intérieur de vous, qui s'y accroche ? Cela vous accompagnera. Vous pouvez aller dans une grotte de l'Himalaya et rester hindou, mahométan ou chrétien. Vous ne pourrez alors pas voir la beauté et la vérité de l'Himalaya. Vous ne pourrez pas voir la virginité de l'Himalaya. Un hindou ne peut pas la voir, un hindou est aveugle.

Être hindou, c'est être aveugle ; être mahométan, c'est être aveugle. Vous pouvez utiliser différents instruments pour devenir aveugle, cela n'a pas d'importance. L'un est aveugle à cause du Coran, un autre est aveugle à cause de la Bhagavad Gita, et un autre est aveugle à cause de la Bible - mais les yeux sont pleins de connaissance.

Le Bouddha dit : Le néant permet à l'intelligence de fonctionner.

Le mot bouddha vient de buddhi, qui signifie intelligence. Lorsque vous n'êtes rien, lorsque rien ne vous enferme, lorsque rien ne vous définit, lorsque rien ne vous contient, lorsque vous n'êtes qu'une ouverture, alors il y a de l'intelligence. Pourquoi ? parce que lorsque vous n'êtes rien, la peur disparaît, et lorsque la peur disparaît, vous fonctionnez de manière intelligente. Si la peur est là, vous ne pouvez pas fonctionner intelligemment. La peur vous handicape, vous paralyse.

Vous continuez à faire des choses par peur ; c'est pourquoi vous ne pouvez pas devenir un Bouddha, ce qui est votre droit de naissance ! Vous êtes vertueux par peur, vous allez au temple par peur, vous suivez un certain rituel par peur, vous priez Dieu par peur. Et un homme qui vit dans la peur ne peut pas être intelligent. La peur est un poison pour l'intelligence. Comment pouvez-vous être intelligent si vous avez peur ? La peur continuera à vous tirer de différentes manières. Elle ne vous permettra pas d'être courageux, elle ne vous permettra pas d'aller vers l'inconnu, elle ne vous permettra pas de devenir un aventurier, elle ne vous permettra pas de quitter le bercail, la foule. Il ne vous permettra pas de devenir indépendant, libre ; il vous gardera esclave. Et nous sommes des esclaves à bien des égards. Notre esclavage est multidimensionnel : politiquement, spirituellement, religieusement, nous sommes esclaves de toutes les façons, et la peur en est la cause profonde.

Vous ne savez pas si Dieu existe ou non, et vous priez quand même ? C'est très inintelligent, c'est insensé. À qui adressez-vous vos prières ? Vous ne savez pas si Dieu existe ou non. Vous n'avez aucune confiance, car comment pouvez-vous avoir confiance ? - Vous ne le savez pas encore. C'est donc par peur que vous continuez à vous accrocher à l'idée de Dieu. L'avez-vous observé ? - Lorsque la peur est grande, on se souvient davantage de Dieu. Lorsque quelqu'un est en train de mourir, vous commencez à vous souvenir.

J'ai connu un adepte de J. Krishnamurti ; c'est un érudit très renommé, connu dans tout le pays. Depuis au moins quarante ans, il est un adepte de Krishnamurti, il ne croit donc pas en Dieu, il ne croit pas en la méditation, il ne croit pas en la prière.

Un jour, il est tombé malade, il a eu une crise cardiaque. Par chance, je me trouvais dans la même ville. Son fils m'a téléphoné et m'a dit : "Mon père est dans une situation très dangereuse. Si vous pouvez venir, ce sera un grand réconfort pour lui. Ce sont peut-être ses derniers instants."

Je me suis donc précipité. Lorsque je suis entré dans la chambre, il était allongé sur le lit, les yeux fermés, et chantait "Rama, Rama, Rama".

Je ne pouvais pas le croire ! Cela faisait quarante ans qu'il disait : "Il n'y a pas de Dieu, et je ne crois pas...". Et qu'est-il arrivé à ce vieil homme ? Je l'ai secoué et lui ai demandé : "Qu'est-ce que tu fais ?"

Il a dit : "Ne me dérangez pas. Laissez-moi faire ce que je veux."

Mais j'ai dit : "Cela va tellement à l'encontre de Krishnamurti."

Il a dit : "Oubliez Krishnamurti ! Je suis en train de mourir et vous parlez de Krishnamurti !"

"Mais qu'en est-il de vos quarante années perdues ? Et vous n'avez jamais cru qu'un japa - un chant - pouvait aider, ou qu'une prière pouvait aider."

Il a répondu : "Oui, c'est vrai. Je n'avais jamais cru, mais maintenant je suis face à la mort. J'ai très peur. Peut-être - qui sait - que Dieu est là, et que dans quelques minutes je le rencontrerai. S'il ne l'est pas, il n'y a pas de problème ; je ne perds rien à répéter "Rama, Rama". S'il est là, il y a quelque chose à gagner. Au moins, je peux lui dire : 'Au dernier moment, je me suis souvenu de toi'". - Chaque fois que vous êtes dans la misère, vous commencez à vous souvenir davantage de Dieu.

Lorsque vous êtes en danger, vous vous souvenez de Dieu. Lorsque vous êtes heureux et que tout va bien, vous oubliez Dieu. Votre Dieu n'est rien d'autre que votre peur projetée.

Le Bouddha dit : Il n'y a pas de possibilité d'intelligence à partir de la peur. Et la peur est là pour une raison très fondamentale : parce que vous pensez que vous l'êtes ! C'est pour cela qu'il y a la peur. L'ego apporte la peur comme une ombre. L'ego lui-même est illusoire, mais l'illusion jette une grande ombre sur votre vie.

C'est parce que l'on pense "je suis" que l'on a peur : "Peut-être que si je fais quelque chose de mal, je serai jeté en enfer et je souffrirai". Si vous pensez "je suis", vous pensez naturellement à prendre des dispositions pour la vie future, pour l'autre monde - faire quelque chose de bien, accumuler un peu de punya.

Vous savez, le nom de cette ville - Poona - vient de punya, la vertu. Accumulez un peu de vertu, accumulez quelque chose sur votre compte, dans votre solde bancaire, afin de pouvoir montrer à Dieu : "Regardez, j'ai été un très bon garçon. J'ai fait ces choses : j'ai jeûné tant de jours, je n'ai jamais regardé la femme de quelqu'un d'un mauvais œil, je n'ai jamais été un voleur, j'ai donné tant d'argent à ce temple et à cette église. Je me suis toujours comporté comme on attendait de moi". On commence à accumuler des vertus au cas où on en aurait besoin dans l'autre monde.

Mais c'est à cause de la peur. Les bonnes et les mauvaises personnes vivent toutes dans la peur. Une personne intelligente vit sans peur. Mais pour vivre sans peur, il faut que vous arriviez à voir la réalité de votre ego. S'il n'y a pas d'ego, si "je ne suis pas", alors où la peur peut-elle exister ? Alors, "Je ne peux pas être jeté en enfer parce que je ne suis pas en premier lieu, et je ne peux pas être récompensé au paradis parce que je ne suis pas en premier lieu. Je ne suis pas, seul Dieu est, alors comment puis-je être un pécheur ou un saint ? Si seul Dieu est, alors que dois-je craindre ? Je ne suis pas né, parce que je ne suis pas en premier lieu ; et je ne mourrai pas, parce que je ne suis pas en premier lieu. Il n'y a donc ni naissance, ni mort. Je ne suis pas séparé, je ne fais qu'un avec cette existence. En tant que vague, je peux disparaître, mais en tant qu'océan, je vivrai. Et l'océan est la réalité, la vague n'est qu'arbitraire".

Le néant ne connaît ni la peur, ni l'avidité, ni l'ambition, ni la violence. Le néant ne connaît ni la médiocrité, ni la stupidité, ni l'idiotie. Le néant ne connaît ni l'enfer, ni le paradis. Et parce qu'il n'y a pas de peur, il y a de l'intelligence.

C'est l'une des plus grandes affirmations à retenir : l'intelligence, c'est quand la peur n'existe pas.

L'action a alors une qualité totalement différente. Lorsque vous agissez à partir de votre néant, l'action a une qualité totalement différente. Elle est divine, elle est pieuse. Pourquoi ? parce que lorsque vous agissez à partir du néant, ce n'est pas une réaction, lorsque vous agissez à partir du néant, ce n'est pas un plan, lorsque vous agissez à partir du néant, ce n'est pas répété. Lorsque vous agissez à partir du néant, vous êtes spontané et vous vivez d'instant en instant. Vous êtes un néant : une situation se présente et vous y répondez. Si vous êtes un ego, vous ne répondez jamais, vous réagissez toujours.

Laissez-vous expliquer. Quand on est un ego, on réagit toujours. Par exemple, si vous pensez que vous êtes un homme très, très bon, que vous êtes un saint, et que quelque chose se produit - quelqu'un vous insulte - allez-vous répondre à cette insulte ou réagir ? Si vous pensez être un saint, vous réfléchirez trois fois à la manière de réagir, à ce qu'il faut faire, afin de sauver votre sainteté également ; sinon, cet homme peut la détruire rien qu'en vous insultant. Vous ne pouvez pas être spontané, vous devez regarder en arrière, vous devez y réfléchir. Et le temps passe. Il peut s'agir d'un seul instant, mais le temps passe. On ne peut pas être spontané, on ne peut pas être dans l'instant. Et vous agissez en fonction du passé. Vous pensez : "C'est trop. Si je me mets en colère" - et la colère arrive - "si je me mets en colère, je perdrai ma sainteté. C'est trop cher payer pour cela"... vous commencez à sourire. Pour sauver votre sainteté, vous souriez.

Ce sourire est faux ; il ne vient pas de vous, il ne vient pas de votre cœur. Il est juste là, peint sur les lèvres. C'est un pseudo-sourire. Vous ne souriez pas, c'est seulement votre masque qui sourit. Vous vous trompez. Vous êtes un hypocrite ! Vous êtes un pseudo ! Vous êtes bidon ! Mais vous avez sauvé votre sainteté : vous avez agi à partir du passé, à partir de votre image particulière et de l'idée que vous vous faites de votre être. C'était une réaction.

L'homme de la spontanéité ne réagit pas, il répond. Quelle est la différence ? Il laisse la situation agir sur lui, et il laisse la réponse sortir, quelle qu'elle soit.

L'homme qui vit dans le passé est prévisible, et l'homme qui vit au jour le jour est imprévisible. Et être prévisible, c'est être une chose. Être imprévisible, c'est être libre, c'est la dignité de l'homme. Le jour où tu seras imprévisible... personne ne le saura, pas même toi ; souviens-toi, pas même toi... Si vous savez déjà ce que vous allez faire, ce n'est plus une réponse. Vous êtes déjà prêt, c'est répété.

Par exemple, vous vous rendez à un entretien. Vous répétez : vous pensez à ce qui va vous être demandé et à la manière dont vous allez y répondre. Cela arrive tous les jours, c'est tellement clair. Chaque soir, je vois des gens - les deux types de personnes sont là : quand quelqu'un est venu ici tout fait, a réfléchi à ce qu'il allait me dire, l'a déjà préparé ; le script est prêt, il n'a plus qu'à le rejouer, il a tout décidé sur ce qu'il allait demander. Et je peux voir la difficulté de la personne, parce que lorsqu'elle vient en face de moi, lorsqu'elle s'assoit à côté de moi, la situation est différente. Un changement s'opère. Le climat, la présence, son amour pour moi, mon amour pour lui, la présence des autres, la confiance qui est là de manière très tangible, l'amour qui circule, un état méditatif - et c'est absolument différent de ce qu'il pensait auparavant. Maintenant, tout ce qu'il a préparé semble hors de propos ; cela ne colle pas. Il devient agité, inquiet - "Que faire ?" Et il ne sait pas comment agir spontanément, comment sortir de cette situation.

Il se présente devant moi, mais je vois bien que c'est bidon. Sa question ne vient pas de son cœur. Elle vient juste de la gorge, elle n'a pas de profondeur. Sa voix n'a pas de profondeur. Il n'est pas certain de vouloir la poser, mais il l'a préparée, peut-être depuis des jours.

L'esprit continue donc à dire : "Demande-le. Tu l'as préparée." Et il s'aperçoit de l'inutilité de la question.

Il se peut que la réponse ait déjà été donnée. Peut-être qu'en répondant à quelqu'un d'autre, j'ai répondu à la question.

Peut-être que la situation elle-même est telle que son propre esprit a changé et qu'elle n'a plus de sens. Mais il agit en fonction du passé : c'est une réaction. Il aura l'air mal à l'aise. Il se sent gêné s'il n'a rien à demander. Et il ne peut pas pleurer parce qu'il est une fausse personne, et il ne peut pas simplement dire "Bonjour", et il ne peut pas dire "J'aimerais juste m'asseoir devant vous pendant une minute, et je n'ai rien à dire". Il ne peut pas agir en dehors de ce moment. Il ne peut pas être honnête ; il se sent gêné. Il doit demander, sinon que vont penser les gens ? - Alors, pourquoi avoir demandé le darshan si vous n'aviez rien à demander ? Il demande donc. Il n'est plus derrière cette question. C'est une vieille question pourrie qui n'a plus de sens - mais il demande.

Et parfois - vous avez peut-être regardé - je réponds à quelques personnes et je prends beaucoup de temps, et à d'autres, je réponds très brièvement. Lorsque je vois que quelqu'un est bidon, que sa question est bidon, qu'il s'agit d'une question préparée à l'avance, il est inutile de lui répondre. Par respect pour lui, je lui parle un peu, mais cela ne m'intéresse plus. Et l'auteur de la fausse question n'est pas non plus intéressé par ce que je dis - parce qu'il n'est même plus intéressé par sa question, alors comment pourrait-il être intéressé par la réponse ?

Mais il y a d'autres personnes... Au fur et à mesure, les faux-semblants disparaissent et les sannyasins deviennent de plus en plus vrais, authentiques. Alors quelqu'un s'assoit simplement là et rit. C'est ce qui se passe à ce moment-là. Il ne se sent pas gêné, il ne pense pas que c'est déplacé.

Ce n'est pas le cas. Le texte préparé n'est pas à sa place.

Face au néant, il faut être rien. Ce n'est qu'alors qu'il peut y avoir une rencontre, car seuls les semblables peuvent se rencontrer. C'est alors qu'il y a une grande joie, c'est alors qu'il y a une grande beauté. Il y a alors un dialogue. Peut-être que pas un seul mot n'est prononcé, mais il y a un dialogue. Parfois, quelqu'un vient et s'assoit simplement, commence à se balancer, ferme les yeux, va vers l'intérieur - c'est la façon de venir vers moi ; il va à l'intérieur de lui-même et saute simplement en moi et me permet de sauter en lui, ou touche simplement mes pieds, ou me regarde simplement dans les yeux. Il arrive aussi qu'une grande question surgisse, mais c'est dans l'instant - alors elle est vraie, alors elle a un pouvoir immense, alors elle vient de votre cœur le plus profond. Elle est pertinente.

Lorsque vous agissez à partir du néant, vous répondez ; ce n'est plus une réaction. Il y a de la vérité, de la validité, de l'authenticité. C'est existentiel. C'est immédiat, spontané, simple, innocent. Et cette action ne crée pas de karma.

N'oubliez pas que le mot karma signifie action, une action particulière. Toutes les actions ne créent pas de karma, souvenez-vous. Après son illumination, Bouddha a vécu quarante-deux ans. Il n'était pas assis tout le temps sous l'arbre de la bodhi à ne rien faire. Il a fait mille et une choses, mais il n'a pas créé de karma. Il a agi ! - mais ce n'était plus de la réaction, c'était de la réponse.

Si vous répondez à partir du néant, cela ne laisse aucun résidu, aucune trace sur vous, le karma n'est pas créé. Vous restez libre. Vous continuez à agir et vous restez libre. C'est comme si un oiseau s'envolait dans le ciel et ne laissait aucune trace, aucune empreinte. L'homme qui vit dans le ciel du néant ne laisse aucune trace, aucun karma, aucun résidu. Son acte est total. Et quand l'acte est total, il est fini, il est complet. Et un acte complet ne reste pas accroché à vous comme un nuage ; seuls les actes incomplets restent accrochés à vous.

Quelqu'un vous a insulté - vous vouliez le frapper mais vous ne l'avez pas fait. Vous avez sauvé votre sainteté, vous avez souri, vous avez béni l'homme et vous êtes rentré chez vous. Maintenant, cela va être difficile : toute la nuit, vous allez rêver que vous frappez l'homme. Il se peut même que vous le tuiez en rêve. Pendant des années, ce rêve vous poursuivra ; il est incomplet. Tout ce qui est incomplet est dangereux.

Lorsque vous êtes faux, tout devient incomplet. Vous aimez une femme, mais pas assez pour que ce soit complet. Même lorsque vous faites l'amour, vous n'êtes pas tout à fait présent ; peut-être êtes-vous encore en train de répéter. Peut-être avez-vous lu les manuels sexuels disponibles. Peut-être avez-vous lu le Kama Sutra de Vatsyayana, ou Masters and Johnson ou le rapport Kinsey, et vous avez appris à faire l'amour. Et vous êtes prêt, bien informé ! Cette femme n'est qu'une occasion de mettre en pratique vos connaissances. Vous pratiquez donc votre savoir, mais il sera incomplet parce que vous n'êtes pas dedans. Vous vous sentez alors insatisfait, frustré - et la cause en est votre savoir.

L'amour ne se pratique pas. La vie n'a pas besoin d'être pratiquée ; elle doit être vécue, dans la plus grande innocence. La vie n'est pas un drame - vous n'avez pas besoin de vous préparer, vous n'avez pas besoin de répéter. Laissez-la venir comme elle vient, et soyez spontanés.

Mais comment être spontané si l'ego est là ? L'ego est un grand acteur, l'ego est un grand politicien ; l'ego continue à vous manipuler. L'ego dit : "Si vous voulez vraiment agir d'une manière polie, vous devez vous préparer. Si vous voulez vraiment agir de manière cultivée, vous devez répéter."

L'ego est un interprète, et à cause de lui, vous continuez à manquer la joie, la célébration, la bénédiction de la vie.

Le Bouddha dit : Lorsque l'action naît du néant, elle ne crée pas de karma. Elle est alors si totale que sa totalité même... et le cercle est complet et achevé. Vous ne regardez jamais en arrière. Pourquoi continuer à regarder en arrière ? - Parce qu'il y a des choses incomplètes. Lorsque quelque chose est achevé, on ne regarde pas en arrière. C'est terminé ! Le but a été atteint, il n'y a plus rien à faire. Agissez à partir du néant et votre action est totale, et l'action totale ne laisse aucun souvenir - aucun souvenir psychologique, je veux dire.

Le souvenir reste dans le cerveau, mais il n'y a pas de blocage psychologique. Et un homme qui n'a pas de problème est ma définition d'un sannyasin.

Lorsque l'acte est totalement achevé, vous en êtes libéré. Lorsque l'acte est total, vous vous en détachez - comme un serpent se détache de sa vieille peau et la laisse derrière lui. Seuls les actes incomplets deviennent du karma, ne l'oubliez pas. Mais pour qu'un acte soit complet, il doit sortir du néant.

Il existe trois niveaux de conscience : la conscience de soi, la conscience du monde et la conscience de la fantaisie qui s'interpose entre le soi et le monde. Fritz Perls a appelé ce niveau intermédiaire la DMZ - zone démilitarisée - et il a pour fonction de nous empêcher d'être totalement en contact avec nous-mêmes et avec notre monde. La DMZ contient nos préjugés, les préjugés à travers lesquels nous voyons le monde, les autres et nous-mêmes. Si nous regardons le monde à travers nos préjugés, nous ne pouvons pas en voir la vérité. Nous ne pouvons pas voir ce qui est. Nous créons une illusion - c'est ce que les hindous appellent maya.

Si nous regardons l'extérieur avec des jugements, des préjugés a priori, nous créons un monde qui nous est propre, qui est maya, une illusion, une projection. Si nous nous regardons nous-mêmes à travers ces jugements, ces connaissances et ces opinions, nous créons une autre illusion - l'ego. Nous ne pouvons alors pas voir la réalité qui se trouve à l'intérieur de nous. Nous ne pouvons pas voir ce qui se trouve à l'extérieur, et nous ne pouvons pas voir ce qui se trouve ici.

Lorsque l'extérieur n'est pas atteint, nous créons l'illusion, maya ; lorsque l'intérieur n'est pas atteint, nous créons l'ego, ahankar. Et ces deux choses se produisent à travers la DMZ - la zone démilitarisée.

Gurdjieff appelait cette zone la "zone des tampons". DMZ est un joli nom pour cette zone.

Plus la DMZ est grande, plus la personne est pathologique, névrosée. Plus la DMZ est petite, plus la personne est saine, psychologiquement saine. Et lorsque la zone démilitarisée disparaît complètement et qu'aucune pensée ne s'interpose entre vous et le monde - pas une seule pensée - c'est ce que Bouddha entend par "néant". La personne est alors tout à fait saine d'esprit, sainte et entière.

Avant d'entrer dans le sutra, quelques précisions sur l'ego. Il faut comprendre l'illusion du moi.

Première chose : l'ego n'est pas une réalité, c'est juste une idée. On ne vient pas avec lui en venant au monde, on ne l'apporte pas avec soi. Il ne fait pas partie de votre être. Lorsqu'un enfant naît, il n'apporte pas l'ego dans le monde. L'ego est quelque chose qu'il apprend, il ne fait pas partie de la génétique.

Gordon Alport appelle le soi proprium, et il peut être défini en considérant la forme adjective propriate, comme dans le mot appropriate. Le terme "proprium" fait référence à quelque chose qui appartient à une personne ou qui lui est propre. Le soi est créé parce que chaque néant est unique, chaque néant a sa propre façon de fleurir. C'est en raison de cette unicité qu'il est possible de créer un ego.

J'aime à sma façon, tu aimes à ta façon. Je me comporte à ma façon, tu te comportes à ta façon. Il y a une différence entre les personnes, mais seulement une différence. La fleur de rose fleurit d'une manière et le souci d'une autre, mais les deux fleurissent. La floraison est la même, le néant est le même. Mais chaque néant fonctionne de manière unique. C'est pourquoi il est possible de créer l'ego.

Il y a sept portes par lesquelles l'ego entre, sept portes par lesquelles nous apprenons l'ego. Ces portes doivent être comprises, car si vous les comprenez, vous serez en mesure de laisser tomber l'ego... parce que ces portes, parfaitement comprises, peuvent être fermées. L'ego n'est alors plus créé. Vu correctement, compris parfaitement - que l'ego n'est qu'une ombre - il commence à disparaître de lui-même.

La première porte qu'Alport appelle "le moi corporel". Nous ne naissons pas avec un sentiment de soi. L'enfant dans le ventre de sa mère n'a aucun sens du soi. Il ne fait qu'un avec sa mère ; il est totalement un, uni, uni à sa mère. La mère est toute son existence, son cosmos. Il ne sait pas qu'il est séparé. La séparation intervient lorsque l'enfant sort du ventre de sa mère, lorsque le lien avec la mère est coupé et que l'enfant doit respirer seul. En fait, la respiration n'est pas quelque chose que l'enfant va faire. Comment pourrait-il le faire ? Il ne peut même pas encore respirer, il n'en est donc pas encore là. La respiration se produit. Ce n'est pas l'enfant qui la fait, c'est un événement. Elle sort du néant : l'enfant commence à respirer. Ces quelques secondes sont très, très précieuses, critiques, dangereuses. Les parents, le médecin, les infirmières qui s'occupent de l'accouchement sont tous dans une grande attente - que l'enfant respire ou non.

L'enfant ne peut pas être forcé, il ne peut pas être persuadé et il ne peut rien faire de lui-même. Si cela doit arriver, cela doit arriver. Il se peut que cela n'arrive pas, il se peut que cela arrive. Parfois, les enfants ne respirent jamais et nous pensons alors qu'ils sont nés morts.

La façon dont l'enfant respire pour la première fois est miraculeuse : il ne l'a jamais fait auparavant, il ne peut pas y être préparé. Il ne sait pas que le mécanisme de la respiration existe. Les poumons n'ont jamais fonctionné auparavant, mais le souffle arrive et le miracle commence. Mais le souffle sort du néant, rappelez-vous. Plus tard, vous commencerez à dire : "Je respire". C'est absurde. Vous ne respirez pas : c'est la respiration qui se produit. Ne créez pas l'idée du "je", ne dites pas "je respire". Personne ne respire ! Ce n'est pas à vous de le faire ou de ne pas le faire.

Vous pouvez essayer : arrêtez de respirer pendant quelques secondes et vous saurez qu'il est également difficile de s'arrêter. En quelques secondes, un grand élan vient de nulle part et vous recommencez à respirer. Ou arrêtez de respirer à l'extérieur ; essayez pendant quelques secondes et vous verrez soudain un grand élan. Cela vous dépasse. La respiration veut entrer.

C'est le "rien" qui respire en vous... ou vous pouvez l'appeler Dieu - cela ne fait aucune différence, c'est la même chose. Rien ou Dieu, c'est la même chose. Dans le bouddhisme, "rien" signifie exactement ce que Dieu signifie dans le christianisme, le judaïsme et l'hindouisme. Dieu est un rien.

Nous ne naissons pas avec un sentiment de soi. Il ne fait pas partie de notre patrimoine génétique. Le nourrisson n'est pas capable de faire la distinction entre lui-même et le monde qui l'entoure. Même lorsqu'il a commencé à respirer, il lui faut des mois pour prendre conscience qu'il existe une distinction entre son intérieur et l'extérieur. Progressivement, grâce à un apprentissage de plus en plus complexe et à des expériences perceptives, une vague distinction se développe entre quelque chose "en moi" et d'autres choses "à l'extérieur".

C'est la première porte par laquelle l'ego entre : la distinction qu'il y a quelque chose "en moi". Par exemple : l'enfant ressent la faim, il la sent venir de l'intérieur. Puis la mère le gifle et il sent que cela vient de l'extérieur. Une distinction s'impose alors : il y a des choses qui viennent de l'intérieur et d'autres qui viennent de l'extérieur. Lorsque la mère sourit, il peut voir que le sourire vient de là, puis il répond, il sourit. Maintenant, il peut sentir que le sourire vient de l'intérieur, quelque part à l'intérieur. L'idée de l'intérieur et de l'extérieur apparaît. C'est la première expérience de l'ego.

En fait, il n'y a pas de distinction entre l'extérieur et l'intérieur. L'intérieur fait partie de l'extérieur et l'extérieur fait partie de l'intérieur. Le ciel à l'intérieur de votre maison et le ciel à l'extérieur de votre maison ne sont pas deux ciels, rappelez-vous, ils sont un seul et même ciel. Il en va de même pour... toi là-bas et moi ici, nous ne sommes pas deux. Nous sommes deux aspects de la même énergie, deux aspects de la même pièce. Mais l'enfant commence à apprendre les voies de l'ego.

La deuxième porte est celle de l'identité personnelle. L'enfant apprend son nom, se rend compte que le reflet dans le miroir d'aujourd'hui est celui de la même personne que celle d'hier, et croit que le sens du moi ou du soi persiste face à des expériences changeantes. L'enfant continue à savoir que tout change. Parfois il a faim, parfois il n'a pas faim ; parfois il a sommeil, parfois il est éveillé ; parfois il est en colère, parfois il aime - les choses changent sans cesse. Un jour, il fait beau, un autre jour, il fait sombre et lugubre. Mais il se tient devant le miroir...

Avez-vous observé un petit bébé assis devant un miroir ? Il essaie d'attraper l'enfant à l'intérieur du miroir parce qu'il pense que l'enfant est "là dehors". S'il ne parvient pas à l'attraper, il fait le tour du miroir et regarde à l'arrière - peut-être l'enfant s'y cache-t-il ? Mais peu à peu, il commence à savoir que c'est lui qui est reflété. Il commence alors à ressentir une sorte de continuité : hier c'était le même visage, aujourd'hui c'est aussi le même visage dans le miroir. Lorsque les enfants se regardent pour la première fois dans un miroir, ils sont fascinés par celui-ci. Ils ne le quittent plus. Ils vont encore et encore dans la chambre pour voir qui ils sont.

Tout change. Une chose semble immuable : l'image de soi. L'ego a une autre porte par laquelle il entre : l'image de soi.

La troisième porte est celle de l'estime de soi. Il s'agit du sentiment de fierté que ressent l'enfant lorsqu'il apprend à faire quelque chose par lui-même : faire, explorer, fabriquer. Lorsqu'un enfant apprend quelque chose - par exemple, il a appris un mot, "papa" - il dit "papa, papa" toute la journée. Il ne manque pas une seule occasion d'utiliser ce mot. Lorsque l'enfant commence à apprendre à marcher, il essaie toute la journée. Il tombe encore et encore, il trébuche, il se blesse, mais il se remet debout - parce que cela lui donne de la fierté : "Je peux aussi faire quelque chose ! Je peux marcher ! Je peux parler ! Je peux porter des choses d'ici à là !"

Les parents sont très inquiets car l'enfant dérange. Il commence à porter des objets.

Ils ne peuvent pas comprendre : "Pourquoi ? Pour quoi ? Pourquoi as-tu pris ce livre ?" L'enfant ne s'intéresse pas du tout au livre ! Pour lui, tout cela est absurde. Il ne peut pas comprendre pourquoi vous cherchez continuellement dans cette chose - "Qu'est-ce que tu cherches là ?" L'intérêt de l'enfant est différent : il peut porter un objet.

L'enfant commence à tuer des animaux. Une fourmi, et il saute immédiatement dessus pour la tuer. Il peut faire quelque chose ! Il s'amuse à faire ; il peut devenir très destructeur. S'il trouve l'horloge, il l'ouvrira - il veut savoir ce qu'il y a à l'intérieur. Il devient un explorateur, un chercheur.

Il aime faire des choses parce que cela donne une troisième porte à son ego : il se sent fier, il peut faire quelque chose. Il peut chanter une chanson et il est prêt à la chanter à n'importe qui. Si un invité arrive, il est présent, attendant que quelqu'un lui donne un indice pour qu'il puisse chanter la chanson. Ou bien il peut danser, ou bien il peut faire une mimique, ou quelque chose comme ça ! Quoi qu'il en soit, il veut faire quelque chose pour montrer qu'il n'est pas seulement impuissant, qu'il peut aussi faire quelque chose. Cette action fait intervenir l'ego.

La quatrième est l'extension de soi, l'appartenance, la possession. L'enfant parle de ma maison, de mon père, de ma mère, de mon école. Il commence à élargir le champ du "mien". Le "mien" devient son mot clé. Si vous prenez son jouet, il n'est pas très intéressé par le jouet ; il est plus intéressé par "Ce jouet est à moi, tu ne peux pas le prendre !". N'oubliez pas que le jouet ne l'intéresse pas beaucoup. Lorsque personne ne s'y intéresse, il jette le jouet dans un coin et s'échappe pour aller jouer dehors. Mais dès que quelqu'un veut le prendre, il ne veut pas le donner. C'est le sien - "le mien".

Le "mien" donne le sentiment d'être "moi" ; le "moi" crée le "je". N'oubliez pas que ces portes ne sont pas réservées aux enfants et qu'elles le resteront toute votre vie. Lorsque vous dites "ma maison", vous êtes puéril. Quand vous dites ma femme, vous êtes puéril. Quand vous dites ma religion, vous êtes puéril. Lorsqu'un hindou commence à se battre avec un mahométan au sujet de la religion, ce sont des enfants. Ils ne savent pas ce qu'ils font. Ils n'ont pas vraiment acquis de maturité et n'ont pas grandi. Les enfants se disputent constamment : "Mon papa est le meilleur papa du monde !"

C'est ainsi que les prêtres continuent à se battre : "Ma conception de Dieu est la meilleure, la plus puissante, la vraie ! Les autres ne sont que médiocres."

Ce sont des attitudes très enfantines, mais elles vous accompagnent toute votre vie. Vous vous intéressez beaucoup à votre nom. Lorsque je change le nom des gens, certains sont très têtus ; ils ne veulent pas. Certaines personnes m'écrivent des lettres : "Je veux prendre le sannyas, mais s'il vous plaît, ne changez pas mon nom." Pourquoi ? mon nom ! On dirait que c'est une grande richesse. Et il n'y a rien dans ce nom. Mais pendant trente ans, quarante ans, votre ego a survécu avec ce nom. Il est très difficile pour l'ego de fermer une porte. C'est pourquoi le nom est changé - pour que vous puissiez voir que le nom est arbitraire : il peut être changé n'importe quand. Et c'est pourquoi je change votre nom sans que vous en fassiez un drame. Dans d'autres religions, le nom est également modifié. Si vous devenez moine jaïna, ils en feront tout un plat - une grande procession et une célébration ; quelqu'un devient moine ! Il s'attachera à ce nouveau nom ! Tant de célébrations et de festivités, tant d'honneur et de respect, tant d'agitation à ce sujet, et c'est alors que l'on perd tout l'intérêt. Je change simplement de nom, juste pour vous donner une idée que ce n'est rien ; c'est arbitraire, on peut le changer très facilement. Vous pouvez vous appeler A, vous pouvez vous appeler B, vous pouvez vous appeler C - cela n'a pas d'importance. En fait, vous n'avez pas de nom - c'est pourquoi cela n'a pas d'importance. N'importe quel nom fera l'affaire, il n'est qu'utilitaire.

La cinquième porte est l'image de soi. Il s'agit de la façon dont l'enfant se perçoit. En interagissant avec ses parents, en les félicitant et en les punissant, il apprend à avoir une certaine image de lui-même - bonne ou mauvaise.

L'enfant regarde toujours comment ses parents réagissent à son égard. S'il fait une certaine chose, les parents le félicitent-ils ou le punissent-ils ? S'il se sent puni, il pense : "J'ai fait quelque chose de mal. Je suis mauvais." S'il fait quelque chose de bien et qu'on le félicite, il pense : "Je suis bon, je suis apprécié." Il commence à essayer de faire de plus en plus de bonnes choses, afin d'être apprécié. Ou bien, si les parents sont vraiment des personnes très difficiles et impossibles, et que leurs exigences sont telles que l'enfant ne peut pas les satisfaire, alors il prend l'autre voie, il commence à faire tout ce qu'ils appellent "mauvais".

Il réagit et se rebelle.

Il y a deux façons de procéder - la porte est la même : soit vous le félicitez et il se sent bien d'être quelqu'un ; soit, si vous ne le félicitez pas facilement, il dit : "D'accord, alors je vais vous montrer". C'est aussi à ce moment-là qu'il fera sentir sa présence. Il commencera à détruire des choses, à fumer, à faire des choses que vous n'aimez pas.

Et il dira : "Maintenant, vous voyez ? Vous devez prendre note de moi ; vous devez me remarquer. Vous devez savoir que je suis quelqu'un et que je suis là, et vous ne pouvez pas me négliger". Le bon et le mauvais sont nés ainsi, le saint et le pécheur.

Le sixième est le soi en tant que raison.

L'enfant apprend les voies de la raison, de la logique, de l'argumentation. Il apprend qu'il peut résoudre des problèmes.

La raison devient un grand soutien pour soi-même - c'est pourquoi les gens se disputent. C'est pourquoi les personnes éduquées pensent qu'elles sont quelqu'un. Sans éducation ? - Vous vous sentez un peu gêné. Vous avez un grand diplôme - vous êtes titulaire d'un doctorat ou d'une licence - et vous continuez à montrer, à exhiber votre certificat : vous êtes médaillé d'or, vous avez terminé l'université, et ceci et cela. Pourquoi ? parce que vous montrez que vous êtes devenu un être rationnel, bien éduqué, éduqué dans la meilleure des universités, éduqué par les meilleurs professeurs : "Je peux argumenter mieux que n'importe qui d'autre. La raison devient un grand soutien.

Le septième est celui de l'effort, du but de vie, de l'ambition, du devenir : ce que l'on est et qui l'on est à travers ce que l'on veut devenir ou qui l'on veut devenir. Les préoccupations futures, les rêves et les objectifs à long terme apparaissent - c'est le dernier stade de l'ego. C'est alors que l'on commence à réfléchir à ce qu'il faut faire dans le monde pour laisser une trace dans l'histoire, pour laisser une signature sur le sable du temps. Devenir poète ? Devenir un politicien ? Devenir un mahatma ? Faire ceci ou cela ? La vie court vite, glisse vite, et il faut faire quelque chose, sinon on ne sera bientôt plus rien et personne ne saura jamais que l'on a existé. On veut devenir un Alexandre ou un Napoléon. Si c'est possible, on veut devenir un bon gars, célèbre, connu, un saint, un mahatma. Si ce n'est pas possible, on veut quand même devenir quelqu'un.

De nombreux meurtriers ont avoué devant les tribunaux qu'ils n'avaient pas tué quelqu'un parce qu'ils étaient intéressés par ce meurtre, mais qu'ils voulaient simplement que leur nom figure en première page des journaux.

Un homme a assassiné quelqu'un par derrière. Il est venu et l'a poignardé, alors qu'il n'avait jamais vu cet homme auparavant. Il ne le connaissait absolument pas ; ils ne se connaissaient pas, il n'y avait pas d'amitié, pas d'inimitié. Il ne l'avait jamais rencontré. Et cette fois encore, il n'avait pas vu le visage de l'homme qu'il avait assassiné. Il ne l'avait pas vu, il l'avait simplement tué par derrière. L'homme était assis sur la plage et regardait les vagues, et cet homme est venu et l'a tué.

Le tribunal était perplexe, mais l'homme a déclaré : "Je ne m'intéressais pas à l'homme lui-même... que j'ai tué. Il n'avait aucune importance, n'importe qui l'aurait fait. J'étais allé là-bas pour tuer quelqu'un. Si cet homme n'avait pas été là, alors n'importe qui d'autre". Mais pourquoi ? Il a répondu : "Parce que je voulais que ma photo et mon nom figurent en première page des journaux. Mon désir est exaucé. On parle de moi dans tout le pays, je suis heureux. Maintenant, je suis prêt à mourir. Si vous me condamnez à mort, je peux mourir heureux : j'étais connu, j'étais célèbre".

Si vous ne pouvez pas devenir célèbre, vous essayez de devenir notoire. Si vous ne pouvez pas devenir le Mahatma Gandhi, vous aimeriez devenir Adolf Hitler - mais personne ne veut rester un moins que rien.

Ce sont les sept portes par lesquelles l'illusion de l'ego se renforce, devient de plus en plus forte. Et ce sont les sept portes - si vous comprenez - par lesquelles l'ego doit être renvoyé. Lentement, lentement, à partir de chaque porte, vous devez regarder au fond de votre ego et lui dire adieu. C'est alors que naît le néant.

Le sutra :

PAR CONSÉQUENT, O SARIPUTRA, DANS LA VACUITÉ, IL N'Y A NI FORME, NI SENTIMENT, NI PERCEPTION, NI IMPULSION, NI CONSCIENCE ; NI ŒIL, NI OREILLE, NI NEZ, NI LANGUE, NI CORPS, NI ESPRIT ; NI FORMES, NI SONS, NI ODEURS, NI GOÛTS, NI OBJETS TACTILES, NI OBJETS DE L'ESPRIT ; NI ÉLÉMENT VUE-ORGANE, ET AINSI DE SUITE, JUSQU'À CE QUE NOUS ARRIVIONS À : PAS D'ÉLÉMENT ESPRIT-CONSCIENCE ; IL N'Y A NI IGNORANCE, NI EXTINCTION DE L'IGNORANCE, ET AINSI DE SUITE : PAS D'ÉLÉMENT ESPRIT-CONSCIENCE ; IL N'Y A PAS D'IGNORANCE, PAS D'EXTINCTION DE L'IGNORANCE, ET AINSI DE SUITE, JUSQU'À CE QUE NOUS ARRIVIONS À :

Ne soyez pas trop sains
d'esprit

La première question :
   Question 1 :
BIEN-AIMÉ MAÎTRE, QUELLE EST LA DIFFÉRENCE ENTRE LE VIDE DE L'ENFANT AVANT LA FORMATION DE L'EGO ET L'ÉTAT D'ENFANT ÉVEILLÉ D'UN BOUDDHA ?

Il y a une similitude et une différence. L'enfant est essentiellement un bouddha, mais sa bouddhéité, son innocence, est naturelle et non méritée. Son innocence est une sorte d'ignorance, pas une réalisation. Son innocence est inconsciente - il n'en est pas conscient, il n'en a pas conscience, il n'en a pas pris note. Elle est là, mais il est inconscient. Il va la perdre. Il doit la perdre.

Le paradis sera perdu tôt ou tard ; il est en voie de l'être. Chaque enfant doit passer par toutes sortes de corruptions, d'impuretés - le monde.

L'innocence de l'enfant est l'innocence d'Adam avant qu'il ne soit expulsé du jardin d'Eden, avant qu'il ne goûte au fruit de la connaissance, avant qu'il ne devienne conscient. Elle est animale. Regardez dans les yeux de n'importe quel animal - une vache, un chien - et vous y trouverez la pureté, la même pureté que celle qui existe dans les yeux d'un Bouddha, à une différence près.

Et la différence est énorme : un bouddha est rentré chez lui ; l'animal n'a pas encore quitté sa maison. L'enfant est encore dans le jardin d'Eden, il est encore au paradis. Il devra le perdre, car pour gagner, il faut perdre. Bouddha est revenu à la maison... le cercle entier. Il est parti, il s'est perdu, il s'est égaré, il s'est enfoncé dans les ténèbres, le péché, la misère et l'enfer.

Ces expériences font partie de la maturité et de la croissance. Sans elles, vous n'avez pas de colonne vertébrale, vous êtes sans colonne vertébrale. Sans elles, votre innocence est très fragile ; elle ne peut pas résister aux vents, elle ne peut pas supporter les tempêtes. Elle est très faible, elle ne peut pas survivre. Elle doit passer par le feu de la vie - mille et une erreurs commises, mille et une fois vous tombez, et vous vous remettez sur vos pieds. Toutes ces expériences vous font lentement, lentement mûrir, vous font mûrir ; vous devenez un adulte.

L'innocence du Bouddha est celle d'une personne mûre, tout à fait mûre. L'enfance est inconsciente de la nature ; la bouddhéité est consciente de la nature. L'enfance est une circonférence qui n'a aucune idée du centre. Le Bouddha est également une circonférence, mais enracinée dans le centre, centrée.

L'enfance est un anonymat inconscient ; la bouddhéité est un anonymat conscient. Les deux sont sans nom, sans forme... mais l'enfant n'a pas encore connu la forme et sa misère. C'est comme si vous n'aviez jamais été dans une prison et que vous ne saviez pas ce qu'est la liberté. Puis vous avez été dans la prison pendant de nombreuses années, ou de nombreuses vies, et puis un jour vous êtes libéré... vous sortez des portes de la prison en dansant, en extase ! Et vous serez surpris de voir que les gens qui sont déjà dehors, qui marchent dans la rue, qui vont à leur travail, au bureau, à l'usine, ne profitent pas du tout de leur liberté - ils sont inconscients, ils ne savent pas qu'ils sont libres. Comment peuvent-ils le savoir ? Parce qu'ils n'ont jamais été en prison, ils ne connaissent pas le contraste ; l'arrière-plan est absent.

C'est comme si vous écriviez avec une craie blanche sur un mur blanc - personne ne pourra jamais le lire. Que dire de quelqu'un d'autre - même vous ne pourrez pas lire ce que vous avez écrit.

J'ai entendu une anecdote célèbre sur Mulla Nasruddin. Dans son village, il était le seul homme à savoir écrire, de sorte que les gens venaient lui demander d'écrire une lettre ou un document, ou quoi que ce soit d'autre. Il était le seul à savoir écrire. Un jour, un homme est venu. Nasruddin a écrit la lettre, que l'homme a dictée - et c'était une longue lettre - et l'homme a dit : "S'il vous plaît, lisez-la maintenant, parce que je veux être sûr que tout a été écrit et que je n'ai rien oublié, et que vous n'avez rien gâché."

Mulla dit : " C'est difficile. Je sais écrire, mais je ne sais pas lire. De plus, la lettre ne m'est pas adressée et il sera donc illégal de la lire.

Et le villageois était convaincu, l'idée était parfaitement juste, et le villageois a dit : "Vous avez raison, ce n'est pas à vous que cela s'adresse".

Si vous écrivez sur un mur blanc, vous ne pourrez pas le lire vous-même, mais si vous écrivez sur un tableau noir, l'information est claire et nette - vous pouvez la lire. Le contraste est nécessaire. L'enfant n'a pas de contraste ; il est un rayon d'argent sans le nuage noir. Bouddha est un rayon d'argent dans le nuage noir.

Le jour, il y a des étoiles dans le ciel ; elles ne vont nulle part - elles ne peuvent pas aller si vite, elles ne peuvent pas disparaître. Elles sont déjà là, elles sont là toute la journée, mais la nuit, on peut les voir à cause de l'obscurité. Ils commencent à apparaître ; lorsque le soleil se couche, ils commencent à apparaître. Au fur et à mesure que le soleil s'enfonce sous l'horizon, de plus en plus d'étoiles apparaissent. Elles ont été là toute la journée, mais il était difficile de les voir à cause de l'obscurité.

Un enfant a de l'innocence mais pas d'arrière-plan. Vous ne pouvez pas le voir, vous ne pouvez pas le lire ; il n'est pas très bruyant. Un Bouddha a vécu sa vie, a fait tout ce qu'il fallait - le bien et le mal

- a touché cette polarité et cette autre, a été un pécheur et un saint. N'oubliez pas qu'un bouddha n'est pas seulement un saint ; il a été un pécheur et un saint. Et la bouddhéité est au-delà des deux. Il est maintenant rentré chez lui.

C'est pourquoi Bouddha a dit dans le sutra d'hier : NA JHANAM, NA PRAPTIR NA-APRAPTIH - "Il n'y a pas de souffrance, pas d'origine, pas d'arrêt, pas de chemin. Il n'y a pas de cognition, pas de connaissance, pas de réalisation et pas de non-réalisation. Lorsque Bouddha s'est éveillé, on lui a demandé : "Qu'as-tu atteint ?" Il a ri et a répondu : "Je n'ai rien atteint, j'ai seulement découvert ce qui a toujours été le cas. Je suis simplement revenu à la maison. J'ai revendiqué ce qui a toujours été mien et qui était avec moi. Il n'y a donc pas d'accomplissement en tant que tel, je l'ai simplement reconnu. Ce n'est pas une découverte, c'est une redécouverte. Et lorsque vous deviendrez un bouddha, vous comprendrez ce qu'il en est - il n'y a rien à gagner à devenir un bouddha. Tout d'un coup, vous voyez que c'est votre nature. Mais pour reconnaître cette nature, il faut s'égarer, s'enfoncer dans la tourmente du monde. Vous devez entrer dans toutes sortes d'endroits et d'espaces boueux juste pour voir votre propreté totale, votre pureté totale.

L'autre jour, je vous ai parlé des sept portes, de la façon dont l'ego se forme, de la façon dont l'illusion de l'ego se renforce. Il sera utile d'approfondir quelques points à ce sujet.

Ces sept portes de l'ego ne sont pas très nettes et séparées les unes des autres ; elles se chevauchent. Il est très rare de trouver une personne qui a atteint son ego par les sept portes. Si une personne a atteint l'ego par les sept portes, elle est devenue un ego parfait.

Et seul un ego parfait a la capacité de disparaître, pas un ego imparfait. Quand le fruit est mûr, il tombe ; quand le fruit n'est pas mûr, il s'accroche. Si vous vous accrochez encore à l'ego, rappelez-vous que le fruit n'est pas mûr, d'où l'accrochage. Si le fruit est mûr, il tombe par terre et disparaît. Il en va de même pour l'ego.

Voici maintenant un paradoxe : seul un ego vraiment évolué peut se rendre. D'ordinaire, vous pensez qu'un égoïste ne peut pas se rendre. Ce n'est pas ce que j'ai observé, ni ce qu'ont observé les bouddhas à travers les âges. Seul un égoïste parfait peut se rendre. Parce qu'il est le seul à connaître la misère de l'ego, il est le seul à avoir la force de se rendre. Il a connu toutes les possibilités de l'ego et a connu d'immenses frustrations. Il a beaucoup souffert, et il sait que c'en est assez, et il veut n'importe quelle excuse pour y renoncer. L'excuse peut être Dieu, l'excuse peut être un maître, ou n'importe quelle excuse, mais il veut y renoncer. Le fardeau est trop lourd et il le porte depuis longtemps.

Les personnes qui n'ont pas développé leur ego peuvent se rendre, mais leur reddition ne sera pas parfaite, elle ne sera pas totale. Quelque chose au fond de soi continuera à s'accrocher, quelque chose au fond de soi continuera à espérer : "Peut-être qu'il y a quelque chose dans l'ego. Pourquoi te rends-tu ?"

En Orient, l'ego n'a pas été bien développé. À cause de l'enseignement de l'absence d'ego, un malentendu est apparu : si l'ego doit être abandonné, alors pourquoi le développer, pour quoi faire ? La logique est simple : s'il faut y renoncer un jour, pourquoi s'en préoccuper ? Alors pourquoi faire tant d'efforts pour le créer ? Il faut y renoncer ! L'Orient ne s'est donc pas beaucoup préoccupé de développer l'ego. Et l'esprit oriental trouve qu'il est très facile de s'incliner devant n'importe qui. Il trouve cela très facile, il est toujours prêt à se rendre. Mais l'abandon est fondamentalement impossible, parce que vous n'avez pas encore l'ego pour l'abandonner.

Vous serez surpris : tous les grands bouddhas de l'Orient étaient des kshatriyas, de la race des guerriers - Bouddha, Mahavira, Parshwanath, Neminath. Les vingt-quatre tirthankaras des Jainas appartiennent tous à la race des guerriers, et tous les avatars des

Hindous appartiennent à la race des kshatriyas - Ram, Krishna - sauf un, Parashuram, qui est né, accidentellement semble-t-il, dans une famille de brahmanes, parce qu'on ne peut pas trouver de plus grand guerrier que lui. Ce devait être un accident, car toute sa vie n'a été qu'une guerre incessante.

Il est surprenant de constater que pas un seul brahmane n'a jamais été déclaré Bouddha, avatara ou tirthankara. Pourquoi ? Le brahmane est humble ; depuis le tout début, il a été élevé dans l'humilité, pour l'humilité. L'absence d'égo lui a été enseignée dès le début, de sorte que l'égo n'est pas mûr, et que les égos non mûrs s'accrochent.

En Orient, les gens ont un ego très, très fragmentaire, et ils pensent qu'il est facile de se rendre.

Ils sont toujours prêts à se rendre à n'importe qui. Il suffit d'un rien pour qu'ils soient prêts à se rendre - mais leur reddition n'est jamais très profonde, elle reste superficielle.

C'est exactement le contraire en Occident : les personnes qui viennent de l'Occident ont un ego très, très fort et très développé. Parce que toute l'éducation occidentale consiste à créer un ego évolué, bien défini, bien cultivé et sophistiqué, ils pensent qu'il est très difficile de s'abandonner. Ils n'ont même pas entendu le mot "abandon". L'idée même leur paraît laide, humiliante. Mais le paradoxe, c'est que lorsqu'un homme ou une femme occidental(e) se rend, cette reddition est très profonde. Il va jusqu'au cœur de son être, parce que l'ego est très évolué. L'ego est évolué ; c'est pourquoi vous pensez qu'il est très difficile de se rendre. Mais si l'abandon se produit, il va jusqu'au cœur de l'être, il est absolu. En Orient, les gens pensent qu'il est très facile de se rendre, mais l'ego n'est pas aussi évolué et ne va donc jamais très loin.

Un bouddha est quelqu'un qui a vécu les expériences de la vie, le feu de la vie, l'enfer de la vie, et qui a fait mûrir son ego jusqu'à son ultime possibilité, jusqu'au maximum. À ce moment-là, l'ego tombe et disparaît. Vous êtes à nouveau un enfant ; c'est une renaissance, une résurrection. Il faut d'abord être sur la croix de l'ego, il faut souffrir de la croix de l'ego, et il faut porter la croix sur ses propres épaules - et jusqu'au bout. L'ego doit être appris ; ce n'est qu'ensuite que l'on peut le désapprendre. C'est alors que la joie est grande. Lorsque vous êtes libéré de la prison, vous avez une danse, une célébration dans votre être. Vous n'arrivez pas à comprendre pourquoi les personnes qui sortent de prison sont si mortes, si ternes et si traînantes. Pourquoi ne dansent-ils pas ? Pourquoi ne font-ils pas la fête ? Ils ne le peuvent pas : ils n'ont pas connu la misère de la prison.

Ces sept portes doivent être utilisées avant de pouvoir devenir un bouddha. Il faut aller dans le domaine le plus sombre de la vie, dans la nuit noire de l'âme, pour revenir à l'aube, lorsque le matin se lève à nouveau, que le soleil se lève à nouveau et que tout est lumière. Mais il est rare que l'on ait un ego pleinement développé.

Si vous me comprenez, toute la structure de l'éducation devrait être paradoxale : on devrait d'abord vous enseigner l'ego - ce serait la première partie de l'éducation, la moitié ; et on devrait ensuite vous enseigner l'absence d'ego, comment l'abandonner - ce serait la seconde moitié. Les gens entrent par une porte, deux portes ou trois portes, et sont pris dans un certain ego fragmentaire.

Le premier, disais-je, est le moi corporel. L'enfant commence à apprendre lentement, lentement : il faut environ quinze mois pour que l'enfant apprenne qu'il est séparé, qu'il y a quelque chose à l'intérieur de lui et quelque chose à l'extérieur. Il apprend qu'il a un corps distinct des autres corps.

Mais quelques personnes restent accrochées à cet ego très, très fragmentaire pendant toute leur vie.

Ce sont ces personnes que l'on appelle les matérialistes, les communistes, les marxistes. Les personnes qui croient que le corps est tout - qu'il n'y a rien d'autre que le corps à l'intérieur de vous, que le corps est toute votre existence, qu'il n'y a pas de conscience séparée du corps, au-dessus du corps, que la conscience n'est qu'un phénomène chimique qui se produit dans le corps, que vous n'êtes pas séparé du corps et que lorsque le corps meurt, vous mourez, et tout disparaît... de la poussière à la poussière... il n'y a pas de divinité en vous - ils réduisent l'homme à de la matière.

Ce sont les personnes qui restent accrochées à la première porte ; leur âge mental semble n'être que de quinze mois. L'ego très, très rudimentaire et primitif reste matérialiste. Ces personnes restent accrochées à deux choses : le sexe et la nourriture. Mais rappelez-vous, quand je dis matérialiste, communiste, marxiste, je ne veux pas dire que cela complète la liste. Quelqu'un peut être spiritualiste et s'accrocher encore à la première chose...

Par exemple, le Mahatma Gandhi : si vous lisez son autobiographie, vous verrez qu'il l'a intitulée "Mes expériences avec la vérité". Mais si vous continuez à lire son autobiographie, vous vous apercevrez que le nom n'est pas correct ; il aurait dû l'appeler Mes expériences avec la nourriture et le sexe.

La vérité est introuvable. Il est constamment préoccupé par la nourriture : ce qu'il faut manger, ce qu'il ne faut pas manger. Toute son inquiétude semble porter sur la nourriture, puis sur le sexe : comment devenir célibataire - c'est un thème récurrent, c'est le courant sous-jacent. En permanence, jour et nuit, il pense à la nourriture et au sexe - il faut se libérer. Il n'est pas matérialiste, il croit en l'âme, il croit en Dieu. En fait, parce qu'il croit en Dieu, il pense tellement à la nourriture - parce que s'il mange quelque chose de mauvais et commet un péché, il sera loin de Dieu. Il parle de Dieu mais pense à la nourriture.

Et ce n'est pas seulement le cas pour lui, c'est aussi le cas pour tous les moines jaïns. Il a été très influencé par les moines jaïns. Il est né au Gujarat. Le Gujarat est fondamentalement jaïna, le jaïnisme a le plus grand impact sur le Gujarat. Même les hindous ressemblent plus à des jaïnas qu'à des hindous au Gujarat.

Gandhi est à 90 % un Jaina - né dans une famille hindoue, mais son esprit est conditionné par les moines Jaina. Ils pensent continuellement à la nourriture.

C'est alors que surgit la deuxième idée, celle du sexe - comment se débarrasser du sexe. Toute sa vie, jusqu'à la fin, il s'est préoccupé de cette question - comment se débarrasser du sexe. Au cours de la dernière année de sa vie, il a fait des expériences avec des filles nues et a couché avec elles, juste pour se tester, parce qu'il sentait que la mort approchait et qu'il devait se tester pour voir s'il y avait encore un peu de désir en lui.

Le pays brûlait, les gens étaient tués : Les mahométans tuaient les hindous, les hindous tuaient les mahométans - tout le pays était en feu. Il se trouvait en plein milieu, à Novakali, mais sa préoccupation était le sexe. Il couchait avec des filles, des filles nues ; il se testait lui-même, il testait si brahma-charya, son célibat, était encore parfait ou non.

Mais pourquoi cette suspicion ? - A cause d'un long refoulement. Toute sa vie, il avait refoulé. Maintenant, à la toute fin, il avait pris peur - parce qu'à cet âge, il rêvait encore de sexe. Il était donc très méfiant : serait-il capable de faire face à son Dieu ? Aujourd'hui, c'est un spiritualiste, mais je l'appellerai un matérialiste, et un matérialiste très primitif. Ce qui l'intéresse, c'est la nourriture et le sexe.

Que vous soyez pour ou contre, cela n'a pas d'importance - votre préoccupation montre où votre ego est accroché. Et j'inclurai également le capitaliste dans cette catégorie : toute sa préoccupation est de savoir comment amasser de l'argent, thésauriser de l'argent - parce que l'argent a le pouvoir sur la matière. L'argent permet d'acheter n'importe quelle chose matérielle. Vous ne pouvez rien acheter de spirituel, vous ne pouvez rien acheter qui ait une valeur intrinsèque ; vous ne pouvez acheter que des choses. Si vous voulez acheter l'amour, vous ne pouvez pas l'acheter, mais vous pouvez acheter le sexe. Le sexe est la partie matérielle de l'amour. Grâce à l'argent, la matière peut être achetée, possédée.

Vous allez être surpris : J'inclus le communiste et le capitaliste dans la même catégorie, et ce sont des ennemis, tout comme j'inclus Charvaka et Mahatma Gandhi dans la même catégorie, et ce sont des ennemis. Ce sont des ennemis, mais leur préoccupation est la même. Le capitaliste essaie d'amasser de l'argent, le communiste s'y oppose. Il veut que personne ne soit autorisé à amasser de l'argent, à l'exception de l'État. Mais il se préoccupe également de l'argent, il pense continuellement à l'argent. Ce n'est pas un hasard si Marx a donné le nom de "Das Kapital" à son grand livre sur le communisme, "le capital". C'est la Bible communiste, mais le nom est "le capital". C'est leur préoccupation : comment ne pas permettre à quiconque de thésauriser de l'argent pour que l'État puisse thésauriser, et comment posséder l'État - donc, en fait, fondamentalement, en fin de compte, vous thésaurisez l'argent.

Un jour, j'ai entendu dire que Mulla Nasruddin était devenu communiste. Je le connais... J'étais un peu perplexe. C'était un miracle ! Je connais sa possessivité. Je lui ai donc demandé : "Mulla, savez-vous ce que signifie le communisme ?"

Il a répondu : "Je sais."

J'ai dit : "Savez-vous que si vous avez deux voitures et que quelqu'un n'en a pas, vous devrez en donner une ?".

Il a répondu : "Je suis tout à fait disposé à donner".

J'ai dit : "Si vous avez deux maisons et que quelqu'un n'a pas de maison, vous devez en donner une ?".

Il a dit : "Je suis parfaitement prêt, tout de suite".

J'ai dit : "Si tu as deux ânes, tu devras en donner un à quelqu'un d'autre qui n'en a pas".

Il a dit : "Je ne suis pas d'accord. Je ne peux pas donner, je ne peux pas faire ça !"

Mais j'ai dit : "Pourquoi ? parce que c'est la même logique, le même corollaire".

Il m'a répondu : "Non, ce n'est pas pareil, j'ai deux ânes, je n'ai pas deux voitures".

L'esprit communiste est fondamentalement un esprit capitaliste, l'esprit capitaliste est fondamentalement un esprit communiste. Ils sont partenaires dans le même jeu - le nom du jeu est "le capital", "Das Kapital".

Beaucoup de gens, des millions de gens, n'évoluent qu'avec cet ego primitif, très rudimentaire. Si vous avez cet ego, il est très difficile de vous abandonner ; il n'est pas mûr.

La deuxième porte est celle que j'appelle l'identité de soi.

L'enfant commence à se faire une idée de qui il est. En se regardant dans le miroir, il retrouve le même visage. Chaque matin, en se levant du lit, il court à la salle de bain, regarde et dit : "Oui, c'est moi. Le sommeil n'a rien dérangé." Il commence à avoir l'idée d'un moi continu.

Les personnes qui s'intéressent de trop près à cette porte, qui y sont accrochées, sont les soi-disant spiritualistes qui pensent qu'ils vont au paradis, au ciel, à la moksha, mais qu'ils y seront. Lorsque vous pensez au paradis, vous pensez certainement que, comme vous êtes ici, vous y serez aussi. Peut-être que le corps ne sera plus là, mais votre continuité intérieure demeurera. C'est absurde ! Cette libération, cette libération ultime ne se produit que lorsque le moi est dissous et que toute identité est dissoute. Vous devenez un vide...

C'est pourquoi, ô SARIPUTRA, dans le néant, il n'y a pas de forme, ou bien : LA FORME EST LE VIDE ET LE VIDE EST LA FORME.

Il n'y a pas de connaissance parce qu'il n'y a pas de connaisseur ; il n'y a même pas de vigyan, pas de conscience, parce qu'il n'y a rien dont on puisse être conscient et personne qui puisse l'être. Tout disparaît.

Cette idée que l'enfant a de la continuité de soi est véhiculée par les spiritualistes. Ils continuent à chercher : d'où l'âme entre dans le corps, d'où l'âme sort du corps, quelle forme a l'âme, les planchettes et les médiums, des choses comme ça - tout cela est absurde et absurde. Le soi n'a pas de forme. Il est pur néant, c'est un vaste ciel sans aucun nuage. C'est un silence sans pensée, sans limites, sans limites de quoi que ce soit.

L'idée d'une âme permanente, l'idée d'un moi, continue à jouer des jeux dans vos esprits.

Même si le corps meurt, vous voulez être certain que "je vivrai".

Beaucoup de gens venaient voir Bouddha... parce que ce pays a été dominé par ce deuxième type d'ego : les gens croient en l'âme permanente, l'âme éternelle, l'atman - ils venaient voir Bouddha encore et encore et disaient : "Quand je mourrai, est-ce qu'il restera quelque chose ou pas ?" Bouddha riait et disait : "Il n'y a rien en ce moment, alors pourquoi se préoccuper de la mort ? Il n'y a jamais rien eu depuis le tout début." C'était inconcevable pour l'esprit indien. L'esprit indien est principalement accroché au deuxième type d'ego.

C'est pourquoi le bouddhisme n'a pas pu survivre en Inde. En l'espace de cinq cents ans, le bouddhisme a disparu. Il a trouvé de meilleures racines en Chine, grâce à Lao Tseu. Lao Tzu avait créé un terrain magnifique pour le bouddhisme. Le climat était prêt - comme si quelqu'un avait préparé le terrain ; il ne manquait plus que la semence. Et lorsque la graine a atteint la Chine, elle est devenue un grand arbre.

Mais elle a disparu de l'Inde. Lao Tzu n'avait aucune idée d'un moi permanent et, en Chine, les gens ne s'en préoccupent guère.

Il existe trois cultures dans le monde : une culture, dite matérialiste, très prédominante en Occident ; une autre culture, dite spiritualiste, très prédominante en Inde ; et la Chine possède un troisième type de culture, ni matérialiste ni spiritualiste. Elle est taoïste : vivre le moment présent et ne pas se préoccuper de l'avenir, car se préoccuper du ciel, de l'enfer, du paradis et de la moksha, c'est en fait se préoccuper continuellement de soi-même. C'est très égoïste, très égocentrique. Selon Lao Tseu, selon Bouddha et selon moi, une personne qui essaie d'atteindre le paradis est une personne très, très égocentrique, très égoïste. Et elle ne sait rien de son propre être intérieur - il n'y a pas de soi.

La troisième porte était l'estime de soi : l'enfant apprend à faire des choses et aime les faire. C'est là que quelques personnes deviennent des techniciens, des artistes, des acteurs, des politiciens, des hommes de spectacle. Le thème de base est celui de l'exécutant ; ils veulent montrer au monde qu'ils peuvent faire quelque chose. Si le monde leur permet une certaine créativité, tant mieux. S'il ne leur permet pas d'être créatifs, ils deviennent destructeurs.

Saviez-vous qu'Adolf Hitler voulait entrer dans une école d'art ? Il voulait devenir peintre, c'était son idée. Parce qu'il a été refusé, parce qu'il n'était pas peintre, parce qu'il n'a pas pu passer l'examen d'entrée à l'école d'art - ce rejet a été très difficile à accepter pour lui - sa créativité a tourné au vinaigre. Il est devenu destructeur. Mais au fond, il voulait devenir peintre, il voulait faire quelque chose. Parce qu'il n'a pas été jugé capable de le faire, en guise de revanche, il a commencé à être destructeur.

Le criminel et le politicien ne sont pas très éloignés, ils sont cousins-frères. Si l'on donne au criminel la possibilité de s'exprimer, il deviendra un homme politique, et si l'on ne donne pas à l'homme politique la possibilité de s'exprimer, il deviendra un criminel. Il s'agit d'affaires frontalières.

À tout moment, le politicien peut devenir un criminel et le criminel peut devenir un politicien.

C'est ce qui se passe depuis des siècles, mais nous n'avons pas encore cette vision des choses.

La quatrième porte est celle de l'auto-extension. Le mot "mien" est le mot clé. Il faut s'étendre en accumulant de l'argent, en accumulant du pouvoir, en devenant de plus en plus grand : le patriote qui dit : "Ceci est mon pays, et c'est le plus grand pays du monde". Vous pouvez demander au patriote indien : il crie dans tous les coins et recoins que c'est punya bhumi - c'est le pays de la vertu, le pays le plus pur du monde.

Un jour, un soi-disant saint est venu me voir, un moine hindou, et il m'a dit : "Ne croyez-vous pas que c'est le seul pays où tant de bouddhas sont nés, tant d'avataras, tant de tirthankaras - Rama, Krishna et d'autres - parce que c'est le pays le plus vertueux ? Pourquoi ? parce que c'est le pays le plus vertueux".

Je lui ai dit : "Le fait est exactement le contraire : si dans le quartier vous voyez que chez quelqu'un un médecin vient tous les jours - parfois un vaidya, un médecin, un hakim, un acupuncteur, et le naturopathe, et ceci et cela - qu'est-ce que vous comprenez par là ?".

Il a dit : "C'est simple ! Cette famille est malade."

C'est le cas de l'Inde : tant de bouddhas sont nécessaires - le pays semble totalement malade et pathologique. Tant de guérisseurs, tant de médecins. Bouddha a dit : "Je suis un médecin".

Et vous savez que Krishna a dit : "Chaque fois qu'il y aura des ténèbres dans le monde, chaque fois qu'il y aura du péché dans le monde, chaque fois que la loi du cosmos sera perturbée, je reviendrai".

Alors pourquoi était-il venu cette fois-ci ? Ce devait être pour la même raison. Et pourquoi tant de fois en Inde ?

Mais le patriote est arrogant, agressif, égoïste. Il continue à déclarer : "Mon pays est spécial, ma religion est spéciale, mon église est spéciale, mon livre est spécial, mon gourou est spécial" - et tout n'est rien. Ce n'est qu'une revendication de l'ego.

Quelques personnes s'accrochent à cette "mine" - le dogmatique, le patriote, l'hindou, le chrétien, le mahométan.

La cinquième porte est celle de l'image de soi. L'enfant commence à s'intéresser aux choses, aux expériences. Lorsque les parents se sentent bien avec l'enfant, il pense : "Je suis bien." Lorsqu'ils le caressent, il se dit : "Je suis bon." Lorsqu'ils le regardent avec colère, qu'ils lui crient dessus et qu'ils lui disent : "Ne fais pas ça !", il se dit : "Quelque chose ne va pas chez moi." Il recule.

Le premier jour de l'école, on a demandé à un petit enfant : "Quel est ton nom ?".

Il a dit : "Johnny Don't".

Le professeur est perplexe. Il dit : "Johnny Don't ? Je n'ai jamais entendu un tel nom !"

Il a dit : "Chaque fois que je fais quelque chose, c'est mon nom - ma mère crie : "Johnny, non !". Mon père crie : "Johnny, non !". Je pense donc que c'est mon nom. Le mot "Don't" est toujours présent.

Ce que je fais n'a aucune importance".

Le cinquième est la porte par laquelle la morale entre : vous devenez un moraliste ; vous commencez à vous sentir très bien, "plus saint que toi". Ou bien, dans la frustration, la résistance, la lutte, vous devenez un immoraliste et vous commencez à vous battre avec le monde entier, à montrer au monde entier.

Fritz Perls, le fondateur de la Gestalt-thérapie, a écrit sur l'une de ses expériences qui s'est avérée fondamentale pour l'effort de sa vie. Il était psychanalyste et exerçait en Afrique. La pratique était très bonne parce qu'il était le seul psychanalyste sur place. Il avait une grosse voiture, un grand bungalow avec un jardin, une piscine - et tout ce qu'un esprit médiocre veut avoir, le luxe de la classe moyenne. Puis il s'est rendu à Vienne pour assister à une conférence mondiale de psychanalystes. Bien sûr, c'était un homme qui avait réussi en Afrique, et il pensait donc que Freud le recevrait, qu'il serait très bien accueilli. Freud était la figure paternelle des psychanalystes, et il voulait donc être félicité par Freud. Il avait écrit un article et y avait travaillé pendant des mois, parce qu'il voulait que Freud sache qui il était. Il l'a lu et n'a pas eu de réponse. Freud était très froid, les autres psychanalystes étaient très froids. Son article est passé presque inaperçu, il n'a fait l'objet d'aucun commentaire. Il s'est senti très choqué, déprimé, mais il espérait toujours qu'il irait voir Freud et que quelque chose se passerait. Et il est allé voir Freud. Il était sur les marches, il n'avait même pas franchi la porte, et Freud se tenait là. Il dit à Freud, pour l'impressionner : "Je viens de milliers de kilomètres." Au lieu de lui souhaiter la bienvenue, Freud lui a dit : "Et quand repartez-vous ?" Cela l'a beaucoup blessé : Cela l'a beaucoup blessé : "C'est ça l'accueil ? - "Quand est-ce que vous repartez ?" Et c'est ainsi que l'entretien s'est terminé !

Il se détourna, répétant sans cesse, comme un mantra dans sa tête, "Je te montrerai, je te montrerai, je te montrerai ! "Je vais te montrer, je vais te montrer, je vais te montrer". Et il a essayé de lui montrer : il a créé le plus grand mouvement contre la psychanalyse - la gestalt.

Il s'agit d'une réaction enfantine. Soit l'enfant est accepté - il se sent alors bien, il est prêt à faire tout ce que les parents veulent ; soit, s'il est frustré encore et encore, il commence à penser en termes de "Il n'y a aucune possibilité que je reçoive leur amour, mais j'ai quand même besoin de leur attention. Si je ne peux pas obtenir leur attention de la bonne manière, j'obtiendrai leur attention de la mauvaise manière. Je fumerai, je me masturberai, je me ferai du mal à moi-même et aux autres, et je ferai toutes sortes de choses qu'ils disent de ne pas faire, mais je les occuperai avec moi. Je leur montrerai".

C'est la cinquième porte, celle de l'image de soi. Le pécheur et le saint y sont accrochés. Le paradis et l'enfer sont les idées des personnes qui y sont accrochées. Des millions de personnes y sont accrochées. Ils ont continuellement peur de l'enfer et sont continuellement avides de paradis. Ils veulent être caressés par Dieu, et ils veulent que Dieu leur dise : "Tu es bon, mon fils. Je suis content de toi." Ils continuent à sacrifier leur vie juste pour être caressés par un fantasme quelque part au-delà de la vie et de la mort. Ils s'infligent mille et une tortures pour que Dieu puisse leur dire : "Oui, tu t'es sacrifié pour moi."

On dirait que Dieu est masochiste ou sadique, ou quelque chose comme ça. Les gens se torturent à l'idée de rendre Dieu heureux. Qu'entendez-vous par là ?

Vous jeûnez et vous pensez que Dieu sera très content de vous ? Vous vous affamez et vous pensez que Dieu sera très heureux avec vous ? Est-il sadique ? Aime-t-il torturer les gens ? Et c'est ce que les saints, soi-disant saints, ont fait : se torturer et regarder le ciel.

Tôt ou tard, Dieu dira : "Bon garçon, tu as bien travaillé. Maintenant, viens profiter des plaisirs célestes. Venez ici ! Le vin y coule à flots, les routes sont en or, les palais sont en diamants. Et les femmes ici ne vieillissent jamais, elles restent figées à seize ans. Venez ici ! Vous en avez assez fait, vous avez gagné, maintenant vous pouvez profiter !" L'idée derrière le sacrifice est la suivante. C'est une idée insensée, car toutes les idées de l'ego sont insensées.

Le sixième est le moi en tant que raison. Il naît de l'éducation, de l'expérience, de la lecture, de l'apprentissage, de l'écoute : on commence à accumuler des idées, puis on commence à créer des systèmes à partir d'idées, des ensembles cohérents, des philosophies. C'est là que les philosophes, les scientifiques, les penseurs, les intellectuels, les rationalistes sont accrochés. Mais cela devient de plus en plus sophistiqué :

du premier, le sixième est très sophistiqué.

La septième est la quête de la propriété : l'artiste, le mystique, l'utopiste, le rêveur - ils sont accrochés là. Ils essaient toujours de créer une utopie dans le monde. Le mot "utopie" est très beau : il signifie ce qui ne vient jamais. Elle est toujours à venir, mais elle n'arrive jamais ; elle est toujours là, mais elle n'est jamais là. Mais il y a des observateurs de la lune qui continuent à chercher le lointain, l'éloigné, et ils se déplacent toujours dans l'imagination. Les grands poètes, les personnes imaginatives - tout leur ego est impliqué dans le devenir. Il y a quelqu'un qui veut devenir Dieu ; c'est un mystique.

Rappelez-vous que "devenir" est le mot clé du septième, et que le septième est le dernier de l'ego. C'est là que l'ego est le plus mûr. C'est pourquoi vous sentirez, vous verrez un poète - il n'a peut-être rien, il est peut-être un mendiant, mais dans ses yeux, sur son nez, vous verrez le grand ego.

Le mystique peut avoir renoncé au monde entier et être assis dans une cage himalayenne, dans une grotte himalayenne. Vous y allez et vous le regardez : il est peut-être assis là, nu, mais avec un ego si subtil, si raffiné. Il peut même toucher vos pieds, mais il montre qu'il est humble.

Il y a sept portes. Lorsque l'ego est parfait, les sept portes ont été franchies ; l'ego mature tombe alors de lui-même. L'enfant est avant ces sept egos, et le Bouddha est après ces sept egos. C'est un cercle complet.

Vous me demandez : "Quelle est la différence entre le vide de l'enfant avant la formation de l'ego et l'état d'enfant éveillé d'un bouddha ?"

Telle est la différence. Le Bouddha a pénétré dans ces sept egos, les a vus, les a examinés, a découvert qu'ils étaient illusoires, et est revenu à la maison, est redevenu un enfant.

C'est ce que Jésus veut dire lorsqu'il déclare : "Si vous ne devenez pas comme des petits enfants, vous n'entrerez pas dans mon royaume de Dieu".

La deuxième question :

Question 2 :

BELOVED MAÎTRE,

JE SUIS CURIEUX. AS-TU LU LE LIVRE ZORBA LE GREC DE KAZANTZAKIS ? JE L'ADORE. ZORBA N'EST-IL PAS EXACTEMENT LA FAÇON DONT VOUS VOULEZ

QUE NOUS SOYONS ? C'EST DU MOINS AINSI QUE JE COMPRENDS VOTRE ENSEIGNEMENT.

J'ai été Zorba le Grec pendant de nombreuses vies. Je n'ai pas besoin de lire le livre, c'est mon autobiographie. Et c'est ce que j'aimerais que vous soyez.

Prenez la vie avec joie, prenez la vie avec facilité, prenez la vie avec décontraction, ne créez pas de problèmes inutiles.

Quatre-vingt-dix-neuf pour cent de vos problèmes sont créés par vous parce que vous prenez la vie au sérieux.

Le sérieux est à l'origine des problèmes. Soyez enjoué, et vous ne manquerez rien - parce que la vie est Dieu. Oubliez Dieu ; soyez simplement vivant, soyez abondamment vivant. Vivez chaque instant comme si c'était le dernier. Vivez-le intensément ; laissez votre flambeau brûler des deux côtés à la fois. Même si ce n'est que pour un instant, c'est suffisant. Un instant de totalité intense suffit à vous donner le goût de Dieu. Vous pouvez vivre de façon tiède, à la manière des bourgeois, des classes moyennes. Vous pouvez continuer à vivre, à vous traîner pendant des millions d'années, vous ne ferez que ramasser la poussière des routes et rien d'autre. Un instant de clarté, de totalité, de spontanéité, et vous brûlez comme une flamme. Un seul instant suffit ! Un seul instant vous rendra éternel ; vous entrerez dès cet instant dans l'éternité. C'est tout le message que j'adresse à mes sannyasins : vivez de telle sorte que vous n'ayez jamais à vous repentir.

Un ami m'a envoyé un papier découpé.

Un journaliste a demandé à une vieille dame de 85 ans comment elle vivrait si elle devait revivre.

La vieille femme a dit - il y a là une grande perspicacité, souvenez-vous en - "Si j'avais ma vie à revivre, j'oserais faire plus d'erreurs la prochaine fois. Je me détendrais, je m'assouplirais. Je serais plus bête que je ne l'ai été au cours de ce voyage. Je prendrais moins de choses au sérieux. Je prendrais plus de risques. Je ferais plus de voyages. J'escaladerais plus de montagnes et nagerais plus de rivières. Je mangerais plus de glace et moins de haricots. J'aurais peut-être plus de problèmes réels, mais j'en aurais moins d'imaginaires.

"Vous voyez, je suis l'une de ces personnes qui ont vécu raisonnablement et sainement heure après heure, jour après jour. Oh, j'ai eu mes moments, et si c'était à refaire, j'en aurais plus souvent.

En fait, j'essaierais de n'avoir rien d'autre - juste des moments, l'un après l'autre, au lieu de vivre tant d'années en avance sur chaque jour. Je fais partie de ces personnes qui ne se déplacent jamais sans un thermomètre, une bouillotte, un imperméable et un parachute. Si c'était à refaire, je voyagerais plus léger que je ne l'ai fait.

"Si je devais revivre ma vie, je commencerais à marcher pieds nus plus tôt au printemps et je continuerais à le faire plus tard à l'automne. J'irais plus souvent danser. Je ferais plus de tours de manège. Je cueillerais plus de marguerites.

Et c'est aussi ma vision d'un sannyasin. Vivez ce moment aussi pleinement que possible. Ne soyez pas trop sain d'esprit, car trop de raison mène à la folie. Laissez un peu de folie exister en vous. Cela donne du piquant à la vie, cela rend la vie juteuse. Laissez toujours un peu d'irrationalité. Cela vous rend capable de jouer, d'être enjoué ; cela vous aide à vous détendre. Une personne saine d'esprit est complètement coincée dans sa tête, elle ne peut pas en descendre. Il vit à l'étage. Vivez partout, c'est votre maison ! L'étage, c'est bien, le rez-de-chaussée, c'est très bien - et le sous-sol est magnifique aussi. Vivez partout, c'est votre maison. Et n'attendez pas la prochaine fois, je voudrais dire à cette vieille femme, parce que la prochaine fois ne vient jamais.

Non pas que vous ne naissiez pas à nouveau ; vous naîtrez à nouveau, mais vous oublierez. Ensuite, vous recommencerez à partir de l'ABC. Cette vieille femme est déjà venue ici. Elle a dû venir ici des millions de fois. Et je peux vous dire que chaque fois, vers l'âge de quatre-vingt-cinq ans, elle aurait pris la même décision : "La prochaine fois, je ferai les choses différemment."

Mais la fois suivante, vous ne vous souvenez plus - c'est là le problème. Vous perdez tout souvenir de votre vie passée.

Puis, en repartant d'ABC, la même chose se produit.

Je ne vous dirais donc pas d'attendre la prochaine fois. Saisissez l'instant présent ! C'est le seul moment qui existe, il n'y en a pas d'autre. Même si vous avez quatre-vingt-cinq ans, vous pouvez commencer à vivre. Et qu'y a-t-il à perdre à quatre-vingt-cinq ans ? Si vous allez pieds nus sur la plage au printemps, si vous ramassez des marguerites - même si vous mourez à cette occasion, il n'y a rien de mal. Mourir pieds nus sur la plage est la bonne façon de mourir. Mourir en ramassant des marguerites est la bonne façon de mourir. Que vous ayez quatre-vingt-cinq ou quinze ans n'a pas d'importance. Saisissez ce moment. Soyez un Zorba.

Vous demandez : "Je suis juste curieux. Avez-vous lu le livre Zorba le Grec ? Je l'aime beaucoup".

L'aimer seulement ne sert à rien. Soyez-le ! Il arrive parfois que l'on aime le contraire de ce que l'on est. On aime le contraire de ce que l'on est - parce qu'il fait naître des fantasmes en nous. Il vous donne une vision de ce que vous aimeriez être : c'est l'attrait d'un Zorba.

Mais aimer le livre ne sert à rien. C'est ce que les gens ont fait à travers les âges.

Les gens aiment la Bible, mais ne deviennent pas Jésus, et ils aiment le Sutra du cœur - ils le répètent, ils le chantent tous les jours. Des millions de personnes en Orient répètent le Sutra du cœur cinq fois par jour - en Chine, au Japon, en Corée, au Viêt Nam - et ne cessent de le répéter. C'est un petit sutra ; il peut être répété en quelques minutes. Ils l'aiment, mais ils ne le deviennent pas !

Soyez un Zorba. N'oubliez pas que le fait d'aimer les livres n'est pas utile, seul le fait d'être utile l'est.

"Je l'aime tellement. Zorba n'est-il pas exactement comme tu veux que nous soyons ?"

Pas exactement, parce que je ne voudrais pas qu'il y ait beaucoup de Zorbas dans le monde. Pas exactement, parce que ce serait laid, monotone et ennuyeux. Vous êtes un Zorba à votre manière - pas exactement.

N'essayez jamais d'imiter qui que ce soit, ne soyez jamais un imitateur ; c'est du suicide. Dans ce cas, vous ne pourrez jamais jouir de la vie. Vous resterez toujours une copie conforme, vous ne serez jamais l'original. Et tout ce qui arrive dans la vie - la vérité, la beauté, le bien, la libération, la méditation, l'amour - arrive à l'original, jamais à la copie conforme. Attention - pas exactement ; c'est dangereux. Si vous commencez simplement à suivre Zorba et à faire les choses comme il les fait, vous aurez des problèmes. C'est ainsi que les gens ont procédé.

Regardez les chrétiens, regardez les hindous : ils ont essayé de faire exactement la même chose. Personne ne peut redevenir Bouddha ! Dieu ne permet aucune répétition ! Dieu ne permet pas les gens de seconde main, il aime les gens de première main. Il a aimé Bouddha. Il l'a tellement aimé qu'il est fini. Maintenant, il n'y a plus besoin de Bouddha. Ce ne serait plus une histoire d'amour. Ce serait comme aller voir le même film que vous avez déjà vu, ce serait comme lire le même livre que vous avez déjà lu plusieurs fois. Dieu n'est ni ennuyeux ni stupide, il ne permet à personne de répéter quelqu'un d'autre : le Christ n'existe qu'une fois, Bouddha n'existe qu'une fois - et vous aussi, vous n'existez qu'une fois ! Et vous êtes seul, il n'y a personne d'autre comme vous. Il n'y a que vous qui êtes vous. C'est ce que j'appelle le respect de la vie. C'est vraiment le respect de soi.

Apprenez de Zorba, apprenez le secret, mais n'essayez jamais d'imiter. Apprenez le climat, appréciez-le, entrez dedans, sympathisez avec lui, participez avec Zorba, et puis allez de votre côté. Ensuite, soyez vous-même.

La troisième question :

Question 3 :

MAÎTRE, POURRIEZ-VOUS NOUS PARLER DE CE QUI
EST COMMUN ENTRE LA PRIÈRE ET LA MÉDITATION,
AINSI QUE DE LA DIFFÉRENCE ENTRE LES DEUX ?

La question est posée par Mark Nevejan...

P.S. VOUS NE ME CONNAISSEZ PAS CAR JE NE VOUS
AI PAS ENCORE RENCONTRÉ PERSONNELLEMENT.
ARUP ME CONNAÎT UN PEU.

Arup ne se connaît pas elle-même, comment pourrait-elle vous
connaître ? - même pas un peu ! Tu ne m'as pas rencontrée, c'est vrai.
Mais je vous connais parce que je me connais moi-même. Le jour où
j'ai appris à me connaître, j'ai appris à connaître tout le monde - parce
que c'est le même néant qui fleurit de différentes manières.

Je vous connais, Mark. Vous ne me connaissez peut-être pas.
Comment peux-tu me connaître ? - Vous ne vous connaissez pas
vous-même. Mais je te connais. Je ne connais peut-être pas ta forme,
mais je te connais... et tu n'es pas la forme.

DONC, O SARIPUTRA...

LA FORME EST LE VIDE, LE VIDE EST LA FORME.

Je connais la vérité en vous ; je ne connais peut-être pas la
personnalité qui vous entoure. C'est pourquoi je peux vous aider -
parce que je vous connais. C'est pourquoi je peux vous emmener dans
l'au-delà - parce que je vous connais. Si je ne vous connais pas, je ne
peux pas vous emmener dans l'au-delà.

Et vous demandez : "Pourriez-vous nous parler de ce qu'il y a de
commun entre la prière et la méditation, ainsi que de la différence
entre les deux ? J'allais justement en parler hier, mais il y avait
tellement de questions que je n'ai pas pu vous répondre.

Mark a écrit une autre question aujourd'hui :

Question 3.5

CHER SUMMERTIME OF CONSCIOUSNESS AND FREEDOM, L'AUTRE JOUR, JE T'AI POSÉ UNE QUESTION SUR CE QUI EST COMMUN ET DIFFÉRENT DANS LA PRIÈRE ET LA MÉDITATION. ENTRE-TEMPS, J'AI LU VOTRE LIVRE "JE SUIS LA PORTE" ET J'AI TROUVÉ LA RÉPONSE. JE VOUS REMERCIE DE VOTRE RÉPONSE.

CIEL NUAGEUX NÉERLANDAIS APPELÉ MARK NEVEJAN.

Vous ne vous appellerez plus Mark Nevejan pendant longtemps ! Je pense que ce sera aujourd'hui, car je n'attends pas demain. Je te trouverai un beau nom. Ce ne sera pas un ciel nuageux ; ce ne sera pas un ciel hollandais nuageux. Ce sera un ciel d'été indien sans nuages.

Il vous arrivera souvent de poser une question, et si vous la cherchez, vous la trouverez.

Il faut de la patience, car lorsque je réponds aux questions des autres, ce sont aussi les vôtres. Il faut simplement de la patience. Lorsque je réponds à une question, je réponds à de nombreuses autres - celles qui ont été posées et celles qui ne l'ont pas été, celles qui seront posées à l'avenir et celles qui ne seront jamais posées.

C'est bien, Mark, que tu aies attendu un jour et que tu ne te sois pas mis en colère. Certaines personnes se mettent très en colère.

Ils m'écrivent des lettres de colère : "J'ai posé des questions et vous ne me répondez pas. Ils ne m'écoutent pas, ils ne font que chercher leur question. C'est leur ego, la question n'est pas importante - "Il faut répondre à ma question". Et chaque fois que je vois que quelqu'un a posé une question dans laquelle "mon" est plus important, je ne réponds jamais.

Mukta est assise là. Elle continue à écrire des questions et des questions encore et encore :

"Maître, pourquoi ne réponds-tu jamais à mes questions ? Le jour où elle laissera tomber son "mon", elle commencera à trouver des réponses.

Je réponds, continuellement ! Mais si vous êtes trop attaché à votre question et que vous attendez simplement qu'on y réponde, vous manquerez toutes les réponses qui vous ont été données. Il arrive souvent que, lorsque je réponds à une question, l'auteur de la question ne puisse pas la recevoir lui-même, mais que d'autres la reçoivent plus facilement, parce qu'ils ne sont pas inquiets, que ce n'est pas leur question et qu'ils sont donc assis en silence. Ils ne sont pas excités, ils ne sont pas tendus, il n'y a rien de personnel. Ils peuvent se détendre et apprécier la réponse. Lorsqu'il s'agit de votre question, vous êtes tendu et vous avez peur. Et je ne rate jamais une occasion - si je peux vous frapper, je le fais !

La quatrième question :

Question 4 :

BELOVED MAÎTRE,

JE VOUS AI ENTENDU DIRE À PLUSIEURS REPRISES QUE NOUS DEVRIONS RESTER DANS LE MONDE, SUR LE MARCHÉ. POURTANT, LA PLUPART DES PERSONNES QUE JE RENCONTRE ICI ONT L'INTENTION DE VIVRE AVEC VOUS AU GUJARAT, ET NE RETOURNENT À L'OUEST QUE POUR RASSEMBLER SUFFISAMMENT D'ARGENT POUR LE FAIRE. UNE GRANDE COMMUNAUTÉ EST EN COURS DE PRÉPARATION. MERCI DE ME FAIRE PART DE VOS COMMENTAIRES.

VOUS SOULIGNEZ L'IMPORTANCE D'ÊTRE AVEC UN MAÎTRE VIVANT, MAIS QU'UNE FOIS LE LIEN ÉTABLI, VOUS ÊTES TOUJOURS AVEC NOUS. POURQUOI TOUT LE MONDE VEUT-IL VIVRE DANS VOTRE COMMUNAUTÉ AU LIEU DE RESTER DANS LE MONDE ? CE SERAIT CERTAINEMENT MERVEILLEUX, MAIS QU'EN EST-IL DU MARCHÉ ?

Ce sera le plus grand marché que vous ayez jamais vu. Ne vous inquiétez pas à ce sujet ! Ce sera le monde même - plus intense, bien sûr, que vous ne pouvez le trouver nulle part ; plus chaotique, bien sûr. Et personne ne le planifie, rappelez-vous, il surgit du néant.

DONC, Ô SARIPUTRA... !

La cinquième question :

Question 5 :

MAÎTRE, QUELLES SONT LES CHANCES DE VOTRE SOCIÉTÉ IDÉALE FACE AUX POLITICIENS, AUX PRÊTRES ET AUX INTÉRÊTS DU CAPITAL ?

Tout d'abord, je ne m'intéresse pas à une société idéale. D'ailleurs, je ne suis même pas intéressé par un individu idéal. Le mot idéal est un mot sale pour moi. Je n'ai pas d'idéal. Les idéaux vous ont rendus fous. Ce sont les idéaux qui ont fait de cette terre un grand asile de fous.

L'idéal signifie que vous n'êtes pas ce que vous devriez être. Il crée de la tension, de l'anxiété, de l'angoisse.

Il vous divise, il vous rend schizophrène. Et l'idéal est dans le futur et vous êtes ici.

Et comment vivre si l'on n'est pas l'idéal ? Il faut d'abord être l'idéal, puis commencer à vivre - et cela n'arrive jamais. C'est impossible dans la nature même des choses. Les idéaux sont impossibles ; c'est pour cela qu'ils sont des idéaux. Ils vous rendent fou et vous font perdre la raison. Et la condamnation surgit, parce que vous êtes toujours en deçà de l'idéal. La culpabilité est créée. En fait, c'est ce que les prêtres et les politiciens ont fait - ils veulent créer de la culpabilité en vous. Pour créer la culpabilité, ils utilisent des idéaux ; c'est le mécanisme le plus simple. Il faut d'abord donner un idéal, puis la culpabilité vient automatiquement.

Si je vous dis que deux yeux ne suffisent pas, il vous faut trois yeux ; ouvrez votre troisième œil ! Lisez Lobsang Rampa - ouvrez votre troisième œil ! Et maintenant, vous vous efforcez, de telle ou telle manière, vous vous tenez sur la tête, vous faites un mantra - et le troisième œil ne s'ouvre pas. Vous commencez à vous sentir coupable

- il manque quelque chose... vous n'êtes pas la bonne personne. Vous devenez déprimé.

Vous frottez fortement le troisième œil, mais il ne s'ouvre pas.

Méfiez-vous de toutes ces absurdités. Ces deux yeux sont magnifiques. Et si vous n'avez qu'un seul œil, c'est parfait. ... Parce que Jésus dit : "Quand deux yeux n'en font qu'un, tout le corps est rempli de lumière." Mais je ne dis pas qu'il faut essayer de faire un œil avec deux yeux. Il suffit de s'accepter tel que l'on est. Dieu t'a rendu parfait, il n'a rien laissé d'incomplet en toi.

Et si vous sentez que l'incomplétude est là, alors cela fait partie de la perfection. Vous êtes parfaitement imparfaits. Dieu sait mieux que vous que ce n'est que dans l'imperfection qu'il y a croissance, que ce n'est que dans l'imperfection qu'il y a flux, que ce n'est que dans l'imperfection qu'il y a quelque chose de possible. Si vous étiez parfait, vous seriez mort comme un rocher. Il ne se passerait rien, il ne pourrait rien se passer. Si vous me comprenez, j'aimerais vous dire que Dieu est aussi parfaitement imparfait : Dieu est lui aussi parfaitement imparfait, sinon il serait mort depuis longtemps. Il n'aurait pas attendu Friedrich Nietzsche pour déclarer que Dieu est mort.

Que ferait ce Dieu s'il était parfait ? Il ne pourrait alors rien faire, il n'aurait aucune liberté d'action. Il ne pourrait pas grandir, il n'y aurait nulle part où aller. Il serait simplement coincé là. Il ne pourrait même pas se suicider, car lorsqu'on est parfait, on ne fait pas ce genre de choses.

Accepte-toi tel que tu es.

Je ne m'intéresse pas à une société idéale, pas du tout. Je ne m'intéresse même pas aux individus idéaux. L'idéalisme ne m'intéresse pas du tout !

Pour moi, la société n'existe pas, il n'y a que des individus. La société n'est qu'une structure fonctionnelle, utilitaire. Vous ne pouvez pas rencontrer la société. Avez-vous déjà rencontré la société ?

Avez-vous déjà rencontré l'humanité ? Avez-vous déjà rencontré l'hindouisme, l'islam ?

Non, on tombe toujours sur l'individu, le concret, le solide.

Mais les gens ont réfléchi à la manière d'améliorer la société, de créer une société idéale. Et ces gens se sont révélés être des calamités. Ils ont fait beaucoup de mal. À cause de leur société idéale, ils ont détruit le respect que les gens avaient pour eux-mêmes, et ils ont créé un sentiment de culpabilité chez tout le monde. Tout le monde est coupable, personne ne semble être heureux comme il l'est. Et vous pouvez créer de la culpabilité pour n'importe quoi - et une fois que la culpabilité est créée, vous devenez puissant. La personne qui crée la culpabilité en vous devient puissante sur vous - souvenez-vous de cette stratégie - parce qu'elle seule peut vous délivrer de la culpabilité. Ensuite, vous devez aller le voir. Le prêtre crée d'abord la culpabilité, puis vous devez aller à l'église. Ensuite, vous devez aller confesser : "J'ai commis ce péché", et il vous pardonne au nom de Dieu. C'est d'abord au nom de Dieu qu'il a créé la culpabilité, puis il vous pardonne au nom de Dieu.

Écouter cette histoire.

Calvin est surpris par sa mère en train de commettre un grave péché et est immédiatement envoyé en confession.

"Père, dit Calvin, j'ai joué avec moi-même.

"Le prêtre s'est mis en colère et a crié : "Pourquoi as-tu fait ça ?

"Je n'avais rien de mieux à faire", a déclaré Calvin.

"Pour la pénitence, faites cinq Notre Père et cinq Je vous salue Marie.

Une semaine plus tard, la mère de Calvin l'a de nouveau surpris et l'a de nouveau envoyé se confesser.

"Père, j'ai joué avec moi-même."

"Pourquoi as-tu fait ça ?"

"Je n'avais rien de mieux à faire", a déclaré Calvin.

"Pour la pénitence, faites dix Notre Père et cinq Je vous salue Marie.

La semaine suivante, Calvin est à nouveau coupable. "Retourne à la maison", dit sa mère. "Et prends ce gâteau au chocolat pour le bon père."

Pendant qu'il faisait la queue, Calvin a fini le gâteau. Au confessionnal, il dit : "Père, maman vous a envoyé un gâteau au chocolat, mais je l'ai entièrement mangé pendant que j'attendais."

"Pourquoi as-tu fait cela ? demanda le prêtre.

"Je n'avais rien de mieux à faire".

"Pourquoi n'as-tu pas joué avec toi-même alors ?"

Le prêtre ne s'intéresse pas à ce que vous faites ; il a son intérêt personnel - son gâteau au chocolat. Et alors, vous pouvez aller en enfer ! Vous faites alors ce que vous voulez, mais où est le gâteau au chocolat ?

Ils créent la culpabilité, puis ils vous pardonnent au nom de Dieu. Ils font de vous des pécheurs et disent ensuite : "Venez au Christ, c'est lui le sauveur."

Personne ne peut vous sauver, car vous n'avez commis aucun péché. Vous n'avez pas besoin d'être sauvé.

Tel est le message de Bouddha : Vous êtes déjà là ! Vous êtes déjà sauvé ! Le sauveur n'a pas besoin de venir, vous n'êtes pas coupable. Il n'y a pas de souffrance, Sariputra, pas d'origine de la souffrance, pas d'arrêt de la souffrance, et il n'y a pas de chemin vers la souffrance. Ce n'est pas atteint, ce n'est pas non-atteint. C'est déjà le cas, c'est votre nature même.

Je ne suis pas intéressé par une société idéale. Je vous en prie, abandonnez ce rêve ; il a créé de grands cauchemars dans le monde. N'oubliez pas que rien ne peut plus se produire sur le plan politique. La politique est morte.

Quel que soit votre vote, de droite ou de gauche, faites-le sans illusions. Il faut renoncer à l'idée qu'un système peut être un sauveur.

Aucun système ne peut être un sauveur - le communisme, le fascisme, le gandhisme.

Aucune société ne peut vous sauver, et aucune société ne peut être une société idéale. Et il n'y a pas de sauveur - Christ, Krishna ou Rama. Vous devez simplement laisser tomber cette absurdité que vous portez sur la culpabilité et sur le fait que vous êtes un pécheur.

Mettez toute votre énergie à danser, à faire la fête. C'est alors que vous serez idéal, ici et maintenant - non pas que vous deviez devenir idéal.

L'idéologie, en tant que telle, a perdu sa vérité. En fait, elle n'a jamais existé. Le pouvoir de persuasion a également disparu. Peu d'esprits sérieux croient encore que l'on peut établir des plans et, par le biais de l'ingénierie sociale, créer une nouvelle utopie d'harmonie sociale. Nous vivons à l'ère de la liberté totale. Nous avons atteint l'âge adulte. L'humanité n'est plus enfantine, elle est plus mûre. Nous vivons une période très socratique, car les gens posent toutes les questions importantes de la vie. Ne commencez pas à aspirer à un idéal, à une idée, à une perfection future. Laissez tomber tous les idéaux et vivez ici et maintenant.

Ma commune ne sera pas une société idéale. Ma commune sera une commune héritière.

C'est suffisant pour aujourd'hui.

Le vide complet

C'EST POURQUOI, Ô SARIPUTRA, C'EST À CAUSE DE SA NON-ATTEINTE QU'UN BODHISATTVA, EN S'APPUYANT SUR LA PERFECTION DE LA SAGESSE, DEMEURE SANS COUVERTURE DE PENSÉE.

EN L'ABSENCE DE COUVERTURES DE PENSÉE, IL N'A PAS TREMBLÉ, IL A SURMONTÉ CE QUI POUVAIT LE PERTURBER ET, EN FIN DE COMPTE, IL ATTEINT LE NIRVANA.

TOUS CEUX QUI APPARAISSENT COMME DES BOUDDHAS DANS LES TROIS PÉRIODES DE TEMPS S'ÉVEILLENT PLEINEMENT À L'ILLUMINATION LA PLUS COMPLÈTE, LA PLUS JUSTE ET LA PLUS PARFAITE PARCE QU'ILS SE SONT APPUYÉS SUR LA PERFECTION DE LA SAGESSE.

Qu'est-ce que la méditation ? - Parce que tout ce Sutra du cœur traite du cœur de la méditation. Entrons dans le vif du sujet.

Tout d'abord, la méditation n'est pas la concentration. Dans la concentration, il y a un soi qui se concentre et un objet sur lequel on se concentre. Il y a dualité. Dans la méditation, il n'y a personne à l'intérieur et rien à l'extérieur. Ce n'est pas de la concentration. Il n'y a pas de division entre l'intérieur et l'extérieur. Le dedans s'écoule dans le dehors, le dehors s'écoule dans le dedans. La démarcation, la limite, la frontière n'existe plus. Le dedans est dehors, le dehors est dedans ; c'est une conscience non duelle.

La concentration est une double conscience : c'est pourquoi la concentration crée la fatigue ; c'est pourquoi, lorsque vous vous concentrez, vous vous sentez épuisé. Et vous ne pouvez pas vous concentrer pendant vingt-quatre heures, vous devez prendre des vacances pour vous reposer. La concentration ne peut jamais devenir votre nature.

La méditation ne fatigue pas, la méditation ne vous épuise pas. La méditation peut devenir une activité de vingt-quatre heures - jour après jour, année après année. Elle peut devenir l'éternité. Elle est la relaxation elle-même.

La concentration est un acte, un acte voulu. La méditation est un état d'absence de volonté, un état d'inaction. C'est la relaxation. On se laisse simplement tomber dans son propre être, et cet être est le même que l'être de tous. Dans la concentration, il y a un plan, une projection, une idée. Dans la concentration, l'esprit fonctionne à partir d'une conclusion : vous faites quelque chose. La concentration naît du passé.

Dans la méditation, il n'y a pas de conclusion derrière. Vous ne faites rien de particulier, vous êtes simplement en train d'être. Il n'y a pas de passé, il n'est pas contaminé par le passé. Il n'y a pas de futur, il est pur de tout futur. C'est ce que Lao Tseu a appelé wei-wu-wei, l'action par l'inaction. C'est ce que disent les maîtres zen : Assis en silence, sans rien faire, le printemps arrive et l'herbe pousse d'elle-même. Rappelez-vous, "d'elle-même" - rien n'est fait. Vous ne tirez pas l'herbe vers le haut ; le printemps arrive et l'herbe pousse d'elle-même. Cet état - lorsque vous laissez la vie suivre son propre chemin, lorsque vous ne voulez pas la diriger, lorsque vous ne voulez pas lui donner de contrôle, lorsque vous ne la manipulez pas, lorsque vous ne lui imposez aucune discipline - cet état de pure spontanéité indisciplinée, c'est ce qu'est la méditation.

La méditation est dans le présent, le pur présent. La méditation est immédiate. Vous ne pouvez pas méditer, mais vous pouvez être en méditation ; vous ne pouvez pas être en concentration, mais vous pouvez vous concentrer.

La concentration est humaine, la méditation est divine.

La concentration a un centre en vous ; c'est de ce centre qu'elle vient. La concentration a un moi en vous. En fait, l'homme qui se concentre beaucoup commence à développer un moi très fort. Il devient de plus en plus puissant, il devient de plus en plus une volonté intégrée. Il aura l'air plus rassemblé, plus uni.

L'homme qui médite ne devient pas puissant : il devient silencieux, il devient paisible. Le pouvoir naît du conflit ; tout pouvoir naît de la friction. L'électricité naît de la friction. Vous pouvez créer de l'électricité à partir de l'eau : lorsque la rivière tombe du flanc d'une montagne, il y a un frottement entre la rivière et les rochers, et ce frottement crée de l'énergie. C'est pourquoi les personnes qui recherchent le pouvoir se battent toujours. Le combat crée de l'énergie. C'est toujours par la friction que l'énergie est créée, que le pouvoir est créé. Le monde entre sans cesse en guerre parce qu'il est trop dominé par l'idée de pouvoir. On ne peut pas être puissant sans se battre.

La méditation apporte la paix. La paix a son propre pouvoir, mais c'est un phénomène tout à fait différent. Le pouvoir qui naît de la friction est violent, agressif, masculin. Le pouvoir - j'utilise ce mot parce qu'il n'y en a pas d'autre - le pouvoir qui naît de la paix est féminin. Il est empreint de grâce. C'est un pouvoir passif, c'est une réceptivité, une ouverture. Il n'est pas issu de la friction ; c'est pourquoi il n'est pas violent.

Bouddha est puissant, puissant dans sa paix, dans son silence. Il est puissant comme une fleur de rose, il n'est pas puissant comme une bombe atomique. Il est aussi puissant que le sourire d'un enfant...

très fragile, très vulnérable ; mais il n'est pas aussi puissant qu'une épée. Il est puissant comme une petite lampe de terre, la petite flamme qui brûle dans la nuit noire. Il s'agit d'une dimension de pouvoir totalement différente. Ce pouvoir est ce que nous appelons le pouvoir divin. Il est issu de la non-friction.

La concentration est une friction : vous vous battez avec votre propre esprit. Vous essayez de concentrer l'esprit d'une certaine manière, vers une certaine idée, vers un certain objet. Vous le forcez, vous le ramenez encore et encore. Il essaie de s'échapper, il s'enfuit, il s'égare, il commence à penser à mille et une choses, et vous le ramenez encore et vous le forcez. Vous entrez dans un combat contre vous-même. Il est certain qu'un pouvoir est créé ; ce pouvoir est aussi nuisible que n'importe quel autre pouvoir, ce pouvoir est aussi dangereux que n'importe quel autre pouvoir. Ce pouvoir sera à nouveau utilisé pour nuire à quelqu'un, parce que le pouvoir qui découle de la friction est la violence. Tout ce qui est issu de la violence sera violent, destructeur. Le pouvoir qui naît de la paix, de la non friction, de la non lutte, de la non manipulation, est le pouvoir d'une fleur de rose, le pouvoir d'une petite lampe, le pouvoir d'un enfant qui sourit, le pouvoir d'une femme qui pleure, le pouvoir qui se trouve dans les larmes et dans les gouttes de rosée.

Elle est immense mais pas lourde, elle est infinie mais pas violente.

La concentration fera de vous un homme de volonté. La méditation fera de vous un vide.

C'est ce que Bouddha dit à Sariputra. Prajnaparamita signifie exactement "méditation, sagesse de l'au-delà".

Vous ne pouvez pas l'apporter, mais vous pouvez vous y ouvrir. Vous n'avez pas besoin de faire quoi que ce soit pour l'amener dans le monde - vous ne pouvez pas l'amener ; il est au-delà de vous. Vous devez disparaître pour qu'il vienne. L'esprit doit cesser pour que la méditation soit possible. La concentration est un effort de l'esprit ; la méditation est un état de non-esprit. La méditation est une pure conscience, la méditation n'a pas de motif.

La méditation est l'arbre qui pousse sans graine : c'est le miracle de la méditation, la magie, le mystère. La concentration contient une graine : vous vous concentrez dans un certain but, il y a un motif, c'est motivé. La méditation n'a pas de motif. Alors pourquoi méditer s'il n'y a pas de motif ?

La méditation n'existe que lorsque vous avez examiné tous les motifs et que vous les avez trouvés inexistants, lorsque vous avez fait le tour complet des motifs et que vous en avez vu la fausseté. Vous avez vu que les motifs ne mènent nulle part, que vous tournez en rond, que vous restez le même. Les motifs ne cessent de vous mener, de vous conduire, de vous rendre presque fou, de créer de nouveaux désirs, mais rien n'est jamais accompli. Les mains restent toujours aussi vides.

Lorsque vous avez vu cela, lorsque vous avez examiné votre vie et que vous avez vu tous vos motifs échouer...

Aucun motif n'a jamais réussi, aucun motif n'a jamais apporté de bénédiction à qui que ce soit. Les motifs ne font que promettre ; les biens ne sont jamais livrés. Un motif échoue et un autre motif arrive et vous promet à nouveau... et vous êtes à nouveau trompé. Après avoir été trompé encore et encore par des motifs, un jour vous devenez soudainement conscient - soudainement vous voyez en lui, et cette vision même est le début de la méditation. Il n'y a pas de graine en elle, il n'y a pas de motif en elle. Si vous méditez pour quelque chose, vous vous concentrez, vous ne méditez pas. Vous êtes alors toujours dans le monde - votre esprit s'intéresse toujours à des choses bon marché, à des futilités. Vous êtes alors mondain. Même si vous méditez pour atteindre Dieu, vous êtes mondain. Même si vous méditez pour atteindre le nirvana, vous êtes mondain - parce que la méditation n'a pas de but.

La méditation permet de comprendre que tous les objectifs sont faux. La méditation permet de comprendre que les désirs ne mènent nulle part. En voyant cela... Et ce n'est pas une croyance que vous pouvez obtenir de moi, de Bouddha ou de Jésus. Ce n'est pas une connaissance ; vous devez le voir. Vous pouvez le voir dès maintenant ! Vous avez vécu, vous avez vu de nombreux motifs, vous avez été dans la tourmente, vous avez réfléchi à ce qu'il fallait faire, à ce qu'il ne fallait pas faire, et vous avez fait beaucoup de choses. Où tout cela vous a-t-il mené ? Il suffit d'y voir clair ! Je ne vous dis pas d'être d'accord avec moi, je ne vous dis pas de croire en moi. Je vous fais simplement prendre conscience d'un fait que vous avez négligé. Il ne s'agit pas d'une théorie, mais d'un simple énoncé d'un fait très simple. C'est peut-être parce qu'il est si simple que vous continuez à ne pas le regarder. L'esprit s'intéresse toujours à la complexité, parce qu'on peut faire quelque chose avec une chose complexe. On ne peut rien faire avec un phénomène simple.

Le simple est négligé, le simple est négligé, le simple est ignoré. La simplicité est tellement évidente qu'on ne s'y intéresse jamais. On cherche la complexité - la complexité est un défi. La complexité d'un phénomène, d'un problème, d'une situation, constitue un défi. Ce défi est source d'énergie, de friction, de conflit : vous devez résoudre ce problème, vous devez prouver que vous pouvez le résoudre. Lorsqu'il y a un problème, vous êtes enthousiasmé par la possibilité de prouver quelque chose. Mais ce que j'affirme est un simple fait, ce n'est pas un problème. Ce n'est pas un problème, ce n'est pas un défi, c'est simplement là. Vous pouvez le regarder ou l'éviter. Et ça ne crie pas, c'est tellement simple. Vous ne pouvez même pas l'appeler une petite voix tranquille à l'intérieur de vous ; elle ne chuchote même pas. Elle est simplement là - vous pouvez la regarder, vous pouvez ne pas la regarder.

Voyez-le ! Et quand je dis "le voir", je veux dire le voir tout de suite, immédiatement. Il n'est pas nécessaire d'attendre. Et soyez rapides quand je dis "voyez-le" ! Voyez-le, mais rapidement, parce que si vous commencez à penser, si vous ne le voyez pas rapidement, immédiatement, dans cette fraction de seconde, alors le mental entre en jeu et le mental commence à ruminer, et le mental commence à apporter des pensées, et le mental commence à apporter des préjugés.

Vous vous retrouvez dans un état philosophique, avec de nombreuses pensées. Vous devez alors choisir ce qui est bien et ce qui est mal, et la spéculation a commencé. Vous avez manqué le moment existentiel.

Le moment existentiel, c'est maintenant. Il suffit de regarder, et c'est une méditation - ce regard est une méditation. Le simple fait de voir la facticité d'une certaine chose, d'un certain état, est une méditation.

La méditation n'a pas de motif, elle n'a donc pas de centre. Et parce qu'il n'y a pas de motif ni de centre, il n'y a pas de soi dans la méditation. Dans la méditation, on ne fonctionne pas à partir d'un centre, on agit à partir du néant. La réponse à partir du néant est l'essence même de la méditation.

Le mental se concentre : il agit à partir du passé. La méditation agit dans le présent, à partir du présent.

C'est une pure réponse au présent, ce n'est pas une réaction. Elle n'agit pas à partir de conclusions, elle agit en voyant l'existentiel.

Observez dans votre vie : il y a une grande différence lorsque vous agissez sur la base de conclusions. Vous voyez un homme, vous vous sentez attiré - un bel homme, qui a l'air très bien, qui a l'air innocent. Ses yeux sont beaux, l'ambiance est belle. Mais l'homme se présente et dit : "Je suis juif" - et vous êtes chrétien. Il y a immédiatement un déclic et une distance : l'homme n'est plus innocent, l'homme n'est plus beau. Vous avez certaines idées sur les Juifs. Ou bien, il est chrétien et vous êtes juif ; vous avez certaines idées sur les chrétiens - ce que le christianisme a fait aux juifs dans le passé, ce que les autres chrétiens ont fait aux juifs, comment ils ont torturé les juifs à travers les âges... et soudain, c'est un chrétien - et quelque chose change immédiatement.

C'est agir sur la base de conclusions, de préjugés, ne pas regarder cet homme - parce que cet homme n'est peut-être pas l'homme que vous pensez qu'un juif doit être... parce que chaque juif est un type d'homme différent, chaque hindou est un type d'homme différent, de même que chaque mahométan. On ne peut pas agir sur la base de préjugés. On ne peut pas agir en catégorisant les gens. On ne peut pas cataloguer les gens ; personne ne peut être catalogué. Vous pouvez avoir été trompé par une centaine de communistes, et lorsque vous rencontrerez le cent unième communiste, ne continuez pas à croire à la catégorie que vous avez créée dans votre esprit : que les communistes sont trompeurs - ou quoi que ce soit d'autre. Il peut s'agir d'un type d'homme différent, car il n'y a pas deux personnes identiques.

Chaque fois que vous agissez à partir de conclusions, c'est l'esprit. Lorsque vous regardez le présent et que vous ne permettez à aucune idée d'obstruer la réalité, d'obstruer le fait, vous regardez simplement le fait et agissez en fonction de ce regard, c'est la méditation.

La méditation n'est pas quelque chose que l'on fait le matin et que l'on termine, la méditation est quelque chose que l'on doit vivre à chaque instant de sa vie. Marcher, dormir, s'asseoir, parler, écouter - cela doit devenir une sorte de climat. Une personne détendue y reste.

Une personne qui continue à laisser tomber le passé reste méditative. N'agissez jamais à partir de conclusions ; ces conclusions sont vos conditionnements, vos préjugés, vos désirs, vos peurs et tout le reste. Bref, vous êtes là !

Vous signifie votre passé. Vous représentez toutes vos expériences passées. Ne laissez pas les morts prendre le pas sur les vivants, ne laissez pas le passé influencer le présent, ne laissez pas la mort prendre le pas sur votre vie - voilà ce qu'est la méditation. En bref, dans la méditation, vous n'êtes pas là. Les morts ne contrôlent pas les vivants.

La méditation est une sorte d'expérience qui vous donne une qualité de vie totalement différente. Vous ne vivez plus comme un hindou, un mahométan, un Indien ou un Allemand ; vous vivez simplement en tant que conscience. Lorsque vous vivez dans l'instant présent et que rien n'interfère, l'attention est totale parce qu'il n'y a pas de distraction - les distractions viennent du passé et de l'avenir. Lorsque l'attention est totale, l'acte est total. Il ne laisse aucun résidu. Il continue à vous libérer, il ne crée jamais de cages pour vous, il ne vous emprisonne jamais. C'est le but ultime du Bouddha ; c'est ce qu'il appelle le nirvana.

Nirvana" signifie liberté - totale, absolue, sans entrave. Vous devenez un ciel ouvert.

Il n'y a pas de frontière, c'est infini. Il est simplement là... et puis il y a le néant tout autour de vous, à l'intérieur et à l'extérieur. Le néant est la fonction d'un état de conscience méditatif. Et dans ce néant se trouve la bénédiction. Ce néant lui-même est la bénédiction.

Maintenant, les sutras.

C'EST POURQUOI, Ô SARIPUTRA, C'EST À CAUSE DE SA NON-ATTEINTE QU'UN BODHISATTVA, EN S'APPUYANT SUR LA PERFECTION DE LA SAGESSE, DEMEURE SANS COUVERTURE DE PENSÉE.

EN L'ABSENCE DE COUVERTURES DE PENSÉE, IL N'A PAS TREMBLÉ, IL A SURMONTÉ CE QUI POUVAIT LE PERTURBER ET, EN FIN DE COMPTE, IL ATTEINT LE NIRVANA.

Rappelez-vous que ce "donc" est toujours une indication que Bouddha continue à regarder dans le néant de Sariputra - alors qu'il continue à sentir que ses énergies se détendent, que ses énergies ne sont plus en ébullition, qu'il ne rumine pas mais écoute, qu'il ne pense pas mais est juste là avec Bouddha, présent, ouvert, disponible. Ce "donc" indique l'épanouissement de l'être de Sariputra. Bouddha voit de plus en plus de pétales s'ouvrir, ce qui lui permet de faire un pas de plus, de prendre Sariputra un peu plus profondément. Sariputra est disponible.

Ce "donc" n'est pas logique, ce "donc" est existentiel. En regardant Bouddha, Sariputra se déploie. Et en regardant Sariputra, Bouddha est prêt à l'emmener un peu plus loin vers l'au-delà. Chaque déclaration va de plus en plus loin.

C'EST POURQUOI, Ô SARIPUTRA, C'EST À CAUSE DE SA NON-ATTEINTE QU'UN BODHISATTVA, EN S'APPUYANT SUR LA PERFECTION DE LA SAGESSE, DEMEURE SANS COUVERTURE DE PENSÉE.

Chaque mot doit être médité - non pas concentré, mais médité ; écouté, regardé, non pas contemplé, non pas pensé. Ces choses sont plus élevées que la pensée, plus grandes que la pensée. La pensée est stupide dans ces domaines.

Il dit d'abord :

... C'EST À CAUSE DE SON INACCESSIBILITÉ...

La méditation ne peut être atteinte, car elle ne peut avoir de motif. Lorsqu'on atteint quelque chose, c'est grâce à un motif. Lorsque vous atteignez quelque chose, vous devez toujours travailler pour l'avenir et planifier pour l'avenir. Vous ne pouvez rien obtenir maintenant - sauf la méditation. Permettez-moi de le répéter : Vous ne pouvez rien obtenir en ce moment, sauf la méditation. Pourquoi ?

Si vous voulez de l'argent, vous ne pouvez pas l'obtenir tout de suite, vous devrez travailler dur pour l'obtenir ; légalement, illégalement - mais vous devrez travailler pour l'obtenir.

Il y a des moyens lents, vous pouvez devenir un homme d'affaires ; et il y a des moyens plus rapides, vous pouvez devenir un homme politique - mais vous devrez faire quelque chose. Lentement ou rapidement, il faudra du temps. Le temps est indispensable. Sans temps, il est impossible d'obtenir de l'argent. S'il n'y a pas de temps, comment pouvez-vous l'obtenir en ce moment même ? Même si vous voulez voler votre voisin, si vous voulez faire les poches de la personne qui est assise à vos côtés, même cela prendra du temps. Le temps est indispensable. Si vous voulez devenir célèbre, il vous faudra du temps. Si vous voulez devenir politiquement puissant, il vous faudra du temps.

Seule la méditation peut être atteinte maintenant, à ce moment précis, instantanément. Pourquoi ? parce que c'est votre nature. Parce qu'elle est déjà là. Vous ne l'avez pas revendiquée, c'est vrai, mais elle reste là, non revendiquée. Vous pouvez la revendiquer dès maintenant. Il n'y a pas un seul instant à perdre.

... C'EST À CAUSE DE SA NON-ATTEINTE...

Et le nirvana n'est rien d'autre que le cercle complet de la méditation. Dieu n'est rien d'autre que le bourgeon de la méditation qui devient une fleur.

Ce ne sont pas des réalisations, ce sont vos réalités mêmes. Vous pouvez continuer à les ignorer pendant des siècles, à les négliger pendant des siècles, mais vous ne pouvez pas les perdre ; elles sont là, simplement assises en vous. N'importe quel jour, fermez les yeux et regardez, et vous vous mettrez à rire. Vous avez cherché cette bénédiction, et vous l'avez cherchée au mauvais endroit. Vous cherchiez cette sécurité qui vient du néant, mais vous la cherchiez dans l'argent, les soldes bancaires, ceci et cela. Et cela ne s'est jamais produit. Cela ne peut pas arriver. Rien d'extérieur à vous ne peut sécuriser votre vie. L'extérieur n'est pas sûr ; comment peut-il sécuriser votre vie ? Le gouvernement ne peut pas sécuriser votre vie parce que le gouvernement lui-même n'est pas sûr - la révolution est peut-être à venir. La banque ne peut pas sécuriser votre vie parce qu'elle peut faire faillite. Seules les banques peuvent faire faillite, quoi d'autre ? La femme que vous aimez ne peut pas sécuriser votre vie - elle peut tomber amoureuse de quelqu'un d'autre. L'homme que vous aimez ne peut pas sécuriser votre vie - il peut mourir.

Toutes ces choses restent là. Ainsi, plus vous avez de titres à l'extérieur, plus vous manquez de sécurité, car vous avez alors peur de la banque parce qu'elle peut faire faillite. Si vous n'avez pas de compte, vous ne vous en souciez pas ; qu'elle fasse faillite n'importe quand. Mais si vous avez un compte en banque, vous vous inquiétez. Vous avez alors atteint un niveau d'insécurité supplémentaire - la possibilité que la banque fasse faillite. Vous ne pouvez plus dormir parce que vous continuez à penser à ce qui va se passer.

Si vous avez placé votre confiance dans quelque chose d'extérieur, cela crée plus d'insécurité. C'est pourquoi plus une personne est riche, plus elle manque d'assurance. Et je ne suis pas en faveur de la pauvreté, rappelez-vous. Je ne dis pas : "Soyez pauvres : Soyez pauvres. La pauvreté n'a rien de saint. Et je ne dis pas que le pauvre est en sécurité ; il a ses insécurités. L'homme riche a ses insécurités ; bien sûr, les insécurités de l'homme riche sont plus complexes et les insécurités de l'homme pauvre sont simples - mais les insécurités sont là. Et je ne dis pas qu'être pauvre est quelque chose de très spécial, ou qu'être pauvre est quelque chose de très important et significatif, ou que vous pouvez vous vanter d'être pauvre.

Être pauvre n'a rien à voir avec la spiritualité. De même, être riche n'a rien à voir avec la spiritualité. Ce sont des faits qui n'ont rien à voir. Le pauvre regarde à l'extérieur autant que le riche. Peut-être que le pauvre n'a qu'une charrette à bœufs et que le riche a une Cadillac, mais cela n'a pas d'importance. La charrette à bœufs est tout aussi extérieure que la Cadillac ; les deux regardent à l'extérieur. Le riche peut avoir de nombreux comptes bancaires et le pauvre peut n'avoir qu'une petite bourse ou un peu d'argent de côté, mais cela n'a pas d'importance - les deux regardent à l'extérieur.

La sécurité se trouve sur le chemin intérieur, car c'est là que vous apprenez qu'il n'y a personne à mourir, qu'il n'y a personne à souffrir, qu'il n'y a rien qui puisse arriver, qu'il n'y a que le ciel.

Les nuages vont et viennent, et le ciel demeure. Les vies vont et viennent, les formes vont et viennent, mais le néant demeure.

Ce néant est déjà là. C'est pourquoi le Bouddha dit qu'il ne peut être atteint que lorsque vous comprenez qu'il est inaccessible. On ne peut l'atteindre que si l'on comprend le fait fondamental : qu'il est déjà là, que c'est déjà le cas.

Ce vide qui est là ne doit en aucun cas être évolué, développé. Elle est entièrement présente.

Elle peut donc être atteinte en un seul instant. Le Bouddha l'appelle "vide complet", car le vide ne peut être complet que s'il est présent. S'il n'est pas plein, cela signifie que quelque chose d'autre que le vide est également présent, et que cette autre chose entravera, obstruera, et que cette autre chose créera une dualité, et que cette autre chose créera une friction, et que cette autre chose créera une tension, et que cette autre chose créera de l'anxiété - vous ne pouvez pas être à l'aise avec "quelque chose d'autre".

Le vide n'existe que lorsqu'il est plein, lorsque toutes les obstructions ont été éliminées, lorsque vous n'avez rien à l'intérieur, lorsque personne n'est là pour l'observer. Le Bouddha dit : Ce vide n'est même pas une expérience, car si vous en faites l'expérience, cela signifie que vous étiez là pour en faire l'expérience. C'est vous, et vous ne pouvez donc pas en faire l'expérience. Vous ne pouvez faire l'expérience que de quelque chose qui n'est pas vous. L'expérience est synonyme de dualité - l'observateur et l'observé, le connaisseur et le connu, le sujet et l'objet, le voyant et le vu. Mais il n'y a que le vide, personne pour le voir, personne pour être vu, rien en tant qu'objet, rien en tant que sujet. Ce vide non duel est plein. Il est totalement plein. Sa plénitude ne peut être raffinée, on ne peut y ajouter quoi que ce soit. On ne peut rien en retirer parce qu'il n'y a rien, et on ne peut rien y ajouter ; elle est totalement pleine.

La "vacuité totale" n'est pas une expérience, car il n'y a pas d'expérimentateur en elle. C'est pourquoi le Bouddha dit : "La spiritualité n'est pas une expérience : La spiritualité n'est pas une expérience. On ne peut pas faire l'expérience de Dieu. Ceux qui disent "J'ai fait l'expérience de Dieu" ne comprennent pas ce qu'ils disent ou utilisent un langage très, très inadéquat. Vous ne pouvez pas faire l'expérience de Dieu. Dans cette expérience, vous ne vous trouvez pas. L'expérience est là, mais l'expérimentateur n'est pas là - vous ne pouvez donc pas la considérer comme une expérience.

Ainsi, lorsque quelqu'un demandait à Bouddha : "Avez-vous fait l'expérience de Dieu ?", il se taisait, il ne disait pas un seul mot. Il changeait immédiatement de sujet, il commençait à parler d'autre chose.

Chaque fois qu'on lui a posé la question, toute sa vie durant, il est resté silencieux. Beaucoup de gens pensaient qu'il n'avait pas fait l'expérience de Dieu, c'est pourquoi il se taisait. Mais il est la seule personne à n'avoir rien dit, ni de négatif, ni de positif. Et ce n'est pas parce qu'il n'a pas fait d'expérience. Il a fait l'expérience, mais on ne peut pas en parler comme d'une expérience ; c'est pour cela qu'il se tait. C'est pourquoi Jésus s'est tu lorsque Ponce Pilate lui a demandé : "Qu'est-ce que la vérité ?"

J. Krishnamurti continue à dire... et il fait une distinction très subtile entre l'expérience et l'expérimentation, et c'est une belle distinction - il dit : "C'est une expérimentation, pas une expérience". C'est un processus, pas une chose. C'est vivant, pas mort. C'est un processus, pas une chose. C'est vivant, pas mort. C'est continu, pas fini. Vous entrez en Dieu, et c'est un phénomène continu : il se poursuit pour l'éternité ; vous n'en sortez jamais. C'est une expérience, un processus vivant - comme une rivière, comme une fleur qui s'ouvre, s'ouvre et s'ouvre, et qui continue à s'ouvrir. Et il n'y a jamais de fin à ce processus.

Dire que l'on a fait l'expérience de Dieu est stupide, bon marché et idiot. Dire que l'on a atteint la moksha, le nirvana, la vérité, n'a pas beaucoup de sens, parce que ce sont des choses qui ne peuvent pas être classées comme des réalisations.

C'est pourquoi Bouddha dit :
DONC, Ô SARIPUTRA, C'EST À CAUSE DE SA NON-ATTEINTE...

Lorsque l'esprit s'est arrêté et ne cherche plus à atteindre quoi que ce soit, il atteint la bouddhéité. Lorsque l'esprit s'est complètement arrêté et qu'il ne va nulle part, il commence à aller vers l'intérieur, il commence à tomber dans son propre être, cet abîme abyssal. La vacuité totale est atteinte par la non-atteinte de l'objectif. Il ne faut donc pas devenir des parvenus, ne pas commencer à penser en termes d'accomplissement - qu'il faut atteindre ceci et cela, qu'il faut atteindre Dieu. Ce sont des jeux ; l'esprit vous trompe à nouveau. Le nom du jeu change, mais le jeu, le jeu subtil, reste le même.

... QU'UN BODHISATTVA ATTEINT ... PAR LA NON-ATTEINTE...

EN S'APPUYANT SUR LA PERFECTION DE LA SAGESSE...

Il s'agit d'une déclaration très, très importante. Le Bouddha dit : Il ne faut se fier à rien. Cela va à l'encontre de la religion bouddhiste ordinaire, car celle-ci comporte trois refuges fondamentaux : BUDDHAM SHARANAM GACHCHHAMI, SANGAM SHARANAM GACHCHHAMI, DHAMMAM SHARANAM GACHCHHAMI. Lorsque le disciple se rend auprès de Bouddha, il s'incline devant lui, se soumet à lui et dit : "Je prends refuge auprès de Bouddha" - BUDDHAM SHARANAM GACHCHHAMI.

"Je me réfugie dans la communauté du Bouddha" - SANGAM SHARANAM GACHCHHAMI : "Je me réfugie dans la loi enseignée par le Bouddha" - DHAMMAM SHARANAM GACHCHHAMI. Et le Bouddha dit ici qu'il ne faut s'appuyer sur rien - il n'y a pas de refuge, nulle part d'abri.

Ce soutra du cœur a été appelé l'âme du bouddhisme, et l'église du Bouddha a été appelée le corps. Ces trois refuges sont destinés à l'esprit très ordinaire qui est à la recherche d'un abri, d'un appui, d'un soutien. Ces déclarations s'adressent à l'âme la plus élevée - celle qui est parvenue au sixième, et qui est juste suspendue entre le sixième et le septième, juste un petit coup de pouce...

DONC, O SARIPUTRA...

Il a été dit que le premier sermon du Bouddha, appelé Sermon de la roue de la religion, Dhamma Chakrapravatan Sutra - c'était son premier sermon, près de Varanasi - a créé ce que l'on appelle la religion ordinaire, pour les masses ordinaires. Dans ce sermon, il déclare : "Venez prendre refuge en Bouddha ; venez prendre refuge dans la loi enseignée par le Bouddha ; venez prendre refuge dans la communauté, dans la commune du Bouddha".

Vingt ans plus tard, il déclare cette deuxième dispensation. Il a pris vingt ans pour amener quelques personnes à la possibilité la plus élevée. C'est ce qu'on appelle le deuxième sermon le plus important. Le premier a eu lieu à Saranath, près de Varanasi, lorsqu'il a dit aux gens : "Venez et prenez refuge en moi. J'ai atteint la perfection ! Venez vous réfugier en moi. J'ai atteint ! Venez et partagez avec moi. Je suis arrivé ! Venez et suivez-moi." C'était pour l'esprit ordinaire ; c'est naturel. Bouddha n'aurait pas pu déclarer le Sutra du cœur, les masses n'auraient pas pu comprendre.

Il a ensuite travaillé pendant vingt ans avec ses disciples. Aujourd'hui, Sariputra est tout proche.

C'est à cause de cette proximité, dit-il :

DONC, O SARIPUTRA...

Maintenant, je peux vous le dire. Je peux vous dire qu'ayant misé sur la perfection de la sagesse...

Il n'y a qu'une seule chose sur laquelle il faut compter, et c'est la conscience, l'attention. Une seule chose sur laquelle il faut compter, c'est sa propre source intérieure, l'être. Tout le reste doit être abandonné, tous les refuges.

Après n'avoir compté que sur la perfection de la méditation, il s'agit de ne plus compter sur rien, que ce soit dans le monde ou ailleurs, de tout laisser tomber, de donner à la vacuité qui en résulte un libre cours, libre de toute attitude de pour ou contre, de cesser de compter sur quoi que ce soit, de ne chercher nulle part un refuge ou un soutien - c'est cela, le véritable renoncement.

Notre moi séparé est une réalité fallacieuse qui ne peut se maintenir qu'en trouvant des appuis ou des soutiens sur lesquels s'appuyer. Chercher refuge auprès des trois trésors est l'acte central de la religion bouddhiste - refuge dans le Bouddha, refuge dans la sangha, refuge dans le dhamma. Ici, le Bouddha réfute cela. Ce n'est pas contradictoire. Il dit simplement ce que vous pouvez comprendre. Dans mes affirmations, vous trouverez mille et une contradictions, parce qu'elles ont été faites en référence à différentes personnes. Plus vous grandirez, plus je ferai des affirmations différentes - parce que mes affirmations sont une réponse à vous. Je ne parle pas avec les murs. Je vous parle et je ne peux vous donner que ce que vous pouvez recevoir. Plus votre conscience est élevée, plus elle est profonde, plus les choses que je dirai seront différentes.

Naturellement, ces différentes déclarations seront très contradictoires. Si l'on recherche une cohérence logique, on n'en trouvera aucune. Il est impossible de trouver une quelconque cohérence logique dans les déclarations de Bouddha. C'est pourquoi, le jour où Bouddha est mort, le bouddhisme a été divisé en trente-six écoles.

Le jour même de sa mort, les disciples ont été répartis en trente-six écoles - que s'est-il passé ?

Parce qu'il avait fait tant de déclarations à différentes personnes - à cause de leurs différentes consciences et compréhensions - ils ont tous commencé à se quereller et à se battre. Ils disaient : "C'est Bouddha qui m'a dit cela !". Pensez-y : les cinq premiers disciples, à qui il avait dit : "J'ai atteint - maintenant venez à moi et je vous y emmènerai"... si ces premiers disciples rencontraient Sariputra et que Sariputra disait : "On atteint par une sorte de non-atteinte ; celui qui déclare qu'il a atteint a tort, parce qu'on ne peut pas l'atteindre" - qu'auraient dit ces premiers disciples ? Ils auraient dit : "De quoi parlez-vous ? Nous sommes les plus anciens disciples, les plus âgés, et c'est la première déclaration que Bouddha nous a faite : "J'ai atteint". En fait, nous ne l'aurions jamais suivi s'il n'avait pas fait cette déclaration. C'est parce qu'il l'a déclaré que nous l'avons suivi. Notre motivation était claire : puisqu'il avait atteint la perfection, nous voulions également atteindre la perfection ; c'est pourquoi nous l'avons suivi. Il nous avait dit : "Je suis votre refuge. Venez vous réfugier en moi. Laissez-moi être votre refuge. De quelle absurdité parlez-vous ? Bouddha n'a pas pu dire cela. Vous avez dû mal comprendre. Quelque chose a mal tourné, ou vous l'avez inventé".

Cette déclaration, ce Sutra du cœur, a été faite en privé. Elle a été dite à Sariputra, elle a été spécifiquement adressée à Sariputra. C'est comme une lettre. Sariputra ne peut produire aucune preuve, car à l'époque, les magnétophones n'existaient pas. Il peut simplement dire, prêter serment : "Je ne dis rien de faux. Le Bouddha m'a dit : "Ne vous fiez qu'à votre méditation et à rien d'autre" L'esprit qui se fie à quelque chose d'autre est le faux moi, l'ego. L'ego ne peut exister sans support, il veut des supports. Quelque chose doit le soutenir. Une fois que tous les supports ont été enlevés, l'ego tombe au sol et disparaît. Mais ce n'est que lorsque l'ego tombe à terre que surgit en vous cette conscience qui est éternelle, qui est intemporelle, qui ne connaît pas la mort.

Ici, Bouddha dit : "Il n'y a pas de refuge, Sariputra. Il n'y a pas de remède, Sariputra. Il n'y a rien et nulle part où aller. Vous êtes déjà là."

Si vous entrez dans cette plénitude sans y être préparé, vous en tremblerez beaucoup. Si quelqu'un vous y jette... Par exemple, il arrive que des gens viennent me voir avec un amour et un respect profonds ; ils me disent : "Maître, pourquoi ne me pousses-tu pas un peu plus fort ?" Si vous n'êtes pas prêt et qu'on vous y pousse, cela ne vous aidera pas. Cela risque d'entraver vos progrès pendant de nombreuses vies à venir. Une fois que vous serez entré dans le néant sans y être préparé, vous serez si choqué, si effrayé, si effrayé à mort, que plus jamais, pendant au moins quelques vies, vous ne rencontrerez une personne qui parle du néant, qui parle de Dieu. Vous éviterez. Cette peur deviendra une graine en vous.

Non, on ne peut pas être poussé sans préparation. Vous ne pouvez être poussé que lentement, lentement, dans la même proportion que vous êtes préparé.

Avez-vous entendu la célèbre déclaration de S??ren Kierkegaard, le philosophe danois, fondateur de l'existentialisme moderne ? Il dit : "L'homme est un tremblement, un tremblement constant". Pourquoi ? parce que la mort est là. Pourquoi ? parce que la peur est là : "Un jour, je ne serai peut-être plus."

Il a raison en ce qui concerne l'esprit ordinaire - tout le monde tremble. Le problème est toujours : "Être ou ne pas être". Il est toujours en suspens - la mort. Vous ne pouvez pas concevoir de disparaître dans le néant - cela fait mal, cela fait peur. Et si vous regardez au fond de vous, vous vous apercevrez que vous tremblez à l'idée de n'être rien. Vous voulez être, vous voulez rester, vous voulez persister. Vous voulez persister pour toujours. C'est pourquoi les gens qui ne savent rien de leur être intérieur continuent à croire que l'âme est immortelle - non pas parce qu'ils le savent, mais parce qu'ils ont peur. À cause de ce tremblement, ils doivent croire que l'âme est immortelle. C'est une sorte d'accomplissement de souhaits.

Ainsi, n'importe quel idiot qui parle de l'immortalité de l'âme vous attirera. Vous serez accroché. Non pas que vous ayez compris ce qu'il dit - il ne l'a peut-être pas compris lui-même - mais ce sera très attirant. En Inde, les gens croient en l'immortalité de l'âme, et vous ne trouverez nulle part ailleurs des gens plus lâches. Pendant mille ans, ils sont restés esclaves, esclaves de très petits pays. Tous ceux qui sont venus en Inde ont conquis l'Inde sans la moindre difficulté. C'était si simple. Et ce sont ces gens qui croient en l'immortalité de l'âme. En fait, un pays qui croit en l'immortalité de l'âme ne peut être conquis, car personne n'aura peur de mourir. Comment pouvez-vous conquérir une personne qui n'a pas peur de mourir ? Ils seraient tous morts, mais ils n'auraient cédé à aucune forme de soumission, ils n'auraient pu céder à aucun conquérant. Mais pendant mille ans, l'Inde est restée esclave. Très facilement, elle est restée esclave.

L'Angleterre est un très petit pays - il y a quelques districts en Inde qui sont plus grands.

L'Angleterre a pu régner sur ce grand pays sans difficulté ; ce n'était pas difficile. Pourquoi ? Et ces gens croyaient que l'âme était immortelle ! Mais cette croyance n'est pas le fruit de leur expérience, elle est le fruit de la peur. Tout s'explique alors. Ce sont des gens lâches, qui ont peur, peur de mourir - c'est pourquoi ils s'accrochent à l'idée que l'âme est immortelle. Non pas qu'ils le sachent, non pas qu'ils en aient fait l'expérience ; ils n'ont jamais rien vécu de tel, ils ont seulement fait l'expérience de la mort qui les entoure. La mort les effraie énormément. D'une part, ils continuent à croire en l'immortalité de l'âme ; d'autre part, n'importe qui peut les torturer et ils sont prêts à se soumettre et à toucher leurs pieds.

C'est par peur que l'homme croit à l'immortalité. C'est par peur que l'homme croit en Dieu.

C'est un tremblement. S??ren Kierkegaard a raison au sujet de l'esprit ordinaire.

Un autre philosophe existentialiste, Jean-Paul Sartre, dit : "L'homme est condamné à être libre".

Pourquoi "condamné" ? Pourquoi ce vilain mot de "condamné" ? La liberté est-elle une sorte de condamnation ? Oui, pour l'esprit ordinaire, c'est le cas, car la liberté est synonyme de danger. La liberté signifie que vous ne pouvez compter sur rien, que vous ne devez compter que sur vous-même. La liberté signifie que tous les appuis ont été enlevés, que tous les soutiens disparaissent. La liberté est essentiellement synonyme de néant.

On n'est libre que lorsqu'on n'est rien.

Ecoutez ce que dit Sartre : "L'homme, en tant que liberté, devient angoisse." L'angoisse ? De la liberté ? Oui, si l'on n'est pas prêt, si l'on n'est pas prêt à y entrer, c'est l'angoisse.

Personne ne veut être libre, quoi qu'on en dise. Personne ne veut être libre.

Les gens veulent être des esclaves, parce que dans l'esclavage, la responsabilité peut être rejetée sur quelqu'un d'autre. Vous n'êtes jamais responsable, vous n'êtes qu'un esclave : que pouvez-vous faire ? Vous n'avez fait que ce qui vous a été ordonné.

Mais quand on est libre, on a peur. La responsabilité apparaît. Chaque acte, et vous vous sentez responsable : si vous faites ceci, cela peut arriver ; ou si vous faites l'autre chose, quelque chose d'autre peut arriver. C'est alors que le choix s'offre à vous, et le choix crée le tremblement. Et Jean-Paul Sartre a raison à propos de l'esprit ordinaire : la liberté crée l'angoisse.

Il dit : "L'homme est condamné à être libre", parce que la liberté crée l'effroi. C'est une liberté redoutable. Rien ne peut me garantir contre moi-même quand je suis libre. Il n'y a aucune valeur qui m'est donnée et dans laquelle je puisse m'abriter. C'est à moi de créer ces valeurs. Je décide du sens de moi-même et de mon univers, seul, injustifiable et sans excuse. Je suis un dévoilement de la liberté, tu en es un autre. Ma liberté est un dévoilement constant de mon être, la tienne aussi. Notre singularité consiste en ce que chacun de nous le fait à sa manière.

Mais Sartre pense que la liberté crée de l'angoisse, et que la liberté est une sorte de condamnation, de malédiction.

Et Kierkegaard dit : "L'homme est un tremblement constant." Et Bouddha veut que vous entriez dans cette liberté, dans ce néant. Naturellement, il faut s'y préparer.

Sariputra est prêt maintenant.

C'EST POURQUOI, Ô SARIPUTRA, C'EST À CAUSE DE SA NON-ATTEINTE QU'UN BODHISATTVA, EN

S'APPUYANT SUR LA PERFECTION DE LA SAGESSE, DEMEURE SANS COUVERTURE DE PENSÉE.

EN L'ABSENCE DE COUVERTURES DE PENSÉE, IL N'A PAS TREMBLÉ, IL A SURMONTÉ CE QUI POUVAIT LE PERTURBER ET, EN FIN DE COMPTE, IL ATTEINT LE NIRVANA.

Il a surmonté ce qui peut déranger... et il ne tremble pas dans ce néant.

Cela semble presque impossible à l'esprit ordinaire : comment rester sans trembler quand on disparaît ? Quand on se fond dans l'inconnu, comment rester sans crainte ? Comment faire pour ne pas s'échapper ? Comment faire pour ne pas commencer à trouver des appuis et des soutiens afin de créer à nouveau ce sentiment d'être l'ego, le moi ?

C'est pourquoi Bouddha a dû attendre vingt ans. De plus, il a énoncé cette vérité à Sariputra dans le cadre d'un dialogue personnel, et non d'un sermon public. Et si les gens n'ont pas cru Sariputra, ils ont également raison - parce que Bouddha leur a dit quelque chose d'autre.

N'oubliez pas ceci à mon sujet ! Rappelez-vous ceci : mes déclarations sont contradictoires parce qu'elles s'adressent à des personnes différentes, elles s'adressent à des consciences différentes. Et plus vous grandirez, plus je deviendrai contradictoire ; plus je devrai réfuter ce que j'ai dit auparavant - parce que cela ne sera plus pertinent pour vous. Avec votre conscience grandissante, je devrai répondre d'une manière différente. Chaque tournant dans votre conscience sera un tournant dans mes déclarations. Et quand je serai parti, ne créez pas trente-six écoles - parce que trente-six ne suffiront pas !

Le néant apporte la liberté. La libération du moi est la liberté ultime. Il n'y a pas de liberté plus élevée que celle-là. Le néant est liberté. Et ce n'est pas de l'angoisse, comme le dit Jean-Paul Sartre, ni du tremblement, comme le dit Kierkegaard. C'est la bénédiction, c'est la félicité ultime. Ce n'est pas trembler parce qu'il n'y a personne pour trembler.

La méditation vous prépare à cela, car lorsque vous entrez en méditation, vous vous retrouvez de moins en moins vous-même chaque jour. Et plus vous vous retrouvez, plus vos bénédictions, vos bienfaits et votre béatitude augmentent dans les mêmes proportions. Lentement, lentement, vous apprenez les mathématiques du monde intérieur : plus vous êtes, plus vous êtes en enfer ; moins vous êtes, plus vous êtes au paradis.

Le jour où vous ne l'êtes plus, c'est le nirvana ; la maison ultime est arrivée. Vous avez bouclé la boucle, vous êtes redevenu un enfant. Il n'y a plus de soi.

Rappelez-vous que la liberté ne signifie pas la liberté du moi. La liberté signifie : liberté par rapport au moi. Pour Sartre, elle signifie "liberté du moi". C'est pourquoi cela ressemble à une condamnation ; le moi demeure. Il devient libre, mais il reste - et c'est pour cela qu'il y a de la peur.

Si la liberté est telle que le moi a disparu en elle, qu'il n'y a que la liberté et personne de libre, alors qui peut trembler, qui peut ressentir l'angoisse, qui peut se sentir condamné ? Et alors, il n'est pas question de choix ; cette liberté agit d'elle-même. On agit par absence de choix, et il n'y a plus de responsabilité - parce qu'il n'y a personne qui puisse se sentir responsable. Le néant agit. Wei-wu-wei - le non-agir agit. C'est une réponse entre le néant intérieur et le néant extérieur, et rien n'y fait obstacle.

C'EST EN RAISON DE SA NON-ATTEINTE QU'UN BODHISATTVA, EN S'APPUYANT SUR LA PERFECTION DE LA SAGESSE...

seul... HABITE SANS COUVERTURE DE PENSÉE.

Maintenant, il n'y a plus de couverture de pensée. Et la couverture des pensées est la barrière qui vous sépare du néant extérieur. C'est ce que je disais hier soir à Neelamber, l'ex-Mark dont j'ai parlé hier.

Hier soir, il est entré en sannyas ; il est devenu Neelamber. Neelamber signifie ciel bleu. Qu'est-ce qui sépare le ciel extérieur du ciel intérieur ? Les couvertures de vos pensées. Ce sont les vêtements qui ne permettent pas à votre nudité d'être en contact avec le ciel, à votre être nu d'être relié au ciel. La pensée que vous êtes hindou, la pensée que vous êtes chrétien, la pensée que vous êtes communiste ou fasciste, divise. La pensée que vous êtes beau ou laid divise. La pensée que vous êtes intelligent ou inintelligent divise. N'importe quelle pensée - et c'est la division. Et vous avez des millions de pensées. Vous devrez vous éplucher comme on épluche un oignon, couche après couche. Vous épluchez une couche, une autre couche est là ; épluchez-la, une autre couche est là. Et naturellement, lorsque vous épluchez un oignon, les larmes vous montent aux yeux ; c'est douloureux. Lorsque vous commencez à découvrir votre être, c'est encore plus douloureux. Ce n'est pas comme enlever ses vêtements, c'est comme enlever sa peau.

Mais si vous continuez à éplucher, vous arriverez un jour à ce que tout l'oignon ait disparu et qu'il ne vous reste plus que le néant dans les mains. Ce néant est la félicité.

Le Bouddha dit : Un bodhisattva demeure sans couverture de pensée. Il est ici, mais il n'est personne ; il est ici, mais il n'a pas d'idées ; il est ici, mais il n'a pas de pensées. Non pas qu'il ne puisse pas utiliser des pensées... J'utilise continuellement des pensées. Je vous parle en ce moment même, je dois utiliser l'esprit et les pensées - mais ils ne me couvrent pas. Elles sont à côté. Chaque fois que j'en ai besoin, je les utilise. Lorsque je ne les utilise pas, elles ne sont pas là - mon ciel intérieur et le ciel extérieur ne font qu'un. Et même lorsque je les utilise, je sais qu'ils ne peuvent pas me diviser. Ils sont instrumentaux, vous pouvez les utiliser, mais vous n'êtes en aucun cas couvert par eux.

... HABITE SANS COUVERTURE DE PENSÉE ...

Le Bouddha dit qu'il y a trois sortes de couvertures de pensée. La première est le karma averna - les actes incomplets. Les actes incomplets recouvrent votre être. Chaque acte veut être achevé. Il existe un besoin intrinsèque en toute chose de se compléter. Chaque fois que vous laissez un acte rester incomplet autour de vous, il vous recouvre : karma averna, karma qui vous recouvre.

Le second est klesas averna. L'avidité, la haine, la jalousie et les choses de ce genre sont appelées klesas, impuretés ; elles vous recouvrent.

L'avez-vous regardé ? Une personne en colère reste presque toujours en colère - parfois moins, parfois plus, mais en colère quand même. Elle est prête à sauter sur n'importe quoi. Elle est prête, sous n'importe quel prétexte, à se mettre en colère. Il est en ébullition intérieure. Il en va de même pour le jaloux : le jaloux cherche toujours quelque chose pour lequel il peut être jaloux. La femme jalouse cherche dans les poches de son mari pour voir si elle peut trouver quelque chose, dans ses lettres, dans ses dossiers pour voir si elle peut trouver quelque chose.

Chaque fois que Mulla Nasruddin rentre à la maison, il y a une bagarre, pour l'une ou l'autre chose.

Sa femme est une si grande chercheuse qu'elle trouve toujours quelque chose. Un numéro de téléphone dans son agenda et elle commence à avoir des soupçons. Un cheveu sur son manteau, et elle se lance dans une grande enquête : d'où vient ce cheveu ?

Un jour, elle ne trouva rien, pas même un cheveu. Mulla avait tout fait ce jour-là, mais elle continuait à pleurer et à pleurer.

Et Mulla dit : "Qu'est-ce qu'il y a ? Vous n'avez pas trouvé un seul cheveu sur mon manteau... ?"

Elle m'a répondu : "C'est pour ça que je pleure. Alors maintenant, tu as commencé à sortir avec des femmes chauves !"

Il est vraiment très difficile de trouver une femme chauve, mais c'est l'esprit d'une personne jalouse.

Il s'agit de couvertures. Le Bouddha les appelle klesas, impuretés ; l'égoïste est toujours à la recherche de quelque chose dont il peut se vanter ou dont il peut se sentir blessé. La personne possessive est toujours à la recherche de quelque chose qui lui permette de montrer sa possessivité, ou de quelque chose de négatif qui lui permette de se battre pour l'obtenir.

Les gens continuent... et je ne parle pas des autres, je parle de vous. Observez simplement votre esprit - ce que vous cherchez. Observez votre esprit pendant vingt-quatre heures et vous rencontrerez toutes ces couvertures, avernas.

Il s'agit soit d'actes incomplets, soit d'impuretés, soit, dans le troisième cas, de ghaya avernas - croyances, opinions, idéologies, couvertures de connaissances. Elles ne vous permettent pas de savoir, elles ne vous donnent pas assez d'espace pour voir. Ces trois couvertures doivent être abandonnées.

Lorsque ces trois couvertures disparaissent, on demeure dans le néant. Il faut également comprendre le mot "demeure".

Le Bouddha dit : Il habite le néant. C'est sa maison, le néant est sa maison. Il l'habite, c'est une demeure. Il l'aime, il est totalement en phase avec lui. Il ne se sent pas étranger, il n'a pas l'impression d'être un étranger. Il n'a pas non plus l'impression de séjourner dans un hôtel et de devoir le quitter demain. C'est sa demeure. Lorsque les couvertures de pensées ont été abandonnées, le néant est votre maison. Vous êtes en parfaite harmonie avec lui.

Kierkegaard et Sartre n'y sont jamais allés. Ils n'ont fait que spéculer à ce sujet. Ils ne font qu'y penser, à la façon dont cela se passera. C'est pourquoi Kierkegaard tremble. Il pense simplement, comme vous pensez...

Pensez à ce qui se passera quand vous mourrez, quand on vous mettra sur un bûcher funéraire et que vous serez finis pour toujours. Vous ne pourrez plus voir ces beaux arbres, ces belles personnes, vous ne rirez plus, vous n'aimerez plus, vous ne verrez plus les étoiles. Et le monde continuera, et vous ne serez plus là du tout. Ne sentez-vous pas un frisson ?

Ne sentez-vous pas un tremblement ? Tout continuera - les oiseaux chanteront, le soleil se lèvera, les océans rugiront, un aigle continuera à voler de plus en plus haut, les fleurs seront là, avec leur parfum, et le parfum de la terre humide - tout cela sera là.

Et soudain, un jour, vous ne le serez plus, et votre corps sera mort. Ce beau corps avec lequel vous avez vécu et dont vous avez tellement pris soin - il était malade et vous étiez perturbé - et un jour, il sera tellement inutile que les personnes qui l'avaient aimé, les mêmes personnes, l'emmèneront sur un bûcher funéraire et y mettront le feu. Il suffit de le visualiser. Spéculez et vous tremblez.

Kierkegaard a dû spéculer à ce sujet. Il devait être très porté sur la peur.

On raconte qu'il était le fils d'un homme riche. Le père est mort ; il avait laissé suffisamment d'argent à Kierkegaard, qui n'a donc jamais travaillé, mais a toujours contemplé. Il pouvait facilement se le permettre - il n'y avait rien à faire. Il avait suffisamment d'argent à la banque. Le premier jour de chaque mois, il se rendait à la banque - c'était là tout son travail - pour prendre de l'argent. Ensuite, il vivait et méditait. Dans son sens, le mot méditation signifie contemplation, rumination, réflexion. C'est ce que signifie le mot anglais meditation. Ce n'est pas une bonne traduction de dhyana.

Lorsque les gens viennent me voir et que je leur dis de méditer, ils me répondent : "Sur quoi ?". Le mot anglais signifie méditer sur quelque chose, un objet. Le mot indien dhyana signifie être dans la méditation, pas méditer sur quelque chose. C'est un état, pas une activité.

Ainsi, il contemplait et pensait, ruminait et philosophait. On raconte qu'il tomba amoureux d'une belle femme, mais qu'il n'arrivait pas à décider de l'épouser ou non. Le phénomène même de l'amour le faisait trembler. Pendant trois ans, il a ruminé la question et a finalement décidé de ne pas se marier. Et il était amoureux. Toute sa vie, il n'a pas pu oublier cette femme, toute sa vie, il s'est senti malheureux pour elle. La femme était amoureuse, il était amoureux, et pourtant il a décidé de ne pas se marier. Pourquoi ? parce que l'idée même de l'amour le faisait trembler. L'amour est une sorte de mort. Si vous aimez vraiment une personne, vous mourez en elle, vous disparaissez en elle.

Lorsque vous faites l'amour... Je dois utiliser ce mot "faire" - il n'est pas juste, mais aucune langue n'est vraiment juste. N'oubliez donc pas que je dois utiliser des mots avec toutes leurs limites. On ne peut pas faire l'amour.

Faire l'amour" est une expression erronée : cela arrive. Mais lorsque cela se produit, lorsque vous êtes dans un espace d'amour avec quelqu'un, la peur apparaît parce que vous disparaissez. C'est pourquoi de très nombreuses personnes, des millions de personnes, n'atteignent jamais l'orgasme - parce que l'orgasme est une mort.

Et Kierkegaard était tellement amoureux qu'il a eu peur de se perdre dans cette femme. Cette peur était trop forte. Il abandonna l'idée. Il refusa, il ne voulut pas se marier.

Il a souffert toute sa vie - il l'a accepté - mais à cause de la peur... C'était une personne orientée vers la peur.

Il vivait parfaitement bien, ne faisant rien, se contentant de philosopher. Et il y a une anecdote très étrange sur le jour de sa mort. Il est mort alors qu'il revenait de la banque. C'était le premier jour d'un mois ; il revenait de la banque, prenant son argent - mais c'était le dernier. Il est mort sur la route. On pense qu'il est mort de peur, parce qu'il n'y avait plus d'argent à la banque. Il était en parfaite santé, il n'était pas malade, il n'y avait aucune raison pour qu'il meure si soudainement. Mais en revenant de la banque - et le directeur de la banque avait dit : "C'est le dernier ; votre argent est fini" - il n'a pas pu atteindre sa maison. Il est mort sur la route.

Il n'a pas pu faire l'expérience du néant dont parle Bouddha. Il n'a pu qu'y penser, d'où sa peur. Jean-Paul Sartre n'a pas non plus été dans cet espace appelé méditation. Ce n'est pas un méditant ; c'est encore un penseur, et tout à fait occidental. Il n'a pas connu la manière orientale d'y entrer. C'est pourquoi la liberté ressemble à une condamnation, et la liberté à une angoisse.

La vérité est tout le contraire. Si vous entrez dans la liberté, dans le néant, c'est la félicité. Si vous entrez dans cette mort totale appelée amour, il y a le satori, le samadhi. Le Bouddha dit : "Il habite ce néant, c'est sa maison. Ce n'est pas de l'angoisse, ce n'est pas un tremblement, ce n'est pas une condamnation. Il habite là. C'est sa maison.

... IL N'A PAS TREMBLÉ, IL A SURMONTÉ CE QUI POUVAIT LE PERTURBER, ET FINALEMENT IL ATTEINT LE NIRVANA.

Le Bouddha ne dit rien d'autre. Il dit : "Si vous entrez dans cet état de néant, le nirvana est un aboutissement naturel : Si vous entrez dans cet état de néant, le nirvana est un résultat naturel. Il finit par arriver de lui-même. Vous ne devez pas vous en préoccuper ; vous ne pouvez rien y faire en premier lieu. Vous entrez simplement dans ce néant, et le néant commence à grandir, à grandir, à devenir de plus en plus grand, et un jour, il devient votre existence entière. C'est alors le nirvana - vous avez cessé d'être. Vous avez disparu dans l'univers.

Quelqu'un a demandé à Bouddha : "Quand tu seras parti et que tu ne reviendras plus jamais dans ton corps, que t'arrivera-t-il ?"

Et il a dit : "Je vais disparaître dans l'existence. Si vous goûtez à l'existence, vous me goûterez."

Et oui, c'est vrai : si vous goûtez à l'existence, vous goûterez à tous les bouddhas - Krishna, Christ, Bouddha, Mahavira, Zarathoustra, Lao Tseu, Kabir, Nanak - vous goûterez à tous les bouddhas. Le jour où vous entrerez dans ce néant, vous serez accueilli par tous les bouddhas.

L'existence entière palpite de la bouddhéité parce que tant de bouddhas y ont disparu. Ils ont élevé le niveau même de l'existence.

Vous avez de la chance, car avant vous, de nombreux bouddhas sont entrés dans l'existence.

Lorsque vous vous y rendrez, vous ne serez pas mal accueillis.

TOUS CEUX QUI APPARAISSENT COMME DES BOUDDHAS DANS LES TROIS PÉRIODES DE TEMPS S'ÉVEILLENT PLEINEMENT À L'ILLUMINATION LA PLUS COMPLÈTE, LA PLUS JUSTE ET LA PLUS PARFAITE PARCE QU'ILS SE SONT APPUYÉS SUR LA PERFECTION DE LA SAGESSE.

Le seul refuge est la perfection de la sagesse, la perfection de la méditation. Il en a été ainsi dans le passé, il en est ainsi dans le présent, il en sera ainsi dans le futur. Quiconque devient un bouddha le devient par la méditation. Réfugiez-vous dans la méditation. Réfugiez-vous dans le néant.

C'est suffisant pour aujourd'hui.

Le chemin de l'intelligence

La première question :

Question 1 :

BIEN-AIMÉ MAÎTRE, L'INTELLECT PEUT-IL ÊTRE UNE PORTE VERS L'ILLUMINATION, OU L'ILLUMINATION N'EST-ELLE ATTEINTE QUE PAR L'ABANDON ?

L'illumination passe toujours par l'abandon, mais l'abandon est obtenu par l'intelligence.

Seuls les idiots ne peuvent pas se rendre. Pour se rendre, il faut une grande intelligence. Voir le point de capitulation est le point culminant de la perspicacité ; voir que vous n'êtes pas séparé de l'existence est le plus haut niveau que l'intelligence puisse vous donner.

Il n'y a pas de conflit entre l'intelligence et l'abandon. L'abandon passe par l'intelligence, mais lorsque vous abandonnez, l'intelligence est également abandonnée. En se rendant, l'intellect se suicide. Voyant sa futilité, son absurdité, l'angoisse qu'il crée, il disparaît. Mais cela se produit par le biais de l'intelligence. Et surtout en ce qui concerne le Bouddha, le chemin est celui de l'intelligence. Le mot même de bouddha signifie intelligence éveillée.

Dans le Sutra du cœur, un quart des mots utilisés signifient l'intelligence. Le mot buddha signifie éveillé, bodhi signifie éveil, sambodhi signifie éveil parfait, abhisambuddha signifie pleinement éveillé, bodhisattva signifie prêt à devenir pleinement éveillé. Tous ces termes reviennent à la même racine, budh, qui signifie intelligence. Le mot buddhi, l'intellect, vient également de la même racine. La racine budh comporte de nombreuses dimensions. Il n'y a pas un seul mot anglais qui puisse la traduire ; elle a de nombreuses implications. Il est très fluide et poétique. Dans aucune autre langue, il n'existe de mot tel que budh, avec autant de significations. Le mot budh a au moins cinq significations.

Le premier est de s'éveiller, de se réveiller soi-même, et d'éveiller les autres, d'être éveillé. En tant que tel, il s'oppose à l'endormissement, au sommeil de l'illusion dont l'éveillé se réveille comme d'un rêve. C'est le premier sens de l'intelligence, budh - créer un éveil en soi.

D'ordinaire, l'homme est endormi. Même si vous pensez être éveillé, vous ne l'êtes pas. En marchant sur la route, vous êtes pleinement éveillé - dans votre esprit. Mais si l'on se place du point de vue d'un bouddha, on dort profondément, car mille et un rêves et pensées se bousculent à l'intérieur de soi.

Votre lumière intérieure est très trouble. C'est une sorte de sommeil. Oui, vos yeux sont ouverts, évidemment, mais les gens peuvent marcher dans un rêve, dans le sommeil, avec les yeux ouverts. Et Bouddha dit : Vous aussi, vous marchez dans le sommeil, les yeux ouverts.

Mais votre œil intérieur n'est pas ouvert. Vous ne savez pas encore qui vous êtes. Vous n'avez pas regardé votre propre réalité. Vous n'êtes pas éveillé. Un esprit plein de pensées n'est pas éveillé, ne peut pas l'être.

Seul un esprit qui a abandonné les pensées et la réflexion, qui a dispersé les nuages qui l'entourent - et le soleil est brillant, et le ciel est complètement vide de nuages - est un esprit qui a de l'intelligence, qui est éveillé.

L'intelligence est la capacité à être dans le présent. Plus on est dans le passé ou dans le futur, moins on est intelligent. L'intelligence est la capacité d'être ici-maintenant, d'être dans ce moment et nulle part ailleurs. C'est alors que l'on est éveillé.

Par exemple, vous êtes assis dans une maison et celle-ci prend soudainement feu ; votre vie est en danger. Pendant un instant, vous serez éveillé. À ce moment-là, vous n'aurez pas beaucoup de pensées. À ce moment-là, vous oubliez tout votre passé. À ce moment-là, vous ne serez pas assailli par vos souvenirs psychologiques - que vous avez aimé une femme trente ans auparavant, et que c'était fantastique ! Ou que l'autre jour, vous êtes allé au restaurant chinois, et que le goût, l'arôme et l'odeur du pain fraîchement cuit vous reviennent encore. Vous ne serez pas dans ces pensées. Non, lorsque votre maison est en feu, vous ne pouvez pas vous permettre ce genre de pensées. Soudain, vous vous précipiterez sur ce moment : la maison est en feu et votre vie est en jeu. Vous ne rêvez pas de l'avenir, de ce que vous ferez demain. Demain n'a plus d'importance, hier n'a plus d'importance, même aujourd'hui n'a plus d'importance ! - Il n'y a que ce moment, ce moment fractionné. C'est la première signification de budh, l'intelligence.

Et puis il y a de grandes intuitions. Un homme qui veut être vraiment éveillé, qui veut être vraiment un bouddha, doit vivre chaque instant avec une telle intensité - comme vous ne vivez que rarement, rarement, dans un certain danger.

Le premier sens est opposé au sommeil. Et naturellement, vous ne pouvez voir la réalité que lorsque vous n'êtes pas endormi. Vous ne pouvez l'affronter, vous ne pouvez regarder dans les yeux de la vérité - ou appelez-la Dieu - que lorsque vous êtes éveillé. Comprenez-vous le point d'intensité, le point d'être en feu ?

Lorsque l'on est totalement éveillé, on a une vision claire des choses. Cette lucidité apporte la liberté, la vérité.

Le deuxième sens de budh est reconnaître, c'est-à-dire prendre conscience, connaître, remarquer, prendre en compte. Ainsi, un bouddha est quelqu'un qui a reconnu le faux comme étant le faux et qui a les yeux ouverts sur le vrai comme étant le vrai. Voir le faux comme le faux est le début de la compréhension de ce qu'est la vérité. Ce n'est qu'en voyant le faux comme le faux que l'on peut voir ce qu'est la vérité.

Vous ne pouvez pas continuer à vivre dans les illusions, vous ne pouvez pas continuer à vivre dans vos croyances, vous ne pouvez pas continuer à vivre dans vos préjugés si vous voulez connaître la vérité. Le faux doit être reconnu comme tel.

C'est la deuxième signification de budh - reconnaître le faux comme faux, le faux comme faux.

Par exemple, vous avez cru en Dieu ; vous êtes né chrétien, hindou ou mahométan. On vous a appris que Dieu existe, on vous a fait peur - que si vous ne croyez pas, vous souffrirez, vous serez puni, que Dieu est très féroce, qu'il ne vous pardonnera jamais. Le Dieu juif dit : "Je suis un Dieu très jaloux. N'adorez que moi et personne d'autre !" Le Dieu mahométan dit la même chose : "Il n'y a qu'un seul Dieu, et aucun autre Dieu ; et il n'y a qu'un seul prophète de Dieu - Mahomet - et aucun autre prophète".

Ce conditionnement peut être si profond en vous qu'il peut perdurer même si vous commencez à ne plus croire en Dieu.

L'autre jour, Mulla Nasruddin était ici et je lui ai demandé : "Mulla Nasruddin, depuis que vous êtes devenu communiste, que vous êtes devenu un camarade, qu'en est-il de Dieu ?"

Il a dit : "Il n'y a pas de Dieu ! - et Mahomet est le seul prophète."

Un conditionnement peut être très profond : Mahomet reste le prophète.

Vous avez été élevé dans la croyance en Dieu et vous y avez cru. C'est une croyance.

L'existence ou non de Dieu n'a rien à voir avec votre croyance. La vérité n'a rien à voir avec votre croyance. Que vous croyiez ou non ne change rien à la vérité. Mais si vous croyez en Dieu, vous continuerez à voir - du moins à penser - que vous voyez Dieu. Si vous ne croyez pas en Dieu, cette incrédulité vous empêchera de savoir. Toutes les croyances empêchent, parce qu'elles deviennent des préjugés autour de vous, elles deviennent des couvertures de pensée - ce que Bouddha appelle des avarnas.

L'homme d'intelligence ne croit en rien, et ne mécroit en rien.

L'homme intelligent est simplement ouvert à la reconnaissance de tout ce qui se passe. Si Dieu est là, il le reconnaîtra - mais pas selon sa croyance ; il n'a pas de croyance. Ce n'est que dans une intelligence non croyante que la vérité peut apparaître. Lorsque vous croyez déjà, vous ne laissez pas d'espace à la vérité pour venir à vous. Vos préjugés trônent, ils trônent déjà. Vous ne pouvez pas voir quelque chose qui va à l'encontre de votre croyance ; vous aurez peur, vous tremblerez, vous commencerez à trembler. Vous avez tant investi dans votre croyance - tant de vie, tant de temps, tant de prières, cinq prières par jour. Pendant cinquante ans, un homme s'est consacré à sa croyance ; soudain, comment peut-il reconnaître qu'il n'y a pas de Dieu ? Un homme a consacré toute sa vie au communisme, croyant qu'il n'y a pas de Dieu ; comment peut-il voir si Dieu existe ? Il continuera à éviter.

Je ne dis pas que Dieu est ou n'est pas. Ce que je dis, c'est quelque chose qui vous concerne, pas Dieu. Il faut un esprit, un esprit clair, une intelligence qui ne s'attache à aucune croyance. Vous êtes alors comme un miroir : vous reflétez ce qui est, vous ne le déformez pas. C'est la deuxième signification de budh.

Une personne intelligente n'est ni communiste ni catholique. Une personne intelligente ne croit pas, ne mécroit pas. Ce n'est pas sa façon de faire. Elle regarde la vie, et tout ce qui s'y trouve, elle est prête à le voir. Il n'y a pas de barrières à sa vision ; sa vision est transparente. Seules ces rares personnes atteignent la vérité.

Le troisième sens de la racine budh, intelligence, est connaître, comprendre. Le Bouddha connaît ce qui est ; il comprend ce qui est, et dans cette compréhension même, il est libéré de toute servitude - connaître dans le sens de comprendre, et non dans le sens de savoir.

Bouddha n'a pas de connaissances. Une personne intelligente ne se soucie guère de l'information et de la connaissance. Il se soucie bien plus de la capacité de savoir. Son véritable intérêt authentique réside dans la connaissance, et non dans le savoir.

La connaissance vous donne la compréhension ; la connaissance ne vous donne qu'un sentiment de compréhension sans vous donner une véritable compréhension. La connaissance est une pseudo-monnaie, elle est trompeuse. Il vous donne seulement l'impression de savoir, alors que vous ne savez rien du tout. Vous pouvez continuer à accumuler des connaissances autant que vous le voulez, vous pouvez accumuler des connaissances, vous pouvez devenir très, très savant. Vous pouvez écrire des livres, vous pouvez avoir des diplômes, vous pouvez avoir des doctorats, des doctorats d'État, et vous restez toujours la même personne ignorante et stupide que vous avez toujours été. Ces diplômes ne vous changent pas, ils ne peuvent pas vous changer. En fait, votre stupidité devient plus forte... elle a des diplômes maintenant ! Elle peut se prouver par des certificats. Elle ne peut pas le prouver par la vie, mais elle peut le prouver par les certificats. Elle ne peut pas le prouver d'une autre manière, mais elle aura des diplômes, des certificats, des reconnaissances de la société ; les gens pensent que vous savez, et vous pensez aussi que vous savez.

N'avez-vous pas vu cela ? Les personnes que l'on croit très bien informées sont aussi ignorantes que n'importe qui, parfois plus. Il est très rare de trouver des personnes intelligentes dans le monde universitaire, très rare. J'ai fréquenté le monde universitaire et je le dis par expérience. J'ai vu des agriculteurs intelligents, je n'ai pas vu de professeurs intelligents. J'ai vu des bûcherons intelligents, je n'ai pas vu de professeurs intelligents. Pourquoi ? Qu'est-ce qui ne va pas chez ces personnes ?

Une chose a mal tourné : ils peuvent compter sur la connaissance. Ils n'ont pas besoin de devenir des connaisseurs, ils peuvent dépendre de la connaissance. Ils ont trouvé une deuxième voie. La première main nécessite du courage. La première main, le savoir, seuls quelques individus peuvent se l'offrir - les aventuriers, ceux qui sortent des sentiers ordinaires où se déplacent les foules, ceux qui empruntent de petits chemins dans la jungle de l'inconnaissable. Le danger est de se perdre. Le risque est élevé.

Lorsque l'on peut obtenir des connaissances de seconde main, pourquoi s'en préoccuper ? Il suffit de s'asseoir dans son fauteuil. Vous pouvez aller à la bibliothèque ou à l'université, vous pouvez collecter des informations. Vous pouvez faire une grosse pile d'informations et vous asseoir dessus. Grâce à la connaissance, votre mémoire devient de plus en plus grande, mais votre intelligence ne s'accroît pas. Parfois, lorsque vous ne savez pas grand-chose, lorsque vous n'êtes pas très bien informé, vous devez faire preuve d'intelligence à certains moments.

J'ai entendu...

Une femme a acheté une boîte de fruits, mais elle n'a pas pu l'ouvrir. Elle ne savait pas comment l'ouvrir. Elle s'est donc précipitée dans son bureau pour consulter son livre de cuisine. Le temps qu'elle cherche dans le livre, qu'elle trouve la page et la référence, et qu'elle revienne en vitesse prête à ouvrir la boîte, le domestique l'avait déjà ouverte.

Elle a demandé : "Mais comment avez-vous fait ?".

Le serviteur lui dit : "Madame, quand on ne sait pas lire, il faut se servir de son esprit".

Oui, c'est ainsi que cela se passe. C'est pourquoi les agriculteurs, les jardiniers, les bûcherons sont plus intelligents et ont une sorte de fraîcheur autour d'eux. Ils ne savent pas lire, ils doivent donc se servir de leur esprit. Il faut vivre et utiliser son esprit.

Le troisième sens de budh est celui de savoir, dans le sens de comprendre.

Le Bouddha a vu ce qui est. Il comprend ce qui est et, par cette compréhension même, il est libéré de toute servitude. Qu'est-ce que cela signifie ? Cela signifie que vous avez peur.

Par exemple, les discussions sur le Soutra du cœur font peur à de nombreuses personnes. De nombreuses personnes ont envoyé des messages : "Maître, c'est fini ! Vous nous faites craindre le néant et la mort." Prageet a très peur. Vidya a très peur, et bien d'autres encore. Pourquoi ? Vous ne voulez pas vous débarrasser de la peur ? Si vous voulez vous débarrasser de la peur, vous devez la comprendre. Vous voulez éviter le fait que la peur est là, la peur de la mort est là.

En apparence, Prageet est un homme fort - un Rolfer - mais au fond de lui, il a très peur de la mort ; c'est l'une des personnes les plus effrayées ici. C'est peut-être pour cela qu'en apparence, il a adopté une attitude de force, de puissance, de tyran. Voilà ce qu'est un Rolfer !

J'ai entendu dire que, depuis peu, le diable de l'enfer nomme des Rolfers : ils torturent les gens pour eux-mêmes, et ils torturent de manière très technique.

Si vous avez peur à l'intérieur, vous devrez créer quelque chose de solide autour de vous, comme une carapace dure, pour que personne ne sache que vous avez peur. Et ce n'est pas tout : vous ne saurez pas non plus que vous avez peur à cause de cette carapace. Elle vous protégera des autres, elle vous protégera de votre propre compréhension.

Une personne intelligente n'échappe à aucun fait. S'il s'agit d'une peur, il l'affronte - parce que le moyen d'en sortir est de la traverser. S'il sent la peur et le tremblement naître en lui, il laissera tout de côté : il faut d'abord surmonter cette peur. Il s'y plongera, il essaiera de comprendre. Il ne cherchera pas à savoir comment ne pas avoir peur, il ne se posera pas cette question. Il posera simplement une question : "Quelle est cette peur ? Elle est là, elle fait partie de moi, elle est ma réalité. Je dois y accéder, je dois la comprendre. Si je ne la comprends pas, une partie de moi restera toujours inconnue. Et comment vais-je savoir qui je suis si je continue à éviter certaines parties ? Je ne comprendrai pas la peur, je ne comprendrai pas la mort, je ne comprendrai pas la colère, je ne comprendrai pas ma haine, je ne comprendrai pas ma jalousie, je ne comprendrai pas ceci et cela..." Alors comment allez-vous vous connaître vous-même ?

Toutes ces choses sont vous ! C'est votre être. Vous devez aller dans tout ce qui est là, dans tous les coins et recoins. Vous devez explorer la peur. Même si vous tremblez, il n'y a pas lieu de s'inquiéter : tremblez, mais allez-y. Il vaut mieux trembler que fuir, car une fois que vous aurez fui, cette partie restera inconnue pour vous, et vous aurez de plus en plus peur de la regarder, car cette peur continuera à s'accumuler. Elle deviendra de plus en plus grande si vous n'y entrez pas maintenant, à cet instant. Demain, elle aura vécu vingt-quatre heures de plus.

Attention ! - il sera plus enraciné en vous, il aura un plus grand feuillage, il deviendra plus fort ; et alors il sera plus difficile à attaquer. Il vaut mieux partir tout de suite, il est déjà tard.

Et si vous y entrez et que vous le voyez... Et voir signifie ne pas avoir de préjugés. Voir signifie que vous ne condamnez pas la peur comme étant mauvaise dès le départ. Qui sait ? - elle n'est pas mauvaise.

Qui sait que c'est le cas ? L'explorateur doit rester ouvert à toutes les possibilités ; il ne peut pas se permettre d'avoir l'esprit fermé. Un esprit fermé et l'exploration ne vont pas ensemble. Il se lancera dans l'aventure. Si cela lui apporte de la souffrance et de la douleur, il souffrira, mais il ira de l'avant. Il tremblera, il hésitera, mais il ira de l'avant : "C'est mon territoire, je dois savoir ce que c'est. Peut-être porte-t-elle un trésor pour moi ? Peut-être que la peur n'est là que pour protéger le trésor."

C'est mon expérience, c'est ma compréhension : si vous allez au fond de votre peur, vous trouverez l'amour. C'est pourquoi il arrive que lorsque vous êtes amoureux, la peur disparaît. Et quand on a peur, on ne peut pas être amoureux. Qu'est-ce que cela signifie ? Une simple arithmétique : la peur et l'amour n'existent pas ensemble. Cela signifie que ce doit être la même énergie qui devient la peur ; alors il ne reste plus rien pour devenir l'amour. Elle devient l'amour ; alors il ne reste plus rien pour devenir la peur.

Entrez dans la peur, Prageet, Vidya, et tous les autres qui ont peur. Allez-y, et vous trouverez un grand trésor. Derrière la peur se cache l'amour, derrière la colère se cache la compassion, derrière le sexe se cache le samadhi.

Allez dans chaque chose négative et vous trouverez le positif. Et en connaissant le négatif et le positif, le troisième, l'ultime se produit - le transcendantal. C'est le sens de la compréhension, budh, l'intelligence.

Et le quatrième sens est d'être éclairé et d'éclairer. Le Bouddha est la lumière, il est devenu la lumière. Et puisqu'il est la lumière et qu'il est devenu la lumière, il montre la lumière aux autres aussi, naturellement, évidemment. Il est l'illumination. Son obscurité a disparu, sa flamme intérieure est brillante. Sa flamme est sans fumée. Cette signification est opposée à l'obscurité et à l'aveuglement et l'ignorance correspondants. C'est le quatrième sens : devenir lumière, devenir éclairé.

D'ordinaire, vous êtes une obscurité, un continent d'obscurité, un continent sombre, inexploré. L'homme est un peu étrange : il explore l'Himalaya, il explore le Pacifique, il cherche à atteindre la lune et Mars ; il n'y a qu'une chose qu'il n'essaie jamais : explorer son être intérieur. L'homme a atterri sur la lune, mais il n'a pas encore atterri dans son propre être. C'est étrange. Peut-être que l'atterrissage sur la lune n'est qu'une fuite, que l'ascension de l'Everest n'est qu'une fuite.

Peut-être qu'il ne veut pas aller à l'intérieur, parce qu'il a très peur. Il le remplace par d'autres explorations pour se sentir bien, sinon il devra se sentir très, très coupable. Vous commencez à escalader une montagne et vous vous sentez bien, mais la plus grande montagne est en vous et n'a pas encore été escaladée. Vous commencez à plonger profondément dans le Pacifique, et le plus grand Pacifique est en vous, et il n'a pas encore été exploré. Et vous commencez à aller sur la lune - quelle folie ! Vous gaspillez votre énergie en allant sur la lune, alors que la vraie lune est en vous - parce que la vraie lumière est en vous.

La personne intelligente se tourne d'abord vers l'intérieur. Avant d'aller où que ce soit d'autre, elle ira à l'intérieur de son propre être ; c'est la première chose, et c'est elle qui devrait avoir la première préférence. Ce n'est qu'une fois que l'on s'est connu soi-même que l'on peut aller ailleurs. Alors, où que vous alliez, vous porterez autour de vous une béatitude, une paix, un silence, une célébration.

Le quatrième sens est donc d'être éclairé.

L'intelligence est l'étincelle. Avec l'aide et la coopération, elle peut devenir le feu, la lumière et la chaleur. Elle peut devenir lumière, elle peut devenir vie, elle peut devenir amour : tout cela est inclus dans le mot "illumination". Une personne éclairée n'a pas de coins sombres dans son être. Tout est comme le matin - le soleil est à l'horizon ; l'obscurité de la nuit et la morosité de la nuit ont disparu, et les ombres de la nuit ont disparu. La terre est à nouveau éveillée. Être un Bouddha, c'est atteindre un matin, une aube en soi. C'est la fonction de l'intelligence, la fonction ultime.

Et la cinquième signification de budh est de sonder. Il y a une profondeur en vous, une profondeur sans fond, qui doit être sondée. Ou encore, le cinquième sens peut être celui de pénétrer, de laisser tomber tout ce qui fait obstruction et de pénétrer au cœur même de votre être, le cœur. C'est pourquoi ce sutra est appelé le Sutra du cœur - Prajnaparamita Hridayam Sutra - pour pénétrer.

Les gens essaient de pénétrer beaucoup de choses dans la vie. Votre envie, votre grand désir de sexe n'est rien d'autre qu'une sorte de pénétration. Mais il s'agit d'une pénétration dans l'autre. La même pénétration doit se produire dans votre propre être : vous devez vous pénétrer vous-même. Si vous pénétrez quelqu'un d'autre, cela peut vous donner un aperçu momentané, mais si vous vous pénétrez vous-même, vous pouvez atteindre l'orgasme cosmique universel qui demeure et demeure et demeure.

Un homme rencontre une femme extérieure, et une femme rencontre un homme extérieur : c'est une rencontre très superficielle - mais significative, et qui apporte des moments de joie. Quand la femme intérieure rencontre l'homme intérieur... Et vous portez les deux en vous : une partie de vous est féminine, une partie de vous est masculine. Que vous soyez un homme ou une femme n'a pas d'importance ; tout le monde est bisexuel.

Le cinquième sens de la racine budh signifie pénétration. Lorsque votre homme intérieur pénètre votre femme intérieure, il y a une rencontre ; vous devenez un tout, vous ne faites plus qu'un. Tous les désirs extérieurs disparaissent alors. C'est dans cette absence de désir que se trouve la liberté, le nirvana.

La voie du Bouddha est la voie du budh. Rappelez-vous que "Bouddha" n'est pas le nom de Gautama le Bouddha, Bouddha est l'état qu'il a atteint. Il s'appelait Gautam Siddhartha. Un jour, il est devenu Bouddha, un jour, sa bodhi, son intelligence s'est épanouie.

Bouddha" signifie exactement ce que signifie "Christ". Le nom de Jésus n'est pas le Christ : c'est l'épanouissement ultime qui lui est arrivé. Il en va de même pour Bouddha. Il y a eu de nombreux Bouddhas autres que Gautam Siddartha.

Tout le monde a la capacité de budh. Mais budh, cette capacité de voir, est comme une graine en vous - si elle germe, devient un grand arbre, fleurit, commence à danser dans le ciel, commence à chuchoter aux étoiles, vous êtes un bouddha.

La voie du Bouddha est la voie de l'intelligence. Ce n'est pas un chemin émotionnel, non, pas du tout.

Ce n'est pas que les personnes émotives ne puissent pas l'atteindre ; il existe d'autres voies pour elles - la voie de la dévotion, le Bhakti Yoga. La voie de Bouddha est un pur Gyan Yoga, la voie de la connaissance. La voie de Bouddha est la voie de la méditation, pas de l'amour.

Tout comme budh, il existe une autre racine, gya, à la base de gyanam. Gyanam signifie connaissance, savoir. Et le mot prajna, qui signifie sagesse - prajnaparamita - la sagesse de l'au-delà, ou sangya, qui signifie perception, sensibilité, ou vigyanam qui signifie conscience - ces racines viennent de gya. Gya signifie savoir.

Vous trouverez ces mots répétés à de nombreuses reprises dans le sutra - non seulement dans ce sutra, mais dans tous les sutras du Bouddha. Vous trouverez quelques autres mots, répétés très souvent, et ces mots sont ved - ved signifie savoir ; de ved vient le mot hindou veda - ou man, qui signifie esprit ; manan, qui signifie esprit ; ou chit, qui signifie conscience ; chaitanya, qui signifie à nouveau conscience. Ces mots sont comme des pavés sur la voie du Bouddha. Son chemin est celui de l'intelligence.

Il ne faut pas oublier que le sutra, il est vrai, pointe vers quelque chose qui se trouve bien au-delà de l'intellect. Mais le moyen d'y parvenir est de suivre l'intellect jusqu'au bout.

L'intellect doit être utilisé, et non rejeté ; il doit être transcendé, et non rejeté. Et il ne peut être transcendé que lorsque vous avez atteint le plus haut échelon de l'échelle. Il faut continuer à progresser dans l'intelligence. Puis vient un moment où l'intelligence a fait tout ce qu'elle pouvait faire. À ce moment-là, dites au revoir à l'intelligence. Elle vous a aidé pendant longtemps, elle vous a amené assez longtemps, elle a été un bon véhicule. Elle a été un bateau avec lequel vous avez traversé : vous avez atteint l'autre rive, puis vous quittez le bateau. Vous ne portez pas le bateau sur votre tête, ce serait insensé.

Le chemin du Bouddha passe par l'intelligence mais va au-delà. Il arrive un moment où l'intelligence vous a donné tout ce qu'elle peut vous donner, et où elle n'est plus nécessaire. Finalement, vous l'abandonnez aussi, son travail est terminé. La maladie a disparu, mais le médicament doit lui aussi disparaître. Et lorsque vous êtes libéré de la maladie et du médicament, alors seulement vous êtes libre. Il arrive parfois que la maladie ait disparu et que l'on soit devenu dépendant du médicament. Ce n'est pas la liberté.

Vous avez une épine dans le pied qui vous fait mal. Vous prenez une autre épine pour que l'épine dans votre pied puisse être enlevée avec l'aide de l'autre. Lorsque vous avez retiré l'épine, vous jetez les deux ; vous ne gardez pas celle qui vous a aidé. Elle n'a plus de sens. Le travail de l'intelligence est de vous aider à prendre conscience de votre être. Une fois que ce travail a été accompli et que votre être est là, vous n'avez plus besoin de cet instrument. Vous pouvez dire au revoir, vous pouvez dire merci.

La voie du Bouddha est la voie de l'intelligence, de l'intelligence pure, bien qu'elle aille au-delà.

La deuxième question :

Question 2 :

BELOVED MAÎTRE,

EST-IL VRAI QU'IL FAUT PASSER PAR L'ENFER ?

Vous n'avez pas besoin de passer par l'enfer car vous y êtes déjà. Où trouverez-vous l'enfer ?

Il s'agit de votre état ordinaire - l'enfer. Ne pensez pas que l'enfer se trouve quelque part au fond de la terre. L'enfer, c'est vous. Vous, inconscient, voilà ce qu'est l'enfer. L'enfer, c'est vous, qui fonctionnez de manière inintelligente. Et parce que tant de gens fonctionnent de manière inintelligente, le monde est toujours en proie à l'angoisse - il y a tant de névrosés sur terre. Et à moins d'être éclairé, on reste plus ou moins névrosé. Tant de gens destructeurs - parce que la créativité n'est possible que lorsque l'intelligence est éveillée.

La créativité est une fonction de l'intelligence. Les gens stupides ne peuvent être que destructeurs. Et c'est ce qui se passe : les gens se préparent à détruire de plus en plus. C'est ce que font vos scientifiques, c'est ce que font vos politiciens.

J'ai entendu une belle histoire :

Après la Seconde Guerre mondiale, Dieu était très perplexe. Il n'en croyait pas ses yeux.

En voyant Hiroshima, Nagasaki, il ne pouvait pas croire qu'il avait créé ce genre d'homme. Il s'est remis à réfléchir, comme s'il avait commis une erreur : il aurait dû s'arrêter aux animaux, il n'aurait pas dû créer Adam et Ève - parce que l'homme devenait si destructeur.

Pour donner une dernière chance, il a convoqué trois représentants du monde, un Russe, un Américain et un Anglais. Il s'agissait des puissants de l'après-guerre. Il a demandé au Russe : "Pourquoi continuez-vous à vous préparer à une destruction de plus en plus grande ? Si vous avez besoin de quelque chose, il vous suffit de me le demander et je vous l'accorde immédiatement. Mais pas plus de destruction."

Le Russe a regardé Dieu avec beaucoup d'arrogance et lui a dit : "Écoute, d'abord, nous ne croyons pas que tu le sois ! Nous avons notre propre trinité - Marx, Lénine, Staline" - une trinité très impie, mais les communistes ont cette trinité. "Nous croyons en eux, nous ne croyons pas en vous. Mais si vous voulez que nous croyions en vous, vous devrez nous en donner la preuve".

"Quelle est la preuve ? demande Dieu.

Et le Russe a dit : "Vous détruisez l'Amérique, vous la détruisez absolument ! Il ne doit pas rester la moindre trace de cette maladie qu'est l'Amérique. Alors nous vous vénérerons, nos églises recommenceront à prier, nos temples s'ouvriront. Nous ferons de nouveaux sanctuaires pour toi."

Dieu a été très choqué... l'idée même de détruire toute l'Amérique !

Le voyant silencieux, le Russe dit : "Et si vous ne pouvez pas le faire, ne vous inquiétez pas. Nous le ferons quand même. Cela nous prendra un peu plus de temps, mais nous allons le faire ! Vous n'avez pas besoin d'avoir l'air si triste. Si vous ne pouvez pas le faire, dites simplement que vous ne pouvez pas le faire".

Dieu a regardé l'Américain et lui a dit : "Quel est ton désir ? Que veux-tu ?"

Il a déclaré : "Pas grand-chose, un souhait très simple : que la Russie n'ait pas de place sur la carte. Nous ne voulons pas voir l'URSS sur la carte. Pas grand-chose, juste enlever... Tout va bien ; c'est juste l'URSS qui fait mal. Elle nous fait très mal, elle nous rend fous, et nous ferons tout pour la supprimer. Et si vous ne faites rien, avec votre bénédiction, nous le ferons !"

Dieu était encore plus perplexe et confus. Le représentant russe n'a rien trouvé à redire, car il ne croit pas en Dieu. Ce n'est pas grave. Mais l'Amérique ? L'Amérique croit en Dieu, il semble donc n'y avoir aucune différence entre le croyant et le non-croyant, entre le capitaliste et le communiste, entre le dictateur et le démocrate. Il ne semble pas y avoir de différence essentielle, leur désir est le même. Il pensait que le représentant anglais serait plus humain, plus compréhensif ; au moins, il serait gentleman - et il l'était !

Dieu lui demanda : "Quel est ton désir ? Que veux-tu ?"

L'Anglais dit : "Nous n'avons aucun désir. Comblez les désirs de ces deux personnes simultanément, et notre désir sera comblé !"

Mais c'est ainsi que l'homme a existé, à travers les âges : beaucoup plus intéressé par la destruction, la destruction de l'autre, que par la vie elle-même, que par la jouissance de la vie. L'homme semble être obsédé par la mort : partout où l'homme se déplace, il apporte la mort, la destruction.

Cette société névrosée existe parce que les individus sont névrosés. Ce monde est laid parce que vous êtes laid ! Vous apportez votre laideur à ce monde. Et tout le monde continue à mettre en commun la laideur, les névroses, et le monde devient de plus en plus un enfer. Vous n'avez pas besoin d'aller ailleurs ; c'est le seul enfer qui existe.

Mais vous pouvez en sortir. En comprenant comment votre esprit contribue à créer cet enfer, vous pouvez vous retirer. Et une seule personne qui se retire de la création de cet enfer, qui ne coopère pas, qui se rebelle, devient une grande source pour amener le paradis sur la terre, devient une porte d'entrée.

Vous n'avez pas besoin d'aller en enfer, vous y êtes déjà. Vous devez aller au paradis maintenant.

En fait, lorsque je dis que vous devez aller au paradis, ce que je veux dire exactement, c'est que le paradis doit venir à vous. Soyez ouvert au ciel. Laissez toutes vos énergies destructrices être offertes à la créativité, laissez votre obscurité devenir une lumière, laissez votre conscience devenir méditative, et vous deviendrez une porte vers Dieu, et Dieu pourra à nouveau venir dans le monde à travers vous.

C'est le sens de la parabole chrétienne selon laquelle Jésus est né d'une femme, Marie, qui est vierge. Il s'agit d'une parabole - significative, elle a une grande signification. Mais des gens insensés essaient de dire qu'elle était vraiment vierge physiquement. Cela n'a pas de sens. Mais elle était vierge : elle était pure, totalement pure. Elle était le paradis sur terre - ce n'est qu'alors que Jésus pouvait entrer par elle, ce n'est qu'alors que Dieu pouvait étendre sa main sur le monde.

Vous devenez un véhicule : laissez Dieu jouer d'un instrument à travers vous - une veena, un sitar. Laissez Dieu jouer une chanson à travers vous ; vous devenez sa flûte, un bambou creux. Et c'est ce que je vous ai dit tous ces jours : si vous devenez un néant, vous serez un bambou creux.

Et vous pouvez devenir une flûte, et le chant de Dieu peut descendre sur la terre. Nous en avons grandement besoin. Même si un peu de santé est possible grâce à vous dans ce monde de fous... C'est très nécessaire, c'est urgent.

La troisième question :

Question 3 :

BELOVED MAÎTRE,

VOUS AVEZ DIT L'AUTRE JOUR QUE SI VOUS ÉTIEZ CHAUFFEUR DE TAXI, PERSONNE NE POURRAIT VOUS RECONNAÎTRE. JE NE SUIS PAS D'ACCORD. EN TOUT CAS, MOI, JE VOUS RECONNAÎTRAIS.

Madame, je ne vous crois pas.

Vous ne vous connaissez pas assez. J'apprécie votre amour pour moi, mais je ne peux pas dire que vous seriez capable de me reconnaître.

Je vais vous raconter une histoire vraie.

J'ai séjourné pendant de nombreuses années dans une famille d'une certaine ville de l'Inde - une famille très riche, des millionnaires. Il était très respectueux envers moi, c'était un adepte. Lorsque je me rendais dans sa ville, il me touchait les pieds autant de fois que possible, au moins quatre ou cinq fois par jour.

Puis, sept ou huit ans plus tard, il a voulu venir visiter l'endroit où j'avais l'habitude de séjourner à Jabalpur. Il est venu. Pour le dérouter, je suis allé le recevoir à la gare. Il ne s'attendait pas à ce que je vienne le chercher à la gare.

Il avait l'habitude de tomber à mes pieds. Ce jour-là, il a touché mes pieds, mais sans enthousiasme - parce qu'un grand ego s'est développé en lui : je suis venu pour le recevoir. Il est venu me recevoir pendant sept ans et chaque année, je me rendais au moins trois ou quatre fois dans sa ville. Il ne s'attendait pas à cela. Il s'attendait à ce que quelqu'un soit là pour le conduire jusqu'à moi. Mais que je vienne moi-même le recevoir ? - il n'en rêvait même pas. Il a dû se disputer à l'intérieur :

"Je suis quelqu'un, un millionnaire..." Ce jour-là, il s'est incliné, mais sans enthousiasme. Comment s'incliner devant quelqu'un qui est venu vous recevoir à la gare, avec beaucoup de respect ?

Nous avons quitté la gare, et lorsqu'il a vu que j'allais le ramener chez lui, tout son respect a disparu. Puis il s'est mis à parler comme un ami. Le millionnaire est devenu très "famillionnaire" ! Et au bout de trois jours, quand il est parti - j'étais allé lui dire au revoir, lui faire ses adieux - il ne m'a pas touché les pieds.

La famille avec laquelle je vivais savait que je lui faisais une blague et que le pauvre homme s'y était laissé prendre. Ils ont tous ri lorsque le train est parti. J'ai dit : "Attendez. La prochaine fois, qu'il vienne - il s'attendra à ce que je lui touche les pieds. Et ce ne sera pas étonnant s'il m'oblige à lui toucher les pieds."

C'est ainsi que les choses se passent, c'est ainsi que l'esprit fonctionne. Vous me reconnaissez, vous m'aimez, mais vous ne connaissez pas votre propre esprit. Lors de cette expérience, j'ai perdu l'un de mes adeptes millionnaires. J'ai perdu beaucoup d'adeptes de cette façon, mais je continue à expérimenter.

La quatrième question :

Question 4 :

BELOVED MAÎTRE,

POURQUOI EST-IL SI DIFFICILE POUR MOI DE ME LIVRER À UN HOMME ?

Alors ne vous rendez pas. Pourquoi vous créer inutilement des ennuis ? Qui vous dit de vous rendre à un homme en premier lieu ? Ne vous rendez pas. Pourquoi te créer des ennuis inutiles ? Si vous n'avez pas envie de vous rendre, ne vous rendez pas.

L'autre jour, une femme m'a demandé, a écrit une lettre disant : "Je suis venue ici, mais je n'ai pas l'impression que cet endroit est fait pour moi. Que dois-je faire ?"

S'en aller ! Se perdre ! A quoi bon ?

Elle a également demandé : "Dois-je écouter mon cœur ou dois-je te faire confiance ?".

Écoutez votre cœur, madame, et disparaissez aussi vite que possible. Comment pouvez-vous me faire confiance contre votre cœur ? Qui me fera confiance ? Le cœur fait confiance ! Si le cœur est contre, qui me fera confiance ? Et pourquoi créez-vous une telle division en vous-même ? Vous deviendrez schizophrène - une partie essayant de se rendre et de forcer, et une autre partie voulant partir. Soit vous êtes totalement ici, soit vous partez. Si vous ne pouvez pas vous rendre, ne vous rendez pas. Votre reddition n'intéresse personne.

Et l'abandon ne peut pas être fait, vous ne pouvez pas le forcer. Elle vient quand elle vient. Si vous ne pouvez pas vous abandonner à un homme, cela signifie que vous ne pouvez pas l'aimer. Par amour, l'abandon se fait naturellement. S'il n'y a pas d'amour, la reddition ne peut pas être gérée. Oubliez-le !

Peut-être que l'auteur de la question est une lesbienne : très bien, abandonnez-vous à une femme ! Au moins, abandonnez-vous à quelqu'un à qui vous pouvez vous abandonner. Peut-être que cet abandon vous permettra d'apprendre à vous abandonner aussi à un homme. C'est ainsi que l'on apprend.

Chaque enfant est autosexuel à sa naissance : il n'aime que lui-même, il ne peut aimer personne d'autre.

Puis l'enfant devient homosexuel : il aime quelqu'un comme lui, il ne peut pas aimer le contraire. Puis, toujours en grandissant, il devient hétérosexuel : il peut alors aimer le contraire. C'est ce que dit Jésus : "Aimez votre ennemi" - l'ennemi signifie la femme. L'ennemi, c'est le contraire ; c'est le summum de l'amour. Puis vient un moment où le sexe disparaît, la personne devient asexuée. Mais c'est le point le plus élevé, et il ne peut être atteint qu'à travers ces étapes. Peut-être que l'auteur de la question est accroché quelque part à l'homosexualité. Il n'y a rien de mal à cela. Où que vous soyez, quel que soit le stade où vous vous trouvez, soyez aimant, abandonnez-vous. De cette étape, l'autre étape viendra, se développera d'elle-même. Ne le forcez pas.

Je ne suis pas là pour vous culpabiliser, je ne suis pas là pour créer une quelconque faille dans votre être.

Je suis tout à fait favorable à la relaxation, car ce n'est qu'en se relaxant que l'on parvient à savoir qui l'on est. Alors, quoi qu'il en soit, c'est facile, laissez-vous aller. Ne soyez pas masochiste et n'essayez pas de vous créer des problèmes. Avancez joyeusement, de manière détendue. Et quoi que ce soit de facile pour vous en ce moment, continuez à le faire. Grâce à cela, quelque chose de meilleur se produira, mais seulement grâce à cela. Vous ne pouvez pas en sortir soudainement.

La cinquième question :

Question 5 :

BELOVED MAÎTRE,

À QUOI SERT L'UNIVERS PHYSIQUE SI LE DESTIN DE L'HOMME EST DE LE TRANSCENDER ?

C'est là l'essentiel : sinon, comment allez-vous transcender ? L'univers est nécessaire pour transcender.

La misère est nécessaire pour transcender, l'obscurité est nécessaire pour transcender, l'ego est nécessaire pour transcender - parce que ce n'est que lorsque vous transcendez qu'il y a de la joie, de la bénédiction.

Je comprends votre question. C'est une question très ancienne, posée encore et encore - parce qu'elle intrigue l'esprit. Si Dieu a créé le monde, pourquoi y a-t-il créé la misère ? Il aurait pu vous faire cadeau de la félicité. Alors pourquoi a-t-il créé l'ignorance ? N'est-il pas assez puissant pour créer des êtres éclairés dès le début ?

Il l'est, et c'est ce qu'il fait. Mais même Dieu n'est pas assez puissant pour faire en sorte que l'impossible se produise. Seul le possible est possible. On ne peut savoir ce qu'est la santé que si l'on est capable d'être malade, sinon on ne peut pas le savoir. On ne peut connaître la lumière que si l'on sait ce qu'est l'obscurité. On ne peut connaître la détente que si l'on sait ce qu'est la tension, on ne peut connaître la liberté que si l'on sait ce qu'est la servitude - les deux vont de pair. Même Dieu n'est pas assez puissant pour vous donner une simple liberté. La liberté s'accompagne de la servitude. Et il faut passer par la servitude pour goûter à la liberté. C'est comme si vous n'aviez pas faim, vous ne pouvez pas apprécier la nourriture.

Ce que vous demandez, c'est : "Quelle est la nécessité de la faim ? Pourquoi ne pouvons-nous pas continuer à manger sans avoir faim ?" La faim crée la douleur, la faim crée le besoin, puis vous mangez et il y a de la joie. Sans faim, il n'y a pas de joie. Vous pouvez demander aux gens très, très riches qui ont perdu la faim : ils ne profitent pas de leur nourriture, ils ne peuvent pas. C'est l'intensité de la faim qui apporte la joie. C'est pourquoi, une fois que vous avez mangé, vous devez jeûner pendant six, sept ou huit heures pour apprécier à nouveau la nourriture.

L'existence est dialectique : obscurité/lumière, vie/mort, été/ hiver, jeunesse/vieillesse - tout cela va de pair.

Vous demandez : "A quoi sert l'univers physique si le destin de l'homme est de le transcender ?".

C'est précisément le but. L'univers est créé pour que vous puissiez le transcender. Sinon, vous ne saurez jamais ce qu'est la transcendance. Vous pouvez rester heureux, mais vous ne saurez pas ce qu'est la félicité. Et rester dans la félicité sans savoir ce qu'est la félicité n'en vaut pas la peine. Et la connaissance n'est possible qu'à travers le contraire - c'est pourquoi.

La sixième question :
Question 6 :
BELOVED MAÎTRE,

TOUT LE MONDE OBTIENT BIEN SÛR CE QU'IL
OBTIENT ET N'OBTIENT PAS CE QU'IL N'OBTIENT PAS.
ET LA FRONTIÈRE ENTRE OBTENIR CE QUE L'ON
OBTIENT ET NE PAS OBTENIR CE QUE L'ON OBTIENT
SEMBLE PLUTÔT MINCE. OBTENIR CE QUE L'ON
OBTIENT EST-IL DIFFÉRENT DE L'OBTENIR ? AYANT
POSÉ CETTE QUESTION, JE ME RENDS COMPTE QUE,
DANS UN SENS, C'EST BIEN SÛR DIFFÉRENT, PARCE
QUE LE MOT EST AMBIGU. "OBTENIR" SIGNIFIE À LA
FOIS RECEVOIR ET COMPRENDRE. BLA, BLA, BLA... JE
VOUS PRIE DE CLARIFIER.

Anurag, vous semblez être un trou du cul. Bla, bla, bla...

La septième question :
Question 7 :
MAÎTRE, POURQUOI DEVRAIS-JE PRENDRE LE
SANNYAS ?

Parce que demain, vous ne le serez peut-être plus. L'instant
d'après, vous ne le serez peut-être plus. Et le sannyas n'est rien d'autre
qu'une vision permettant de vivre ce moment de manière complète,
totale et absolue.

Sannyas signifie simplement que vous ne repousserez plus la vie.
Sannyas signifie simplement que vous ne vivrez plus dans des rêves,
que vous vous emparerez de ce moment et que vous en tirerez tout
le jus dès maintenant. Voilà ce qu'est le sannyas : c'est un mode de vie
intense, un mode de vie sensible.

Et n'oubliez pas que la vie est très accidentelle. On ne sait jamais.
Écouter cette histoire.

Un jour, un vendeur est rentré chez lui à l'improviste et les premiers mots qu'il a prononcés en franchissant la porte ont été : "Où est-il ? Je sais qu'il est là ! Je le sens dans mes os !".

Sa femme, qui faisait la vaisselle à ce moment-là, a dit : "Qui cherchez-vous ?"

Vendeur : "Ne me dites pas cela. Vous savez qui je cherche, et je vais le trouver !"

Il a regardé dans le placard, sous le lit et dans le grenier. Il a jeté un coup d'œil par la fenêtre de l'appartement du deuxième étage et a vu un jeune homme aux cheveux clairs monter dans une décapotable rouge.

"Il a saisi le réfrigérateur, l'a fait rouler jusqu'à la fenêtre et l'a poussé vers l'extérieur. Il écrasa l'homme dans la voiture et mourut lui-même d'une crise cardiaque.

Saint Pierre : "Que t'est-il arrivé, jeune homme ?"

Un jeune homme : "J'ai été écrasé à mort par un réfrigérateur."

Saint Pierre : "Et toi ?"

Vendeur : "En poussant un réfrigérateur à travers une fenêtre, je suis mort d'une crise cardiaque."

Saint Pierre au troisième homme : "De quoi es-tu mort ?"

Le troisième homme : "J'étais assis dans ce frigo, je m'occupais de mes affaires, et..."

La vie est très accidentelle. On ne sait jamais d'où viendra le réfrigérateur. Quelqu'un peut y être assis, se mêlant de ses affaires... C'est pourquoi je dis qu'il faut devenir sannyasin : c'est le seul moment où l'on peut vivre, et il n'y en a pas d'autre.

C'est suffisant pour aujourd'hui.

Partis, partis, partis au-delà !

IL FAUT DONC CONNAÎTRE LA PRAJNAPARAMITA COMME LE GRAND SORTILÈGE, LE SORTILÈGE DE LA GRANDE CONNAISSANCE, LE SORTILÈGE LE PLUS PUISSANT, LE SORTILÈGE INÉGALÉ, LE TUEUR DE TOUTES LES SOUFFRANCES, EN VÉRITÉ - CAR QU'EST-CE QUI POURRAIT ALLER DE TRAVERS ?

PAR LA PRAJNAPARAMITA, CE SORT A ÉTÉ DÉLIVRÉ.

IL SE DÉROULE COMME SUIT :

PARTI, PARTI, PARTI AU-DELÀ, PARTI TOUT À FAIT AU-DELÀ, Ô QUEL RÉVEIL, TOUT LE MONDE !

CECI COMPLÈTE LE CŒUR DE LA SAGESSE PARFAITE.

Teilhard de Chardin divise l'évolution humaine en quatre étapes. La première est appelée géosphère, la deuxième biosphère, la troisième noosphère et la quatrième christosphère. Ces quatre étapes sont extrêmement importantes. Il faut les comprendre. Les comprendre vous aidera à comprendre le point culminant du Sutra du cœur.

La géosphère. C'est l'état de la conscience qui est absolument endormie, l'état de la matière. La matière est la conscience endormie. La matière n'est pas contre la conscience, la matière est un état de conscience endormi, pas encore éveillé. Un rocher est un bouddha endormi ; un jour ou l'autre, il deviendra un bouddha. Cela peut prendre des millions d'années - cela n'a pas d'importance. La différence ne sera que temporelle, et le temps n'a pas beaucoup d'importance dans cette éternité. C'est pourquoi, en Orient, nous fabriquons des statues en pierre - c'est très symbolique : le rocher et le Bouddha sont reliés par une statue de pierre. Le rocher est le plus bas et le Bouddha est le plus haut.

La statue de pierre dit que même dans la pierre se cache un Bouddha. La statue de pierre dit que Bouddha n'est rien d'autre que le rocher parvenu à la manifestation ; le rocher a exprimé tout son potentiel.

C'est le premier stade : la géosphère. C'est la matière, c'est l'inconscience, c'est le sommeil, c'est la pré-vie.

Dans cet état, il n'y a pas de liberté, car la liberté passe par la conscience. Dans cet état, il n'y a que des causes et des effets. La loi est absolue. Aucun accident n'est possible. La liberté n'est pas connue. La liberté n'est que l'ombre de la conscience ; plus on devient conscient, plus on est libre. C'est pourquoi Bouddha est appelé mukta - totalement libre. Le rocher est totalement asservi, entravé de partout, de tous les côtés, dans toutes les dimensions. Le rocher est l'âme emprisonnée, Bouddha est l'âme ailée. Il n'y a plus de chaînes, de servitudes, d'emprisonnements ; aucun mur n'entoure le Bouddha. Il n'y a pas de frontières à son être. Son être est aussi vaste que l'existence elle-même. Il ne fait qu'un avec le tout.

Mais dans le monde de la géosphère, la relation de cause à effet est le seul dhamma, la seule loi, le seul Tao. La science est encore confinée à la géosphère, parce qu'elle continue à penser en termes de cause et d'effet. La science moderne est une science très rudimentaire, très primitive, parce qu'elle ne peut pas concevoir autre chose que la matière. Sa conception est très limitée, et c'est pourquoi elle crée plus de malheurs qu'elle n'en résout. Sa vision est si limitée, sa vision est si minuscule, si petite, qu'elle ne peut pas se réconcilier avec la totalité de l'existence. Elle regarde à partir d'un petit trou et pense que c'est tout. La science est toujours confinée à la géosphère. La science est toujours en esclavage, elle n'a pas encore d'ailes. Elle n'en aura que lorsqu'elle commencera à aller au-delà de la relation de cause à effet.

Oui, il y a de petites étincelles. Le physicien nucléaire entre dans le monde qui est au-delà de la cause et de l'effet, il franchit la frontière. C'est pourquoi le principe d'incertitude apparaît, avec une grande force. Le principe de cause à effet est le principe de certitude : vous faites ceci et cela se produira forcément. Vous chauffez l'eau à cent degrés et l'eau s'évapore - c'est le principe de cause à effet. L'eau n'a pas de liberté. Elle ne peut pas dire : "Aujourd'hui, je ne suis pas d'humeur et je ne vais pas m'évaporer à cent degrés ! Je dis simplement non !" Non, elle ne peut pas dire cela ; elle ne peut pas résister, elle ne peut pas lutter contre la loi. Il est très respectueux de la loi, très obéissant. Un autre jour, lorsque l'eau se sent très heureuse, elle ne peut pas dire : "Ne vous dérangez pas trop. Je vais m'évaporer à cinquante degrés. Je vais vous obliger." Non, ce n'est pas possible.

L'ancienne physique, l'ancienne science, n'avait aucune idée du principe d'incertitude. Le principe d'incertitude signifie le principe de liberté. Aujourd'hui, il y a de petits aperçus.

Aujourd'hui, ils ne sont plus aussi sûrs qu'avant. Ils constatent qu'au plus profond, dans la matière aussi, il y a une certaine qualité de liberté. Il est très difficile de dire si l'électron est une particule ou une onde : il se comporte de deux façons, tantôt comme ci, tantôt comme ça. Et il n'y a aucun moyen de le prédire. C'est un quanta. Et ce n'est pas tout : sa liberté est telle qu'il se comporte parfois simultanément comme une onde et comme une particule. C'est tout à fait impossible à concevoir ou à comprendre pour le vieux scientifique. Aristote ne pourrait pas le comprendre, Newton ne pourrait pas le comprendre. C'est impossible à voir. Cela revient à dire que quelque chose se comporte simultanément comme une ligne et un point ; c'est illogique. Comment une chose peut-elle se comporter à la fois comme un point et comme une ligne ? Soit c'est une ligne, soit c'est un point.

Mais aujourd'hui, les physiciens commencent à entrevoir le noyau le plus profond de la matière. D'une manière très, très détournée, ils tombent sur l'un des plus grands facteurs de la vie : la liberté.

Mais dans la géosphère, il n'existe pas. C'est sushupti.

Le mot sushupti signifie sommeil absolu - pas même un rêve ne s'agite. Les rochers ne rêvent même pas, ils ne peuvent pas rêver. Pour rêver, ils doivent être un peu plus conscients. Le rocher est simplement là. Il n'a pas de personnalité, il n'a pas d'âme - du moins pas dans la réalité. Il ne peut même pas rêver ; son sommeil n'est pas perturbé. Jour et nuit, année après année, il continue à dormir. Il a dormi pendant des millénaires et il dormira encore pendant des millénaires. Même un rêve ne le perturbe pas.

En yoga, nous divisons la conscience en quatre étapes. Elles sont très proches de la division de Chardin. Le premier est sushupti, le sommeil profond. La géosphère correspond à ce stade. La géosphère ressemble plus à la mort qu'à la vie. C'est pourquoi la matière semble morte. Elle ne l'est pas. Elle attend que sa vie se développe, elle est comme une graine. Elle semble morte : elle attend le bon moment pour exploser en vie. Mais pour l'instant, elle est morte. Il n'y a pas d'esprit. N'oubliez pas qu'au dernier stade, il n'y aura plus d'esprit non plus. Un Bouddha est dans un état de non-esprit, et le rocher est également dans un état de non-esprit. D'où la signification d'une statue de pierre : la rencontre de deux polarités. Le fait que le rocher soit dans un état de non-esprit signifie que le rocher est toujours en dessous de l'esprit. Le Bouddha est dans un état de non-esprit : cela signifie que le Bouddha est allé au-delà de l'esprit. Il y a une similitude, tout comme il y a une similitude entre un enfant et un saint. L'enfant est en dessous de l'esprit, le saint est au-delà de l'esprit. Le rocher devra passer par toutes les turbulences de la vie que le

Bouddha a traversées. Il est allé, allé et allé, et il est allé au-delà, complètement au-delà. Mais il y a une similitude : il existe à nouveau dans un état de non-esprit. Il est devenu si pleinement conscient que l'esprit n'est plus nécessaire.

La roche est tellement inconsciente que l'esprit ne peut exister. Dans le rocher, l'inconscient est absolu, et l'esprit n'est donc pas possible. Dans le Bouddha, la conscience est absolue et l'esprit n'est pas nécessaire. Laissez-moi vous l'expliquer ; c'est l'une des choses les plus importantes à apprendre, à comprendre.

Le mental n'est nécessaire que parce que vous n'êtes pas vraiment conscient. Si vous êtes vraiment conscient, alors il y a une vision, il n'y a pas de pensée. Vous agissez alors à partir de votre intuition, vous n'agissez pas à partir de votre esprit. Le mental n'est alors pas nécessaire. Lorsque vous considérez une chose comme vraie, cette vision même devient votre action.

Par exemple, vous êtes dans une maison et celle-ci est en feu. Vous le voyez - ce n'est pas une pensée.

Vous le voyez simplement et vous sautez hors de la maison. On n'attend pas, on ne réfléchit pas, on ne rumine pas. On ne se renseigne pas, on ne consulte pas de livres, on ne va pas demander l'avis de quelqu'un sur ce qu'il faut faire.

Vous revenez d'une promenade nocturne et, juste sur la route, vous rencontrez un serpent. Vous sautez ! Vous sautez avant même que la pensée n'entre en jeu. Ce n'est pas par la pensée que vous sautez, c'est par la perspicacité. Le grand danger est là - le danger même vous rend vivant, intense, conscient, et vous sautez par conscience. C'est un saut sans esprit.

Mais ces moments sont rares dans votre vie car vous n'êtes pas encore prêt à vivre intensément et totalement votre conscience. Pour Bouddha, c'est sa façon normale de vivre. Il vit si totalement que l'esprit n'est jamais nécessaire, jamais consulté.

La première sphère, la géosphère, est une sphère sans esprit. Il n'y a pas de soi, évidemment, car sans l'esprit, le soi ne peut exister. De même, dans la quatrième sphère, il n'y aura pas de soi, car sans l'esprit, comment le soi peut-il exister ? L'esprit a besoin de fonctionner à partir d'un centre, c'est pourquoi il crée l'ego, le moi. L'esprit doit se contrôler, il doit se maintenir dans un certain schéma, un certain ordre. Il doit se maintenir. Pour se maintenir, il crée un centre, car ce n'est qu'à travers le centre qu'il peut garder le contrôle. Sans centre, il ne pourra pas garder le contrôle. Ainsi, dès que l'esprit entre en jeu, l'ego est en route. Tôt ou tard, l'esprit aura besoin de l'ego.

Sans l'ego, l'esprit ne pourra pas fonctionner. Sinon, qui contrôlera, qui gérera, qui manipulera, qui planifiera, qui rêvera, qui projettera ? Et qui sera là pour être désigné comme une chose constante ? - parce que l'esprit change tout le temps. Une pensée après l'autre... c'est une procession de pensées. Vous serez perdu si vous n'avez pas d'ego : vous ne saurez pas qui vous êtes, ni où vous allez, ni pour quoi faire.

Dans la géosphère, il n'y a ni esprit, ni soi, ni temps. Elle est en dessous du temps. Le temps n'y est pas encore entré. La roche ne connaît ni passé, ni présent, ni futur. Il en va de même pour le Bouddha.

Il est également au-delà du temps. Il ne connaît ni passé, ni présent, ni futur. Il vit dans l'éternité. En fait, c'est la véritable signification d'être dans le présent. Être dans le présent ne signifie pas l'espace qui se trouve entre le passé et le futur. Dans le dictionnaire, c'est le sens donné : l'espace entre le passé et le futur est appelé le présent. Mais ce n'est pas le présent. De quel genre de présent s'agit-il ? Il est déjà en train de devenir du passé, il est en train de disparaître. Ce moment, si vous l'appelez "présent", au moment où vous l'avez appelé "présent", est déjà passé ; il n'est plus présent. Et ce moment que vous appeliez "futur" - au moment où vous l'avez appelé "futur", il est devenu le présent et se dirige vers le passé. Ce présent n'est pas un vrai présent.

Le présent qui se situe entre le passé et le futur n'est qu'une partie du passé et du futur, de la procession temporelle.

Le présent dont je parle, le maintenant dont je parle, ou le Bouddha, ou le Christ lorsqu'il dit : "Ne pensez pas au lendemain. Voyez les lys dans les champs - ils ne travaillent pas, ils ne filent pas, et regardez comme ils sont beaux. Comme ils sont incroyablement beaux ! Même Salomon n'était pas aussi beau dans toute sa gloire. Regardez les lis des champs..." Ces lis vivent dans une sorte d'ignorance ; ils ne connaissent pas le passé, ils ne connaissent pas l'avenir.

Le Bouddha ne connaît ni passé, ni futur, ni présent. Il ne connaît aucune division. C'est l'état d'éternité. Alors le maintenant est absolument là. Il n'y a que maintenant, et seulement ici, et rien d'autre. Mais le rocher est aussi dans cet état - inconscient, bien sûr.

La deuxième sphère est la biosphère. Elle signifie la vie, la préconscience. La première sphère était la matière, la deuxième sphère est la vie : les arbres, les animaux, les oiseaux. Le rocher ne peut pas bouger, le rocher n'a aucune vie nulle part, il n'est visible nulle part. L'arbre a plus de vie, l'animal encore plus, l'oiseau encore plus. L'arbre est enraciné dans le sol, il ne peut pas bouger beaucoup. Il bouge un peu, se balance, mais ne peut pas bouger beaucoup ; il n'a pas beaucoup de liberté. Il a certes un peu de liberté, mais l'animal en a davantage. Il peut se déplacer, il peut choisir un peu plus librement - où aller, que faire. L'oiseau a même un peu plus de liberté : il peut voler. C'est la sphère appelée biosphère, la sphère de la vie. C'est la préconscience ; une conscience rudimentaire est en train de naître. Le rocher était absolument inconscient. On ne peut pas dire que l'arbre soit aussi absolument inconscient. Oui, il est inconscient, mais quelque chose de la conscience filtre, un rayon de conscience entre en jeu. Et l'animal est un peu plus conscient.

Le premier état correspond à la sushupti de Patanjali, le sommeil profond. Le deuxième état correspond au swabana de Patanjali, l'état de rêve. La conscience arrive comme un rêve.

Oui, les chiens rêvent. Vous pouvez voir - vous pouvez regarder un chien endormi et vous verrez qu'il rêve.

Dans son rêve, il essaie parfois d'attraper des mouches. Parfois, vous verrez qu'il est triste, et parfois, vous verrez qu'il a l'air heureux. Observez un chat, et parfois il saute sur une souris dans son rêve, et vous pouvez voir ce qu'il fait dans le rêve - manger la souris, nettoyer sa moustache. Vous pouvez observer le chat : le rêve est entré, des choses se passent dans le monde de la conscience. La conscience fait surface. La relation de cause à effet est toujours prédominante, mais pas autant que dans un rocher. Un peu de liberté devient possible et les accidents commencent à se produire.

L'animal a un peu de liberté. Il peut choisir certaines choses, il peut être capricieux :

il peut être de bonne humeur et être amical envers vous, il peut être de mauvaise humeur et ne pas être amical envers vous. Une petite partie de la décision est entrée dans son être, mais une toute petite partie, juste le début. Le moi n'est pas encore intégré. C'est un moi très lâche, un méli-mélo, mais il est en train de naître. La structure prend forme, la forme apparaît.

L'animal est orienté vers le passé ; il vit du passé. L'animal n'a aucune idée de l'avenir - il ne peut pas planifier l'avenir, il ne peut pas penser à l'avenir. Même s'il pense parfois à l'avenir, c'est de manière très, très fragmentaire. Par exemple, lorsque l'animal a faim, il peut penser, quelques heures à l'avance, qu'il aura de la nourriture. Il doit attendre. Mais l'animal ne peut pas penser à un mois, deux mois, trois mois dans le futur. L'animal ne peut pas concevoir les années ; il n'a pas de calendrier, pas de notion de temps. Il est orienté vers le passé. Il s'attend à ce que tout ce qui s'est produit dans le passé se produise également dans le futur. Son avenir est plus ou moins identique au passé ; c'est une répétition. Il est dominé par le passé. Le temps passe par le passé, le soi passe par le passé.

La troisième sphère est la noosphère ; l'esprit, la conscience de soi y apparaissent. La première était l'inconscience, la deuxième était la préconscience, la troisième est la conscience de soi.

La conscience arrive, mais elle s'accompagne d'une calamité : le moi. Il ne peut en être autrement ; le moi est un mal nécessaire. La conscience apparaît avec l'idée du "je". La réflexion commence, la pensée commence, la personnalité naît. L'esprit s'accompagne d'une orientation vers l'avenir : l'homme vit dans l'avenir, les animaux dans le passé.

Les sociétés développées vivent dans le futur, les sociétés non développées vivent dans le passé. Les peuples primitifs vivent encore dans le passé. Seuls les peuples civilisés vivent dans l'avenir. Vivre dans l'avenir est un état supérieur à celui de vivre dans le passé. Les jeunes vivent dans l'avenir, les personnes âgées commencent à vivre dans le passé. Les jeunes sont plus vivants que les vieux. Les nouveaux pays, les nouvelles cultures vivent dans le futur. Par exemple, l'Amérique vit dans le futur, l'Inde vit dans le passé. L'Inde continue de porter cinq mille, dix mille ans de passé. C'est un tel fardeau, il est si difficile de le porter, il est écrasant, mais on continue à le porter. C'est l'héritage, et l'on est très fier du passé.

Être fier du passé est tout simplement un état non civilisé. Il faut se tourner vers l'avenir, il faut tâtonner dans l'avenir. Le passé n'est plus, l'avenir va être - il faut s'y préparer.

Vous pouvez le regarder de différentes manières. L'esprit indien ne s'enthousiasme que pour les événements passés. Pourtant, les gens continuent à jouer le drame de Rama chaque année, et ils sont très heureux. Des milliers d'années se sont écoulées et ils ont joué le même drame encore et encore, et ils le joueront encore. Et ils sont très heureux. Ils n'ont pas été aussi ravis lorsque le premier homme a marché sur la lune ; ils n'ont pas été aussi ravis qu'ils l'ont été et l'ont toujours été par le drame de Rama. Ils connaissent l'histoire, ils l'ont vue de nombreuses fois, mais c'est leur héritage ; ils en sont très fiers.

Vous serez surpris d'apprendre qu'il existe en Inde des mahatmas hindous et des mahatmas jaïns qui tentent de prouver que l'homme n'a pas marché sur la lune, que les Américains nous trompent. Pourquoi ? parce que la lune est un dieu. Comment peut-on marcher sur la lune ? Et il y a des gens qui les écoutent et les suivent.

Un moine jaïna est venu me voir une fois au Gujarat et m'a dit : "Soutenez-moi... et j'aurai des milliers d'adeptes !". Et c'est ce qu'il a fait. Le thème de sa vie était que les Américains ont été trompés, que ces photos sont des trucages photographiques, que les roches qui ont été ramenées de la lune ont été ramenées de Sibérie ou d'un autre endroit de la planète. Personne n'est jamais allé et personne ne pourra jamais aller sur la lune, car dans les shastras jaina, dans les écritures jaina, il est écrit que la lune est un dieu. Comment peut-on marcher sur Dieu ? Il s'agit d'une orientation vers le passé. C'est très ennuyeux.

C'est pourquoi l'Inde ne peut pas se développer, elle ne peut pas évoluer, elle ne peut pas progresser. Elle est coincée dans le passé.

Avec la noosphère, avec l'esprit, la conscience de soi, la réflexion, la pensée, la personnalité, l'orientation vers l'avenir voit le jour. Et plus on commence à se préparer à l'avenir, plus on devient anxieux, bien sûr. Les Américains sont donc les personnes les plus tendues, les plus agitées. Les Indiens sont très calmes, si calmes qu'ils n'ont aucune efficacité. Savez-vous que lorsque les Indiens changent une ampoule électrique, il faut trois Indiens ? - Un pour tenir l'ampoule et deux pour tourner l'échelle. Ce sont des gens très reposants, détendus ; ils ne souffrent d'aucune anxiété, ils ne savent pas ce qu'est vraiment l'anxiété.

L'anxiété est liée à l'avenir, car il faut planifier. Vous ne pouvez pas vous contenter de répéter les vieilles habitudes de votre vie. Et lorsque vous faites quelque chose de nouveau, il y a une possibilité d'erreur, plus de possibilité d'erreur. Plus vous essayez la nouveauté, plus vous devenez anxieux. C'est pourquoi, psychologiquement, l'Amérique est le pays le plus perturbé, et l'Inde le plus tranquille.

Les animaux ne sont pas anxieux. Vivre dans le passé est un état d'esprit inférieur - bien sûr plus confortable, plus commode. Et les mahatmas hindous ne cessent de dire au monde : "Regardez comme nous sommes paisibles. Il n'y a pas de névrose. Même si nous mourons de faim, nous mourons très, très silencieusement. Même si nous mourons, nous mourons avec beaucoup d'acceptation. Et vous, vous devenez fous !"

Mais n'oubliez pas que le progrès passe par l'anxiété. Avec le progrès, il y a l'anxiété, il y a le tremblement - de se tromper, de faire quelque chose de mal, de manquer le but. Avec le passé, il n'y a pas de problème : vous continuez à le répéter. C'est un passé bien établi, dont les chemins sont parfaitement connus. Vous les avez empruntés, vos parents les ont empruntés, et ainsi de suite, en remontant jusqu'à Adam et Eve. Tout le monde l'a fait ; il n'y a aucune possibilité de se tromper. Avec la nouveauté, l'anxiété, la peur, la crainte de l'échec entrent en jeu.

Cette troisième sphère, la noosphère, est la sphère de l'anxiété, de la tension. Si vous devez choisir entre la deuxième et la troisième, choisissez la troisième, ne choisissez pas la deuxième. Bien qu'il ne soit pas nécessaire de choisir entre la troisième et la deuxième, vous pouvez choisir entre la troisième et la quatrième ; choisissez alors la quatrième. Choisissez toujours le plus élevé.

Rappelez-vous que lorsque je condamne l'esprit indien, je ne condamne pas Bouddha ni Krishna. Ils ont choisi le quatrième : ils sont également au repos, ils sont également détendus - mais leur détente vient de l'abandon du temps lui-même, pas de la vie dans le passé. Ils sont totalement détendus, ils n'ont pas d'anxiété, pas de névrose. Leur esprit est un lac calme, sans vagues - mais non pas en choisissant le deuxième, mais en choisissant le quatrième ; non pas en restant en dessous de l'esprit, mais en allant au-delà de l'esprit. Mais c'est ainsi que les choses se passent.

Les gens ont vu Bouddha en Inde, ils ont vu le silence, ils ont vu la bénédiction de l'homme, ils ont vu la grâce, et ils ont vu que la vie peut être vécue dans une telle détente... pourquoi ne pas vivre une telle vie ? Mais ils n'ont fait aucun effort pour passer à la quatrième étape. Au contraire, ils ont rechuté de la troisième étape et se sont installés dans la deuxième étape. Cela donne quelque chose comme le silence de Bouddha ; mais c'est "quelque chose comme", ce n'est pas exactement cela. Il est toujours plus facile de s'installer dans le passé et de devenir plus commode et plus confortable. Le Bouddha ne s'est pas contenté du passé ; il ne s'est même pas contenté de l'avenir. Il ne s'est pas installé dans le temps lui-même - il a laissé tomber le temps, il a laissé tomber l'esprit qui crée le temps. Il a laissé tomber l'ego qui crée l'anxiété.

Les Indiens ont choisi de laisser tomber l'avenir parce que cela semble créer de l'anxiété : "L'avenir crée de l'anxiété ? Vous pouvez laisser tomber l'avenir". Vous retombez alors dans l'état précédent. Laissez tomber l'ego et vous irez au-delà.

La troisième sphère correspond à ce que Patanjali appelle l'éveil. La première est le sommeil, la deuxième est le rêve, la troisième est l'éveil - votre éveil bien sûr, pas l'éveil d'un bouddha. Votre soi-disant état de veille : les yeux sont ouverts mais les rêves errent à l'intérieur de vous ; les yeux sont ouverts mais le sommeil est là, à l'intérieur de vous. Vous êtes plein de sommeil même lorsque vous êtes éveillé. C'est le troisième état. Et c'est toujours utile ; si vous êtes fatigué de la journée, vous tombez dans un rêve - cela vous détend. Ensuite, vous tombez dans un sommeil profond, ce qui vous détend encore plus. Le matin, vous êtes à nouveau frais et dispos. Vous reculez pour vous reposer parce que c'est ce que vous savez déjà, et c'est là dans votre système ; vous pouvez y aller.

Le quatrième état doit être créé ; il n'est pas dans votre système. C'est votre potentiel, mais vous n'y avez jamais été auparavant. C'est ardu, c'est aller en amont, en montée. Le quatrième état est la christosphère - vous pouvez l'appeler la bouddhosphère, c'est la même chose ; vous pouvez l'appeler la krishnasphère, c'est la même chose. Le troisième état offre une sorte de liberté, une pseudo-liberté, la liberté connue sous le nom de choix. Il faut comprendre cela, c'est d'une grande importance.

Au troisième stade, vous avez simplement une pseudo liberté, et cette liberté est la liberté de choix. Par exemple, vous dites : "Mon pays est libre sur le plan religieux". Cela signifie que vous pouvez choisir : vous pouvez aller dans une église ou dans un temple, et le pays et ses lois ne vous créeront aucun problème. Vous pouvez devenir mahométan, hindou ou chrétien - vous avez le choix. L'expression "le pays est libre" signifie que vous pouvez choisir votre vie, où vous voulez vivre, ce que vous voulez faire, ce que vous voulez dire. Le choix de l'expression, la liberté - que vous puissiez dire ce que vous voulez, que vous puissiez faire ce que vous voulez, que vous puissiez choisir n'importe quel style religieux ou politique ; vous pouvez être communiste, vous pouvez être fasciste, vous pouvez être libéral, vous pouvez être démocrate, et toutes ces absurdités. Vous pouvez choisir. Ce n'est qu'une pseudo-liberté. Pourquoi est-ce que je parle de pseudo-liberté ? - Parce qu'un esprit rempli de pensées ne peut pas être libre.

Si vous avez vécu pendant cinquante ans et que votre esprit a été conditionné par vos parents, vos enseignants et la société, pensez-vous pouvoir choisir ? Vous choisirez en fonction de votre conditionnement. Comment cela peut-il être un choix ? Tout d'abord, vous avez été conditionné.

C'est comme lorsqu'on hypnotise quelqu'un. Vous pouvez amener quelqu'un à Santosh, notre hypnotiseur, et il peut l'hypnotiser et lui dire : "Demain matin, vous irez au marché et vous achèterez un certain type de cigarette, une certaine marque". Il peut suggérer cela à cette personne en état d'hypnose profonde. Demain matin, elle se lèvera et n'aura pas la moindre idée qu'elle va acheter une certaine marque de cigarettes au marché, parce que le conditionnement est entré dans l'inconscient, a été placé dans l'inconscient. Son esprit conscient n'en est pas conscient. Il n'aura même pas la moindre idée de la raison pour laquelle il se rend au marché. Mais il trouvera une rationalisation : il dira "Allons faire les courses aujourd'hui". Pourquoi aujourd'hui ? Il dira : "C'est ma liberté. Quand je veux y aller, j'y vais. Qui êtes-vous pour m'en empêcher ? C'est ma liberté." Et il n'est pas conscient, complètement inconscient que ce n'est pas du tout la liberté. Il ira au marché avec l'idée qu'il est libre, et il ne pensera même pas un seul instant qu'il va acheter une certaine marque de cigarettes. Puis, soudain, il tombe sur un magasin et se dit : "Pourquoi ne pas acheter un paquet de cigarettes ? Cela fait si longtemps que tu n'as pas fumé." Et il se dit que c'est ce qu'il pense ! Il se rend au magasin et dit : "Donnez-moi cette marque de cigarettes, 555." Pourquoi pas Panama ? Pourquoi pas Wills ? Pourquoi pas Berkeley ? Il dira : "C'est mon choix ! Je suis libre de choisir !" Et il achètera 555, et il restera libre - du moins dans son idée. Il n'est pas libre, il a été conditionné.

Vous avez été conditionné en tant qu'hindou, chrétien, mahométan, indien, chinois, allemand - comment pouvez-vous être libre ? Vous avez été conditionné par vos parents, par votre société, par votre quartier, par votre école, votre collège, votre université - comment pouvez-vous être libre ? Votre liberté est pseudo. Elle est bidon - elle vous donne seulement le sentiment d'être libre et vous rend heureux ; sinon, elle n'a rien de libre. Quand vous allez à l'église, est-ce que vous sortez de votre liberté ? Quand vous allez au temple hindou, est-ce que vous renoncez à votre liberté ? Examinez la question et vous verrez que ce n'est pas par liberté ; vous êtes né dans une famille hindoue.

Il peut arriver que vous soyez né dans une famille chrétienne et que vous souhaitiez vous rendre dans un temple hindou. Il s'agit là aussi d'un conditionnement - d'un type différent. Peut-être que vos parents étaient trop chrétiens et que vous ne pouviez pas absorber autant d'absurdités. Il y a une limite. Vous êtes devenu antagoniste, vous avez commencé à vous rebeller contre cela ; vous êtes devenu réactionnaire. Ils avaient l'habitude de vous attirer vers l'église. Ils étaient puissants, et vous étiez un petit enfant, vous ne pouviez rien faire, vous étiez impuissant. Mais tu te disais toujours : "Je vais te montrer." Le jour où vous êtes devenu puissant, vous avez cessé d'aller à l'église.

Cette idée, "Je vais vous montrer", a été implantée par leur obsession de l'église. Il s'agit à nouveau d'hypnose - dans l'ordre inverse, mais c'est toujours de l'hypnose. Vous réagissez, vous n'êtes pas libre. Si vous voulez aller à l'église, vous ne pourrez pas y aller, vous vous en éloignerez. Vous n'irez pas parce que c'est l'église où vos parents vous emmenaient. Vous ne pouvez pas aller dans cette église ; vous deviendrez un hindou. Vous commencerez à faire des choses que vos parents n'auraient jamais voulu que vous fassiez, juste pour leur montrer. Il s'agit là d'une réaction. La première est l'obéissance, la seconde est la désobéissance, mais il n'y a pas de liberté dans l'une ou l'autre.

Et encore une chose : ce n'est pas seulement une question de conditionnement qui fait que vous n'êtes pas libre. Lorsque vous choisissez entre deux choses - peut-être que personne ne vous a conditionné à propos de ces deux choses ; il y a des millions de choses pour lesquelles vous n'avez pas été conditionné du tout. Lorsque vous choisissez entre deux choses, vous le faites dans la confusion, et dans la confusion, il ne peut y avoir de liberté. Vous voulez épouser telle ou telle fille - comment allez-vous choisir ? Vous êtes dans la confusion.

Chaque jour, je reçois des lettres de personnes : "Je suis déchiré entre deux femmes. Que dois-je faire ? Cette femme est belle physiquement, en proportion, elle a de très, très beaux yeux, une sorte de charme ; le corps est vibrant, rayonnant, vivant - mais psychologiquement, elle est très laide. L'autre femme est belle psychologiquement, mais laide physiquement. Que faire maintenant ? Et vous êtes déchiré.

J'ai entendu parler d'un homme qui pensait se marier. Il était amoureux d'une femme, mais elle était très pauvre. Elle était belle, mais très pauvre. Et une autre femme, très riche mais très laide, était amoureuse de lui. Mais une chose était belle chez elle aussi - son timbre, sa voix. C'était une grande chanteuse.

Maintenant, il est déchiré. La belle femme n'avait pas cette voix, cette voix chantante, et il aimait la musique. Elle avait un beau visage, mais la forme n'était pas aussi importante pour lui que la voix.

Et puis il était pauvre, et il voulait une femme qui apporte beaucoup d'argent avec elle pour qu'il y ait une sécurité ; il pouvait se consacrer entièrement à sa musique, sans se soucier de l'argent et de choses comme ça. Il voulait consacrer toute sa vie à la musique. Cette femme avait deux choses : l'argent et une belle voix - mais elle était complètement laide. Il était très difficile de la regarder, son visage était repoussant. La pauvre femme était belle, mais sa voix était ordinaire et elle n'avait pas d'argent. S'il choisit cette femme, il devra renoncer à son histoire d'amour avec la musique. Il devrait devenir employé dans un bureau stupide, ou professeur ou autre chose. Et il ne pourrait plus se consacrer à la musique. La musique a besoin d'une dévotion totale, la musique est une maîtresse très jalouse - elle ne vous permet pas d'aller n'importe où, elle veut vous absorber complètement, totalement. Il était donc partagé. Finalement, son amour pour la musique l'a emporté et il a épousé la femme laide.

Il est rentré à la maison et ils se sont endormis. Les nuits sombres se passaient bien parce qu'il ne regardait pas la femme, il n'y avait donc pas de problème. Mais le matin, quand les rayons du soleil ont filtré et qu'il était réveillé, il a regardé le visage de la femme, qui était si répugnant. Il secoua fortement la femme et dit : "Chantez ! Chantez tout de suite ! Chantez tout de suite !" - juste pour se protéger de cette laideur.

Les gens m'écrivent : "Nous sommes déchirés entre deux femmes, ou entre deux hommes. Que faire ?"

Cette confusion est due au fait que vous êtes motivé. Il y a une motivation : l'argent, la musique, la sécurité. Il n'y a pas d'amour ; c'est pourquoi vous êtes déchirés. Si l'amour est là, l'amour intense, l'amour passionné, alors il n'y a pas de choix possible. La passion elle-même déciderait. Vous n'auriez pas à choisir, vous ne seriez pas déchirés. Mais les gens ne sont pas aussi intelligents ni aussi intenses. Ils vivent dans la tiédeur, ils ne vivent pas intensément, leur vie n'est pas enflammée.

La véritable liberté n'apparaît que lorsque votre vie devient si totale à chaque instant qu'il n'est pas nécessaire de décider ; c'est la totalité qui décide. Me suivez-vous ? - c'est la totalité elle-même qui décide. Vous n'êtes pas confronté à deux alternatives : épouser telle ou telle femme. Votre cœur est entièrement tourné vers l'une d'entre elles. Il n'y a pas de motif, vous n'êtes donc pas divisé et il n'y a pas de confusion. Si vous décidez dans la confusion, vous créerez des conflits. La confusion vous entraînera dans des confusions encore plus profondes. Ne prenez jamais de décision dans la confusion.

C'est pourquoi Krishnamurti continue de parler d'absence de choix. L'absence de choix est la liberté.

Vous ne choisissez pas, vous devenez simplement totalement intense. Vous devenez absolument alerte, conscient, attentif.

Par exemple, vous m'écoutez : vous pouvez m'écouter d'une manière tiède - à moitié endormi, à moitié réveillé, bâillant, pensant à mille et une choses, planifiant, la nuit dernière étant encore présente, des gueules de bois de mille et une sortes - et vous m'écoutez aussi. La question se pose alors de savoir si je dis la vérité ou non. Si vous écoutez passionnément, si vous êtes totalement hanté, c'est cette passion même qui décidera. Dans cette intensité, vous saurez ce qu'est la vérité. Si je dis quelque chose de vrai, cela frappera immédiatement votre cœur. Parce que vous serez si intelligents, comment pourriez-vous le manquer ? Votre intelligence sera si alerte que vous ne pourrez pas la manquer. Et s'il y a quelque chose qui n'est pas vrai, vous le verrez immédiatement. La vision viendra immédiatement. Il n'y aura pas de décision à prendre : "Dois-je suivre cet homme ou non ?" C'est de la confusion. Vous n'avez pas écouté, vous ne m'avez pas vu.

Voyez l'intérêt de la chose ! Avec la vérité, il n'est pas nécessaire d'être d'accord ou de ne pas être d'accord. La vérité doit être entendue totalement, avec sensibilité, c'est tout. Et c'est cette même sensibilité qui décide. Vous voyez, vous ressentez immédiatement la vérité. Dans ce sentiment même, vous êtes entré dans la vérité - non pas que vous soyez d'accord ou en désaccord ; non pas que vous ayez été convaincu par moi, converti par moi. Je ne convertis personne, c'est la vérité qui convertit. Et la vérité n'est pas une croyance, et la vérité n'est pas un argument ; la vérité est une présence. Si vous êtes présent, vous la sentirez. Si vous n'êtes pas présent, vous ne la sentirez pas.

Au troisième stade, la noosphère, il y a donc une pseudo-liberté. C'est dans la confusion que l'on décide, et la confusion ne cesse de croître. La confusion entraîne des conflits, car il y a toujours deux côtés en vous - faire ceci ou faire cela, être ou ne pas être. Et quelle que soit votre décision, l'autre côté restera là et attendra son heure pour se venger. La liberté ne survient qu'au quatrième stade.

La christosphère est la quatrième. Avec la christosphère, le non-esprit apparaît - le non-esprit d'un Bouddha, d'un Christ, pas d'un rocher. Avec la quatrième vient la conscience, sans centre, sans soi, juste la pure conscience sans frontière, la conscience infinie. On ne peut alors pas dire "je suis conscient". Il n'y a pas de "moi", c'est juste une conscience. Elle n'a ni nom ni forme. C'est le néant, c'est le vide.

Avec cette conscience, la pensée n'est pas nécessaire ; la perspicacité commence à fonctionner, l'intuition commence à fonctionner.

L'intellect vit de l'enseignement. D'autres doivent vous enseigner - c'est ce qu'est l'enseignement. L'intuition, elle, n'a rien à vous apprendre : elle vient de l'intérieur, elle grandit en vous, elle est une floraison de votre être.

C'est la qualité de conscience appelée méditation, intuition, perspicacité, conscience sans centre, intemporalité ; ou vous pouvez l'appeler le maintenant, le présent. Mais rappelez-vous, ce n'est pas le présent entre le passé et le futur ; c'est le présent dans lequel le passé et le futur se sont tous deux dissous.

De Chardin l'appelle "le point oméga", Bouddha l'appelle nirvana, les Jainas l'appellent moksha, le Christ l'appelle "Dieu le Père". Ce sont des noms différents. Tout ce sutra concerne le passage de la troisième à la quatrième, de la noosphère à la christosphère, de l'intellect à l'intelligence, de la conscience de soi à l'absence de conscience de soi. Le troisième est comme l'éveil, l'éveil ordinaire, et le quatrième est ce que Patanjali appelle turiya, "le quatrième". Il ne lui a pas donné de nom, ce qui semble très beau. Appelez-la "christosphère", et elle a l'air chrétienne ; appelez-la "Krishnasphère", et elle a l'air hindoue ; appelez-la "Buddhasphère", et elle a l'air bouddhiste.

Patanjali est très, très pur ; il l'appelle simplement "le quatrième". Elle contient tout. Il ne lui a pas donné de nom particulier. Pour trois d'entre eux, il donne des noms parce qu'ils ont des formes, et que là où il y a une forme, il y a un nom. Le sans-forme ne peut avoir de nom - turiya, "le quatrième".

Tout le Sutra de la Prajnaparamita traite du passage de la troisième à la quatrième.

Sariputra est au sommet de la troisième : la noosphère - réflexion, pensée, conscience de soi.

Il a voyagé jusqu'à l'extrémité du troisième, il en a atteint le maximum. Il n'y a plus rien à faire. Il se tient sur la ligne de démarcation.

DONC, O SARIPUTRA...

Bouddha se tient au-delà de la frontière et appelle Sariputra : "Viens... viens... et encore viens..." Tout le sutra est condensé aujourd'hui dans ce dernier sutra. Tous les sutras, jusqu'à présent, n'étaient qu'une préparation à ce dernier sommet.

TASMAJ JNATAVYAM : PRAJNAPARAMITA MAHA-MANTRO MAHA- VIDYAMANTRO 'NUTTARA-MANTRO' SAMASAMA-MANTRAH...

IL FAUT DONC SAVOIR...

TASMAJ JNATAVYAM...

... La seule chose qui vaille la peine d'être connue est donc celle-ci. C'est la conclusion de tout ce beau dialogue. Il s'agit d'un dialogue entre deux énergies, Bouddha et Sariputra, car Sariputra n'a pas dit un seul mot. C'est un dialogue bien supérieur à celui qui existe entre Arjuna et Krishna dans la Gita, parce qu'Arjuna dit quelque chose. C'est un dialogue verbal. Arjuna est plus un étudiant qu'un disciple. Il ne devient un disciple qu'à la toute fin. Lorsqu'il devient le disciple, Krishna devient le maître. Si le disciple n'est pas un disciple, comment le maître peut-il être un maître ? Si le disciple n'est qu'un étudiant, alors le maître n'est qu'un enseignant.

Là où la Gita se termine, c'est là que commence le Prajnaparamita Sutra. Sariputra est un disciple : il est totalement silencieux, n'a pas prononcé un seul mot, n'a même pas posé de question - pas verbalement. C'est un invité, pas un questionneur. C'est tout son être qui demande, pas son esprit. Il ne verbalise pas ; son existence est un point d'interrogation. Il se tient devant Bouddha, tout son être assoiffé, en feu, enflammé. Voyant son état, Bouddha continue à dire les choses de lui-même. Non pas que le disciple doive demander ; le maître sait quand le disciple a besoin. Le maître sait bien mieux que le disciple lui-même quel est son besoin. Le disciple doit attendre. Peut-être que Sariputra a attendu pendant de nombreuses années, presque vingt ans, ce moment - quand le maître verrait son besoin, quand le maître sentirait sa faim et sa soif, quand il serait digne de recevoir un cadeau du maître. Ce jour est arrivé, ce moment heureux est arrivé.

TASMAJ JNATAVYAM...

Le Bouddha dit : "C'est pourquoi, ô Sariputra, c'est la seule chose qui vaille la peine d'être connue." Et maintenant, il condense tout son message en quelques petits mots, en une petite phrase, en un mantra, en une maxime, en une formule. C'est le plus grand mantra, parce que Bouddha y a mis tout ce qui est nécessaire à l'ensemble du voyage. Il a tout mis dans cette petite, cette toute petite formule.

Par conséquent, la seule chose qui vaille la peine d'être connue est...

LA PRAJNAPARAMITA COMME LE GRAND SORTILÈGE, LE SORTILÈGE DE LA GRANDE CONNAISSANCE, LE SORTILÈGE SUPRÊME, LE SORTILÈGE INÉGALÉ...

Bouddha en fait l'éloge comme n'importe quoi ; il passe en revue tous les superlatifs possibles. Il dit : "C'est le grand sortilège !". Sortilège, mantra, signifie formule magique. Il faut comprendre ce qu'est un mantra. Un mantra est une chose très, très spéciale qu'il faut comprendre. C'est un sort, une formule magique. Il implique le phénomène selon lequel tout ce que vous avez n'existe pas vraiment, et tout ce que vous pensez ne pas avoir existe ! Une formule magique est nécessaire. Votre problème n'est pas réel ! - c'est pourquoi une formule magique est nécessaire.

Par exemple, une parabole :

C'est arrivé : Un homme avait très peur des fantômes. Malheureusement, il devait passer devant le cimetière tous les jours, à l'aller comme au retour. Parfois, il était en retard et, la nuit, il devait passer devant le cimetière. Sa maison se trouvait derrière le cimetière, très près de celui-ci. Il avait tellement peur des fantômes que sa vie était une torture constante. Il ne pouvait pas dormir : toute la nuit, il était dérangé par les fantômes. Tantôt ils frappaient aux portes, tantôt ils se déplaçaient à l'intérieur de la maison, et il entendait leurs pas et leurs chuchotements. Parfois, ils s'approchaient très près de lui et il pouvait même sentir leur souffle. Il vivait un enfer permanent.

Il est allé voir un maître qui lui a dit : "Ce n'est rien. Tu t'es adressé à la bonne personne." C'est ce que je vous dis ! "Prenez ce mantra - c'est suffisant, et vous n'avez pas à vous inquiéter. Mettez ce mantra dans une petite boîte en or et portez-la toujours sur vous. Tu peux l'accrocher à ton cou."

C'est comme le médaillon : c'est un mantra ; ou c'est comme la boîte magique que je donne aux sannyasins qui s'éloignent de moi. C'est une boîte magique, c'est un mantra.

Le maître dit : "Gardez ce mantra. Vous n'avez même pas besoin de le répéter ; il est si puissant qu'il n'a pas besoin d'être répété. Gardez-le simplement dans la boîte. Gardez la boîte avec vous et aucun fantôme ne vous dérangera jamais." Et c'est ce qui arriva : ce jour-là, il traversa le cimetière presque comme s'il allait se promener le matin. Jamais auparavant cela n'avait été aussi facile. Il avait l'habitude de courir ! Il criait et hurlait, et il devait chanter des chansons en passant. Ce jour-là, il a marché très lentement, la boîte à la main, et ça a vraiment marché ! Pas de fantômes. Il était même debout au milieu du cimetière, attendant que quelqu'un vienne, et aucun fantôme n'est apparu. Le silence était total.

Puis il est rentré chez lui. Il mit la boîte sous son oreiller. Cette nuit-là, personne ne frappa à la porte, personne ne chuchota, personne ne s'approcha de lui. C'est la première fois de sa vie qu'il a bien dormi. C'était un grand mantra. Mais à présent, il était trop attaché à la boîte. Il ne pouvait la laisser nulle part, il devait la porter partout toute la journée.

Les gens ont commencé à demander : "Pourquoi continuez-vous à porter cette boîte ?"

Et il a dit : "C'est ma sécurité, ma sûreté."

Il eut tellement peur que si un jour cette boîte était perdue, "j'aurais de gros ennuis, et ces fantômes se vengeraient". Il mangeait - et il avait sa boîte. Et dans les toilettes - il avait sa boîte. Faire l'amour avec sa femme - et il avait sa boîte. Il devenait fou ! Et maintenant, la peur était trop forte : si elle est volée, si quelqu'un lui joue un tour ou s'il la perd quelque part, ou si quelque chose arrive à la boîte, que se passera-t-il ? "Alors, pendant des mois, ces fantômes ont envie de me créer des ennuis ! Ils me sauteront dessus de partout, et ils me tueront !"

Un jour, le maître s'est enquis de l'évolution de la situation.

Il a dit : "Tout est bon. Tout est parfaitement bon, mais maintenant je suis torturé par mes propres peurs. Encore une fois, je ne peux pas dormir. Toute la nuit, je dois vérifier si la boîte est toujours là. Encore et encore, je dois me réveiller et chercher la boîte. Et si parfois elle glisse ici et là dans le lit et que je ne la trouve pas... c'est tellement effrayant ! J'ai tellement peur !"

Le maître lui dit : "Maintenant, je vais te donner un autre mantra. Tu jettes cette boîte."

Puis il a dit : "Alors comment vais-je me protéger des fantômes ?"

Le maître dit : "Ils ne sont pas là. Cette boîte n'est qu'un non-sens. Ces fantômes ne sont pas là ; c'est pourquoi cette boîte a fonctionné. Ces fantômes n'existent que dans votre imagination. S'ils étaient vraiment là, ils n'auraient pas peur de la boîte. Ce n'est que votre idée, ces fantômes étaient votre idée.

Maintenant, vous avez une meilleure idée, parce que vous avez un maître. Et le maître vous a donné une boîte, une formule magique. Soyez maintenant plus compréhensif : les fantômes ne sont pas là, c'est pourquoi cette boîte vous a aidé. Maintenant, il n'est plus nécessaire d'être obsédé par la boîte. Jette-la !"

Un mantra est un sort qui permet d'enlever des choses qui ne sont pas vraiment là. Par exemple, un mantra vous aidera à laisser tomber l'ego. L'ego est un fantôme, une simple idée. C'est pourquoi je vous dis que je suis ici pour enlever les choses qui ne sont pas vraiment avec vous, et pour vous donner les choses qui sont vraiment là. Je suis ici pour vous donner ce que vous avez déjà, et je dois vous enlever ce que vous n'avez jamais eu mais que vous pensez avoir. Vos misères, vos blessures, vos ambitions, vos jalousies, vos peurs, vos avidités, vos haines, vos attachements, tout cela, ce sont des fantômes.

Un mantra n'est qu'une astuce, une stratégie pour vous aider à vous débarrasser de vos fantômes. Une fois que vous avez éliminé ces fantômes, le mantra doit également être éliminé. Il n'est plus nécessaire de porter le mantra dès que l'on sent que les fantômes ont disparu. Vous rirez alors de toute cette absurdité : les fantômes étaient faux et le mantra était faux - mais il a aidé.

C'est ce qui s'est passé : Un homme a eu l'idée en rêve qu'un serpent était entré dans sa bouche et qu'il se trouvait dans son estomac. Il sentait le mouvement du serpent. Vous connaissez ces serpents, tout le monde les connaît. Il est devenu très perturbé. Il est allé voir des médecins et a passé des radiographies, mais... Il disait : "Il est là, même si les rayons X ne le montrent pas. Cela n'a pas d'importance. Je souffre, ma souffrance est réelle."

Puis il est allé voir un maître soufi. Quelqu'un a dit : "Allez voir un maître soufi. Seul un maître peut vous aider. Les médecins ne seront pas d'une grande aide. Ils traitent les maladies réelles ; les maîtres traitent les maladies irréelles. Allez voir un maître."

Il y est allé, et le maître a dit : "D'accord, je vais faire quelque chose. Demain matin, il sortira."

Le lendemain matin, le maître s'arrangea : il trouva un serpent, le donna à la femme de l'homme et lui dit : "Arrange-toi pour que, lorsque l'homme se réveillera le matin, il trouve le serpent en train de ramper hors du lit".

L'homme a poussé un cri, il a crié et il a sauté. Et il dit : "Ici ! Le voilà ! Ce serpent ! Et ces imbéciles de médecins : ils disaient qu'il n'y avait pas de serpent, rien. Et le voilà !" Mais depuis ce jour, le problème a disparu. C'était un mantra. Le problème n'était pas vraiment réel.

Tous vos problèmes sont vos créations. Un mantra est une stratégie pour éliminer vos illusions, et lorsque les illusions sont éliminées, ce qui reste derrière est la vérité. Le mantra ne prend que le faux. Il ne peut pas vous donner le vrai, il ne peut que prendre le faux. Mais cela suffit.

Une fois que le faux est pris, une fois que le faux est compris comme faux, la vérité apparaît. Et la vérité libère. La vérité est la libération.

Bouddha dit :

... LA PRAJNAPARAMITA, COMME LE GRAND SORT, LE SORT DE LA GRANDE CONNAISSANCE, LE SORT SUPRÊME, LE SORT INÉGALÉ - SARVA-DUHKHA PRASAMANAH - QUI ÉLIMINE TOUTES LES SOUFFRANCES.

Le Bouddha dit que ce petit mantra a un tel potentiel qu'il suffit à soulager toutes vos souffrances. Ce mantra suffira, il vous emmènera jusqu'à l'autre rive.

... SATYAM AMITHYATVAT EN VÉRITÉ - CAR QU'EST-CE QUI POURRAIT MAL TOURNER ?

Bouddha dit qu'il ne vous montrera que le faux comme le faux. Et lorsque vous connaissez la vérité, qu'est-ce qui peut aller de travers ? Alors rien ne peut aller mal - SATYAM AMITHYATVAT.

Le mot amithya vient de la racine mithya. Mithya signifie faux, amithya signifie non faux. Le mot mithya existe dans le mot anglais "myth". Myth signifie le faux. Myth vient de la même racine, mithya. Un mythe est ce qui apparaît mais n'est pas réel.

Dans un autre mot anglais, "miss", comme dans "to miss", on retrouve la même racine, mithya.

Malentendu - le mot "mis" vient de mithya. Ou lorsque nous disons "Il a raté", le mot "rater" vient également de mithya.

La vérité est ce que nous continuons à manquer. Nous passons à côté parce que nous nous accrochons au faux. Nous passons à côté de la vérité parce que nous nous accrochons au faux. Si nous laissons tomber le faux, il n'y a plus de manque du tout. Et c'est aussi le sens premier du mot "péché". Pécher signifie manquer, manquer la cible. Chaque fois que l'on s'accroche au faux, on commet un péché, parce qu'en s'y accrochant, on passe à côté de la vérité.

Vous vous accrochez à l'idée de Dieu et c'est faux. Toutes les idées sont fausses. Vous vous accrochez à une certaine idée de Dieu et c'est votre barrière. Bouddha dit que ce mantra éliminera toutes vos barrières ; il ne vous donnera que le néant. Dans le néant, la vérité surgit, parce qu'il n'y a rien qui puisse l'entraver.

Le "néant" signifie qu'il n'y a plus rien à obstruer - toutes les fausses idées ont été abandonnées sur le chemin. Vous êtes juste vide, vous êtes juste réceptif, ouvert ; vous venez nu, nu, vide, à la vérité - c'est la seule façon d'y arriver. Rien ne peut alors aller de travers.

... PRAJNAPARAMITAYAM UKTO MANTRAH - C'EST PAR LA PRAJNAPARAMITA QUE CE SORT A ÉTÉ DÉLIVRÉ.

Et Bouddha dit : "J'ai donné le dernier, l'ultime en cela. Il n'y a rien de plus, et il n'y a plus de possibilité de l'améliorer."

Et je vous le dis aussi : Il n'y a plus de possibilité de l'améliorer. Le "rien" est le plus grand des mantras. Si vous pouvez entrer dans le néant, alors rien d'autre n'est nécessaire. C'est là tout le message du Prajnaparamita Sutra.

TADYATHA... SE DÉROULE COMME SUIT.

Le Bouddha condense maintenant toute l'écriture, tout le dialogue, tout le message en quelques mots.

TADYATHA... SE DÉROULE COMME SUIT :

GATE GATE PARAGATE PARASAMGATE BODHI SVAHA :

PARTI, PARTI, PARTI AU-DELÀ, PARTI TOUT À FAIT AU-DELÀ.

O, QUEL RÉVEIL, SALUT !

Le Bouddha utilise le mot "gone" à quatre reprises. Ce sont les quatre choses pour lesquelles il utilise le mot "parti" : la géosphère, la biosphère, la noosphère, la christosphère. Disparu" - disparu de la matière, disparu du corps, disparu du visible, du tangible. Il utilise à nouveau le mot "parti" une deuxième fois - parti de la vie, de la soi-disant roue de la vie et de la mort. La troisième fois, il utilise le mot "gone" pour dire qu'il est allé au-delà du mental, de la pensée, de la pensée, du soi, de l'ego. Il l'utilise pour la quatrième fois... il est même allé au-delà de l'au-delà, de la christosphère. Il est maintenant entré dans l'incréé.

La vie a fait un tour complet. C'est le point oméga, et c'est aussi l'alpha. C'est le symbole que vous avez dû voir dans de nombreux livres, dans de nombreux temples, dans de vieux monastères - le symbole du serpent qui tient sa propre queue dans sa bouche.

PARTI, PARTI, PARTI AU-DELÀ, PARTI TOUT COURT...

Vous êtes rentré chez vous.

O, QUELLE PRISE DE CONSCIENCE !

Quel satori ! Quel samadhi ! C'est l'éveil, la bouddhéité...

TOUS À L'HONNEUR ! Alléluia !

Vous pouvez demander à Aneeta : elle continue à chanter "Alleluia". C'est l'alléluia. C'est l'état de l'alléluia : quand tout est parti, quand tout a disparu et qu'il ne reste plus que le pur néant.

C'est la bénédiction - alleluia ! C'est l'extase que tout le monde recherche. À tort ou à raison, mais tout le monde recherche cette extase.

Vous êtes un bouddha et vous n'êtes pas encore un bouddha : voilà le dilemme, voilà le paradoxe.

Vous êtes censé être un bouddha, mais il vous manque quelque chose. Ce sutra vous rapproche, ce sutra vous aide à devenir ce que vous êtes destiné à devenir. Ce sutra vous aide à réaliser votre être.

N'oubliez pas que ce sutra ne doit pas simplement être répété comme il l'a été au fil des siècles en Chine, en Corée, en Thaïlande, au Japon et à Ceylan. Ils ne cessent de répéter : gate gate paragate parasamgate bodhi svaha. Cette répétition ne servira à rien.

Ce mantra ne doit pas seulement être répété. Il doit être compris, il doit devenir votre être.

Continuez à aller au-delà de tout nom et de toute forme, continuez à aller au-delà de toute identité, continuez à vous éloigner de toute limitation. Devenez de plus en plus grand, énorme, gigantesque.

Même le ciel n'est pas votre limite. Continuez...

Gate gate paragate parasamgate bodhi svaha.

Svaha est l'expression de l'extase ultime. Il ne signifie rien ; c'est exactement comme l'alléluia. C'est une grande exclamation de joie. La bénédiction est arrivée - vous êtes comblé, totalement comblé. Mais ce sutra ne doit pas simplement être répété, souvenez-vous. Bouddha l'a condensé en quelques mots pour que vous puissiez vous en souvenir. Dans ces quelques mots, il a mis tout le message, le message de toute sa vie.

Vous êtes un bouddha, et si vous ne le reconnaissez pas comme tel, vous souffrirez. Ce sutra déclare que vous êtes un bouddha. C'est pourquoi j'ai commencé ces discours en saluant le bouddha qui est en vous. Je déclare que vous êtes des bouddhas ! Reconnaissez-le !

Le mot "reconnaissance" est magnifique. Il signifie : il suffit de se retourner et de regarder. Respecte-toi. Le mot respect est également bon : il signifie respecter, regarder à nouveau. C'est ce que Jésus veut dire lorsqu'il parle de repentir. Le mot araméen original signifie retour ; il n'a rien à voir avec le repentir chrétien. Se repentir signifie revenir - un virage à cent quatre-vingts degrés. Patanjali l'appelle pratiyahar - entrer, se retirer vers l'intérieur. Et Mahavira l'appelle pratikrama - ne pas sortir, entrer, revenir à la maison.

Le fossé entre le vous irréel et le vous réel est évidemment un faux fossé, parce que vous êtes le vous réel tout le temps - vous ne faites que rêver, vous pensez que vous êtes quelqu'un d'autre. Oubliez cela. Regardez simplement qui vous êtes. Et ne vous laissez pas tromper par les croyances, les idéologies, les écritures et les connaissances. Abandonnez tout ! Lâchez tout sans condition ! Déchargez-vous de tous les meubles que vous portez dans votre être. Faites simplement une place vide, et cette place vide vous révélera la vérité. Dans cette reconnaissance, svaha, alleluia ! La grande extase éclate dans le chant, la danse, le silence, la créativité.

On ne sait jamais ce qui va se passer. Chacun l'exprimera à sa manière - Jésus à sa manière, Bouddha à la sienne, Meera à la sienne. Chacun l'exprime à sa manière. Quelqu'un devient totalement silencieux - le silence est sa chanson. Quelqu'un se met à chanter - une Meera, un Chaitanya - le chant est son silence. Quelqu'un danse - ne sachant pas comment le dire, il entre dans une danse folle ; c'est sa façon de faire. Quelqu'un peut peindre, composer de la musique, sculpter ou faire autre chose. Il y aura autant d'expressions qu'il y a de personnes. N'imitez donc jamais ; attendez simplement que votre propre expression prenne possession de vous. Laissez votre svaha, votre alleluia, être le vôtre, authentiquement le vôtre. Et cela se produit lorsque vous êtes un néant.

Le néant est le goût de tout ce sutra. Devenez rien et vous serez tout. Seuls les perdants peuvent être les gagnants dans ce jeu. Perdez tout et vous aurez tout. Accrochez-vous, possédez, et vous perdrez tout.

Bouddha est connu sous le nom de mantra adipatti, dispensateur de sorts, maître des sorts, mahaguru - mais pas dans le sens où le mot est tombé et est devenu une chose sale. Dans les temps modernes, guru est devenu un mot sale à quatre lettres, mais pas dans ce sens. Krishnamurti dit qu'il est allergique aux gourous. C'est vrai.

Bouddha est vraiment un mahaguru. Le mot guru signifie lourd de ciel, lourd de joie, d'extase, lourd de svaha ; lourd comme un nuage plein de pluie, prêt à arroser quiconque a soif, prêt à partager. Guru signifie lourd, lourd de ciel.

Guru signifie également celui qui détruit les ténèbres des autres. Je ne parle pas des soi-disant gourous qui parcourent le monde. Ils ne détruisent pas vos ténèbres, ils vous imposent leurs ténèbres, ils vous imposent leur ignorance. Et ces gourous poussent comme des champignons. Vous pouvez les trouver partout : un Muktananda qui pousse ici, un autre Maharishi Mahesh Yogi qui pousse là - ils poussent partout.

Un gourou est celui qui vous rend libre. Un gourou est celui qui vous rend libre. Un gourou est celui qui vous libère. Bouddha est l'un des mahagurus. Son message est le plus important qui ait jamais été transmis à l'homme. Et ce sutra est l'une des plus grandes expressions de Bouddha. Il a parlé pendant quarante-deux ans et a dit beaucoup de choses, mais rien de comparable à cela. C'est unique. Vous avez la chance d'être ici pour l'écouter et le méditer. Maintenant, soyez encore plus chanceux - devenez-le.

C'est suffisant pour aujourd'hui.

Sannyas : Entrer dans le courant

La première question :
Question 1 :
BIEN-AIMÉ MAÎTRE, QUELLES SONT LES QUALITÉS D'UN SANNYASIN ?

Il est très difficile de définir un sannyasin, et encore plus si l'on veut définir mes sannyasins.

Le sannyas est fondamentalement une rébellion à l'égard de toutes les structures, d'où la difficulté de le définir. Sannyas est une façon de vivre la vie sans structure. Sannyas, c'est avoir un caractère sans caractère. Par "sans caractère", j'entends que vous ne dépendez plus du passé. Le caractère signifie le passé, la façon dont vous avez vécu dans le passé, la façon dont vous avez pris l'habitude de vivre - toutes vos habitudes, vos conditionnements, vos croyances et vos expériences - voilà ce qu'est votre caractère. Un sannyasin est quelqu'un qui ne vit plus dans le passé ou à travers le passé ; il vit dans l'instant présent et est donc imprévisible.

Un homme de caractère est prévisible ; un sannyasin est imprévisible parce qu'un sannyasin est la liberté. Un sannyasin n'est pas seulement libre, il est la liberté. C'est une rébellion vivante. Mais j'essaierai quand même :

on peut donner quelques indices, pas des définitions exactes, quelques indications, des doigts qui pointent vers la lune.

Ne vous laissez pas piéger par les doigts. Les doigts ne définissent pas la lune, ils l'indiquent seulement. Les doigts n'ont rien à voir avec la lune. Ils peuvent être longs, ils peuvent être courts, ils peuvent être artistiques, ils peuvent être laids, ils peuvent être blancs, ils peuvent être noirs, ils peuvent être en bonne santé, ils peuvent être malades - cela n'a pas d'importance. Ils indiquent simplement. Oubliez le doigt et regardez la lune.

Ce que je vais donner n'est pas une définition, ce n'est pas possible dans ce cas. Et, en fait, la définition n'est jamais possible pour tout ce qui est vivant. La définition n'est possible que pour quelque chose qui est mort, qui ne pousse plus, qui ne fleurit plus, qui n'a plus de possibilité, de potentialité, qui est épuisé et dépensé. C'est alors que la définition est possible. On peut définir un homme mort, on ne peut pas définir un homme vivant.

La vie signifie essentiellement que le nouveau est toujours possible.

Ce ne sont donc pas des définitions. Le vieux sannyasin a une définition, très claire ; c'est pourquoi il est mort. J'appelle mon sannyas "néo-sannyas" pour cette raison particulière : mon sannyas est une ouverture, un voyage, une danse, une histoire d'amour avec l'inconnu, une romance avec l'existence elle-même, à la recherche d'une relation orgasmique avec le tout. Et tout le reste a échoué dans le monde. Tout ce qui était défini, tout ce qui était clair, tout ce qui était logique, a échoué. Les religions ont échoué, les politiques ont échoué, les idéologies ont échoué - et elles étaient très claires. Il s'agissait de plans pour l'avenir de l'homme. Ils ont tous échoué. Tous les programmes ont échoué.

Sannyas n'est plus un programme. C'est une exploration, pas un programme. Lorsque vous devenez sannyasin, je vous initie à la liberté, et à rien d'autre. C'est une grande responsabilité que d'être libre, parce qu'alors vous n'avez rien sur quoi vous appuyer. À l'exception de votre propre être intérieur, de votre propre conscience, vous n'avez rien comme appui, comme soutien. Je vous enlève tous vos appuis et vos soutiens ; je vous laisse seul, je vous laisse complètement seul. Dans cette solitude... la fleur du sannyas.

Cette solitude s'épanouit d'elle-même dans la fleur du sannyas.

Le sannyas est une absence de caractère. Il n'a pas de moralité ; il n'est pas immoral, il est amoral. Ou bien il a une moralité supérieure qui ne vient jamais de l'extérieur mais de l'intérieur. Elle ne permet aucune imposition de l'extérieur, parce que toutes les impositions de l'extérieur vous transforment en serfs, en esclaves. Et mon effort est de vous donner de la dignité, de la gloire. Mon effort ici est de vous donner de la splendeur.

Tous les autres efforts ont échoué. C'était inévitable, car l'échec était intégré. Ils étaient tous axés sur la structure, et chaque type de structure pèse tôt ou tard sur le cœur de l'homme. Toute structure devient une prison, et un jour ou l'autre, il faut se rebeller contre elle.

Ne l'avez-vous pas observé au cours de l'histoire ? - chaque révolution devient à son tour répressive. C'est arrivé en Russie, c'est arrivé en Chine. Après chaque révolution, le révolutionnaire devient antirévolutionnaire. Une fois arrivé au pouvoir, il a sa propre structure à imposer à la société. Et une fois qu'il commence à imposer sa structure, l'esclavage se transforme en une nouvelle forme d'esclavage, mais jamais en liberté. Toutes les révolutions ont échoué.

Ce n'est pas une révolution, c'est une rébellion. La révolution est sociale, collective ; la rébellion est individuelle. Nous ne sommes pas intéressés par la structuration de la société. Assez de structures ! Laissons tomber toutes les structures. Nous voulons des individus dans le monde - se déplaçant librement, se déplaçant consciemment, bien sûr. Et leur responsabilité vient de leur propre conscience. Ils se comportent correctement, non pas parce qu'ils essaient de suivre certains commandements ; ils se comportent correctement, ils se comportent avec précision, parce qu'ils se sentent concernés.

Savez-vous que ce mot "précis" vient de "care" (attention). La racine du mot "accurate" signifie "se soucier de". Lorsque vous vous souciez de quelque chose, vous êtes précis. Si vous vous souciez de quelqu'un, vous êtes précis dans votre relation.

Un sannyasin est quelqu'un qui se préoccupe de lui-même et qui, naturellement, se préoccupe de tous les autres - parce qu'on ne peut pas être heureux tout seul. On ne peut être heureux que dans un monde heureux, dans un climat heureux. Si tout le monde pleure et pleure et est dans la misère, il est très, très difficile d'être heureux. C'est pourquoi celui qui se soucie du bonheur - de son propre bonheur - devient attentif au bonheur de tous les autres, car le bonheur n'est possible que dans un climat heureux. Mais cette attention n'est pas due à un quelconque dogme. Elle existe parce qu'on aime, et le premier amour, naturellement, est l'amour pour soi-même. D'autres amours suivent ensuite.

D'autres efforts ont échoué parce qu'ils étaient orientés vers l'esprit. Ils étaient basés sur le processus de pensée, ils étaient des conclusions de l'esprit. Le sannyas n'est pas une conclusion de l'esprit.

Le sannyas n'est pas orienté vers la pensée ; il n'a pas de racines dans la pensée. Le sannyas est la perspicacité ; c'est la méditation, pas le mental. Il est ancré dans la joie, pas dans la pensée. Il est enraciné dans la célébration, pas dans la pensée. Il est enraciné dans cette conscience où les pensées ne se trouvent pas. Ce n'est pas un choix : ce n'est pas un choix entre deux pensées, c'est l'abandon de toutes les pensées. C'est vivre à partir du néant.

C'EST POURQUOI, Ô SARIPUTRA, LA FORME EST LE NÉANT, LE NÉANT EST LA FORME.

Sannyas, c'est ce dont nous parlions l'autre jour - svaha, alleluia ! C'est la joie d'être.

Comment définir la joie d'être ? On ne peut pas la définir, car la joie d'être de chacun sera différente. Ma joie d'être sera différente de la vôtre.

La joie sera la même, le goût sera le même, mais la floraison sera différente. Un lotus fleurit, une rose fleurit, un souci fleurit - ils fleurissent tous, et le processus de floraison est le même. Mais le souci fleurit à sa manière, la rose à la sienne et le lotus à la sienne. Leurs couleurs sont différentes, leurs expressions sont différentes, bien que l'esprit soit le même. Et lorsqu'ils fleurissent, qu'ils peuvent murmurer aux vents et partager leur parfum avec le ciel, ils sont tous joyeux.

Chaque sannyasin sera une personne totalement unique. La société ne m'intéresse pas. Je ne m'intéresse pas à la collectivité. Mon intérêt se porte absolument sur les individus - sur vous !

Et la méditation peut réussir là où l'esprit a échoué, parce que la méditation est une révolution radicale dans votre être - pas la révolution qui change le gouvernement, pas la révolution qui change l'économie, mais la révolution qui change votre conscience, qui vous transforme de la noosphère à la christosphère, qui vous transforme d'une personne endormie en une âme éveillée. Et lorsque vous êtes éveillé, tout ce que vous faites est bon.

C'est ma définition du "bien" et de la "vertu" : l'action d'une personne éveillée est une vertu, et l'action d'une personne non éveillée est un péché. Il n'y a pas d'autre définition du péché et de la vertu. Cela dépend de la personne - de sa conscience, de la qualité qu'elle apporte à l'acte. Il peut donc arriver qu'un même acte soit vertueux et qu'un même acte soit pécheur. Les actes peuvent être apparemment les mêmes, mais les personnes derrière les actes peuvent être différentes.

Par exemple, Jésus est entré dans le temple de Jérusalem, un fouet à la main, pour chasser les changeurs. Il a bouleversé leurs planches à billets. Seul, il a jeté tous les changeurs hors du temple. Cela semble très violent - Jésus avec un fouet, jetant les gens hors du temple. Mais il n'était pas violent. Si Lénine fait la même chose, il sera violent et l'acte sera un péché. Jésus, lui, est vertueux. Il agit par amour ; il se soucie des autres. Il se soucie aussi de ces changeurs ! C'est par souci, préoccupation, amour, conscience, qu'il agit. Il agit de façon radicale parce que c'est la seule façon de leur donner un choc et de créer une situation dans laquelle un changement est possible.

L'acte peut être le même, mais si une personne est éveillée, la qualité de l'acte change.

Un sannyasin est une personne qui vit de plus en plus en éveil. Et plus il y a de personnes qui existent par la conscience, meilleur sera le monde qui sera créé. La civilisation n'a pas encore eu lieu.

On raconte que quelqu'un a demandé au prince de Galles : "Que pensez-vous de la civilisation ?" Le prince de Galles aurait répondu : "C'est une bonne idée. Il faut que quelqu'un l'essaie. Cela ne s'est pas encore produit."

Sannyas n'est qu'un début, une semence d'un monde totalement différent où les gens sont libres d'être eux-mêmes, où les gens ne sont pas contraints, paralysés, où les gens ne sont pas réprimés, culpabilisés, où la joie est acceptée, où la gaieté est la règle, où le sérieux a disparu, où une sincérité non sérieuse, une espièglerie a fait son entrée. Telles peuvent être les indications, les doigts qui pointent vers la lune.

Premièrement : une ouverture à l'expérience. Les gens sont généralement fermés ; ils ne sont pas ouverts à l'expérience. Avant d'expérimenter quoi que ce soit, ils ont déjà des préjugés à ce sujet. Ils ne veulent pas expérimenter, ils ne veulent pas explorer. C'est de la pure stupidité !

Un homme vient et veut méditer, et si je lui dis d'aller danser, il dit : "Quel sera le résultat de la danse ? Comment la méditation peut-elle résulter de la danse ?" Je lui demande : "Avez-vous déjà dansé ?" Il me répond : "Non, jamais." Il s'agit là d'un esprit fermé. Un esprit ouvert dira : "D'accord, je vais m'y mettre et je verrai. Peut-être qu'en dansant, cela peut arriver." Il aura l'esprit ouvert, sans préjugés. L'homme qui dit : "Comment la méditation peut-elle naître de la danse ?" - même s'il est persuadé d'aller vers la méditation, il gardera cette idée en tête :

"Comment la méditation peut-elle se produire en dehors de la danse ?" Et cela ne lui arrivera pas. Et quand cela n'arrivera pas, ses vieux préjugés seront encore plus forts. Et cela ne s'est pas produit à cause des préjugés.

C'est le cercle vicieux de l'esprit fermé. Il arrive plein d'idées, il arrive tout fait.

Il n'est pas réceptif aux faits nouveaux, alors que le monde est continuellement bombardé de faits nouveaux. Le monde change sans cesse et l'esprit fermé reste bloqué dans le passé. Et le monde continue de changer, et à chaque instant quelque chose de nouveau descend dans le monde. Dieu continue à peindre le monde à nouveau, encore et encore et encore, et vous continuez à porter vos vieilles idéologies mortes dans vos têtes.

La première qualité d'un sannyasin est donc l'ouverture à l'expérience. Il ne décidera pas avant d'avoir expérimenté. Il ne décidera jamais avant d'avoir expérimenté. Il n'aura aucun système de croyance. Il ne dira pas : "C'est ainsi parce que Bouddha le dit". Il ne dira pas : "C'est ainsi parce que c'est écrit dans les Védas." Il dira : "Je suis prêt à y aller et à voir si c'est vrai ou non."

Le message de départ de Bouddha à ses disciples était le suivant : "Souvenez-vous"... et il l'a répété toute sa vie, encore et encore : "Souvenez-vous"... et c'est ce qu'il a répété toute sa vie, encore et encore ; le dernier message était également le suivant : "Souvenez-vous, ne croyez en rien parce que je l'ai dit. Ne croyez jamais rien sans en avoir fait l'expérience."

Un sannyasin n'aura pas beaucoup de croyances ; en fait, il n'en aura aucune. Il n'emportera que ses propres expériences. Et la beauté de l'expérience, c'est qu'elle est toujours ouverte, parce qu'il est possible de l'explorer davantage. La croyance, elle, est toujours fermée, elle arrive à son point culminant. La croyance est toujours terminée. L'expérience n'est jamais terminée, elle reste inachevée. Pendant que vous vivez, comment votre expérience peut-elle être terminée ? Votre expérience grandit, elle change, elle bouge. Elle passe continuellement du connu à l'inconnu et de l'inconnu à l'inconnaissable. N'oubliez pas que l'expérience est belle parce qu'elle est inachevée. Certaines des plus belles chansons sont celles qui sont inachevées. Certains des plus grands livres sont ceux qui sont inachevés. Certaines des meilleures musiques sont celles qui sont inachevées. L'inachevé a une beauté.

J'ai entendu une parabole zen :

Un roi est allé voir un maître zen pour apprendre à jardiner. Le maître lui a enseigné pendant trois ans, et le roi avait un beau et grand jardin - des milliers de jardiniers y étaient employés - et tout ce que le maître disait, le roi allait l'expérimenter dans son jardin. Au bout de trois ans, le jardin était tout à fait prêt et le roi a invité le maître à venir voir le jardin. Le roi était également très nerveux, car le maître était strict : "Appréciera-t-il ?" - Il s'agissait d'une sorte d'examen : "Dira-t-il : 'Oui, vous m'avez compris' ?"

Et tous les soins ont été apportés. Le jardin était si magnifiquement complet que rien ne manquait.

Ce n'est qu'à ce moment-là que le roi fit venir le maître pour le voir. Mais dès le début, le maître était triste. Il regardait autour de lui, il se déplaçait dans le jardin d'un côté à l'autre, il devenait de plus en plus sérieux. Le roi eut très peur. Il ne l'avait jamais vu aussi sérieux : "Pourquoi a-t-il l'air si triste ? Y a-t-il quelque chose qui ne va pas ?"

Et encore et encore, le maître hochait la tête et disait à l'intérieur "Non".

Le roi demanda : "Qu'y a-t-il, monsieur ? Qu'est-ce qui ne va pas ? Pourquoi ne me le dis-tu pas ? Tu deviens si sérieux et si triste, et tu hoches la tête en signe de négation. Pourquoi ? Qu'est-ce qui ne va pas ? Je ne vois rien d'anormal ? C'est ce que tu m'as dit, et je l'ai pratiqué dans ce jardin".

Le maître a dit : "C'est tellement fini que c'est mort. Il est si complet - c'est pourquoi je hoche la tête et je dis non. Il doit rester inachevé. Où sont les feuilles mortes ?

Où sont les feuilles sèches ? Je ne vois pas une seule feuille sèche !" Toutes les feuilles sèches ont été enlevées - sur les chemins, il n'y avait pas de feuilles sèches ; dans les arbres, il n'y avait pas de feuilles sèches, ni de vieilles feuilles devenues jaunes. "Où sont ces feuilles ?

Le roi dit : "J'ai dit à mes jardiniers de tout enlever. Faites en sorte qu'il soit le plus absolu possible."

Et le maître a dit : "C'est pour cela qu'il semble si terne, si artificiel. Les choses de Dieu ne sont jamais terminées." Et le maître se précipita hors du jardin. Toutes les feuilles sèches étaient entassées : il apporta quelques feuilles sèches dans un seau, les jeta au vent, et le vent les prit et commença à jouer avec les feuilles sèches, et elles se mirent à bouger sur les chemins. Il était ravi et disait : "Regardez, comme c'est vivant !" Et le son était entré avec les feuilles sèches - la musique des feuilles sèches, le vent jouant avec les feuilles sèches. Le jardin avait maintenant un murmure, sinon il était terne et mort comme un cimetière. Ce silence n'était pas vivant.

J'adore cette histoire. Le maître a dit : "C'est si complet, c'est pourquoi c'est faux."

L'autre soir, Savita était ici. Elle m'a dit qu'elle écrivait un roman et qu'elle était très perplexe quant à ce qu'elle devait faire. Il est arrivé à un point où il peut être terminé, mais il est possible qu'il soit rallongé ; il n'est pas encore achevé. Je lui ai dit : "Finis-le. Finissez-le pendant qu'il est inachevé - il aura alors quelque chose de mystérieux autour de lui - cette inachèvement...".

Et je lui ai dit : " Si votre personnage principal veut toujours faire quelque chose, laissez-le devenir un sannyasin. Ensuite, les choses dépassent vos capacités. Que pouvez-vous faire ? L'histoire s'achève, mais les choses continuent à se développer."

Aucune histoire ne peut être belle si elle est totalement achevée. Elle sera totalement morte. L'expérience reste toujours ouverte, c'est-à-dire inachevée. La croyance est toujours complète et achevée. La première qualité est l'ouverture à l'expérience.

L'esprit est l'ensemble de vos croyances. L'ouverture signifie que vous mettez votre esprit de côté et que vous êtes prêt à regarder la vie encore et encore d'une nouvelle manière, pas avec les vieux yeux. L'esprit vous donne les vieux yeux, il vous donne à nouveau des idées : "Regardez à travers ceci".

Mais alors la chose devient colorée ; alors vous ne la regardez pas, alors vous projetez une idée sur elle.

La vérité devient alors un écran sur lequel vous continuez à vous projeter. Regardez à travers le non-esprit, regardez à travers le néant - shunyata. Lorsque vous regardez à travers le non-esprit, votre perception est efficace, car vous voyez alors ce qui est. Et la vérité libère. Tout le reste crée un esclavage, seule la vérité libère.

Dans ces moments de non-mental, la vérité commence à filtrer en vous comme une lumière. Plus vous appréciez cette lumière, cette vérité, plus vous devenez capable et courageux de laisser tomber votre esprit. Tôt ou tard, un jour vient où vous regardez et vous n'avez pas d'esprit. Vous ne cherchez rien, vous regardez simplement. Votre regard est pur. À ce moment-là, vous devenez avalokita, quelqu'un qui regarde avec des yeux purs. C'est l'un des noms du Bouddha - Avalokita : il regarde sans idée, il regarde simplement.

Un jour, un homme cracha sur le visage de Bouddha. Celui-ci s'essuya le visage et demanda à l'homme : "Avez-vous quelque chose à ajouter ?"

Ses disciples étaient très choqués et en colère. Son principal disciple, Ananda, lui dit : "C'est trop ! Nous ne pouvons rien faire parce que tu es là, sinon nous aurions tué cet homme. Bouddha répondit : "Oui, parce que c'est une façon de dire quelque chose - cracher. Peut-être que l'homme est tellement en colère que les mots ne suffisent pas ; c'est pourquoi il a craché. Lorsque les mots ne suffisent pas, que faites-vous ? On sourit, on pleure, les larmes coulent, on étreint, on gifle - on fait quelque chose. S'il y a trop de colère, que faire ? On ne trouve pas de mot assez fort, assez violent.

Qu'est-ce que tu vas faire ? - vous crachez.

C'est la vision de Bouddha - sans esprit. Il regarde l'homme : "Qu'y a-t-il ?

Pourquoi crache-t-il sur moi ?" Il n'est pas du tout impliqué. Il n'apporte pas ses expériences passées ou ses idées selon lesquelles cracher est mauvais, que c'est insultant et humiliant. Aucune idée n'interfère. Il regarde simplement la réalité de cet homme qui lui crache dessus. Il est totalement inquiet : "Cet homme doit avoir un problème, un problème linguistique. Il veut dire quelque chose mais il n'a pas les bons mots pour le faire. C'est pourquoi, maladroitement, il crache".

Bouddha a dit : "C'est pourquoi je vous demande si vous avez encore quelque chose à dire. L'homme lui-même est choqué, car il ne s'attendait pas à cela. Il était venu pour humilier Bouddha, mais Bouddha n'est pas humilié. La compassion de Bouddha se répand sur l'homme. Il n'a pas pu dormir cette nuit-là. Il y pensait encore et encore. Il lui était si difficile de l'assimiler : "Quel genre d'homme est-ce ? Quel genre d'homme est-ce là ? Au petit matin, il rentra chez lui, se jeta aux pieds de Bouddha et dit : "Monsieur, excusez-moi, pardonnez-moi, je n'ai pas dormi de la nuit. Je n'ai pas pu dormir de toute la nuit.

Bouddha rit et dit : "Imbécile ! Pourquoi ? J'ai parfaitement bien dormi. Pourquoi te troubler pour une si petite chose ? Cela ne m'a pas fait de mal. Tu vois que mon visage est comme avant. Pourquoi t'es-tu tant inquiété ?"

L'homme dit : "Je suis venu pour devenir ton disciple. Initie-moi. Je veux être avec toi. J'ai vu quelque chose d'unique, de surhumain. Mais d'abord, pardonne-moi."

Et Bouddha a dit : "C'est absurde. Comment puis-je te pardonner ? - car je n'en ai même pas pris note. Je n'étais pas en colère, alors comment puis-je te pardonner ?" Vingt-quatre heures s'étaient écoulées et ils étaient assis au bord du Gange. Bouddha leur dit : "Regardez la quantité d'eau qui a coulé dans le Gange en vingt-quatre heures : autant de vie a coulé en vous, autant de vie a coulé en moi. Ce n'est plus le même Gange. Je ne suis plus le même homme.

En fait, tu ne m'as jamais craché dessus, c'était quelqu'un d'autre ; vingt-quatre heures se sont écoulées. Et tu n'es plus le même que celui qui m'avait craché dessus... alors qui peut pardonner à qui ? Que ce qui est parti soit parti".

C'est la vision du non-esprit. Elle peut faire des miracles. Le sannyasin vit dans l'ouverture à tout.

La deuxième qualité est la vie existentielle. Il ne vit pas d'idées : on devrait être comme ceci, on devrait être comme cela, on devrait se comporter de telle ou telle manière, on ne devrait pas se comporter de telle ou telle manière. Il ne vit pas d'idées, il est sensible à l'existence. Il répond avec tout son cœur, quel que soit le cas. Son être est ici et maintenant. Spontanéité, simplicité, naturel - telles sont ses qualités.

Il ne vit pas une vie toute faite. Il n'a pas de cartes - comment vivre, comment ne pas vivre.

Il laisse faire la vie ; il la suit partout où elle le mène. Un sannyasin n'est pas un nageur et il n'essaie pas de remonter le courant. Il va avec le tout, il coule avec le courant. Il coule si totalement avec le courant qu'il n'est plus séparé du courant, il devient le courant. C'est ce que le Bouddha appelle srotapanna - celui qui est entré dans le courant. C'est aussi le début du sannyas de Bouddha - quelqu'un qui est entré dans le courant, quelqu'un qui s'est détendu dans l'existence. Il n'a pas de valeurs, il ne porte pas de jugement.

La vie existentielle signifie que chaque moment doit se décider seul. La vie est atomique ! On ne décide pas à l'avance, on ne répète pas, on ne prépare pas la façon de vivre. Chaque moment arrive, apporte une situation ; vous êtes là pour y répondre - vous répondez. Les gens ordinaires mènent une vie très étrange. Si vous devez donner une interview, vous vous préparez, vous pensez à ce qu'on va vous demander et à la façon dont vous allez y répondre, à la façon dont vous allez vous asseoir et à la façon dont vous allez vous tenir debout. Tout devient faux parce qu'on le répète. Et ensuite, que se passe-t-il ?

Lorsque vous participez à une telle répétition, vous n'êtes jamais totalement présent. On vous demande quelque chose et vous cherchez dans votre mémoire, parce que vous avez une réponse préparée - que cela convienne ou non, que cela fasse l'affaire ou non. Vous passez à côté de l'essentiel. Vous n'êtes pas totalement présent ; vous ne pouvez pas être totalement présent, vous êtes impliqué dans la mémoire. Et puis la chose suivante se produit : lorsque vous sortez, vous commencez à penser que vous auriez dû répondre de telle ou telle manière. C'est ce qu'on appelle "l'esprit d'escalier" : lorsque vous descendez l'escalier, vous commencez à penser : "J'aurais dû répondre de telle manière, j'aurais dû dire telle chose". On redevient très sage. Avant d'être sage, après avoir été sage ; au milieu, on est différent ! Et au milieu, il y a la vie. L'existence est là.

La troisième qualité d'un sannyasin est la confiance en son propre organisme. Les gens font confiance aux autres, le sannyasin fait confiance à son propre organisme. Le corps, l'esprit, l'âme, tout est inclus. S'il a envie d'aimer, il coule dans l'amour. S'il n'a pas envie d'aimer, il dit "Désolé" - mais il ne fait jamais semblant.

Un non-sannyasin continue à faire semblant. Sa vie est une vie de masques. Il rentre à la maison, prend sa femme dans ses bras, alors qu'il ne veut pas la prendre dans ses bras. Il lui dit : "Je t'aime", mais ces mots sonnent si faux parce qu'ils ne viennent pas du cœur. Ils viennent de Dale Carnegie. Il a lu "Comment gagner des amis et influencer les gens" et ce genre d'absurdités. Et il est rempli de ces absurdités, il les porte et les met en pratique. Toute sa vie devient une fausse vie, une pseudo vie, une parodie. Et il n'est jamais satisfait, naturellement ; il ne peut pas l'être, car la satisfaction ne vient que d'une vie authentique. Si vous ne vous sentez pas aimant, vous devez le dire ; il n'est pas nécessaire de faire semblant. Si vous vous sentez en colère, vous devez le dire. Vous devez être fidèle à votre organisme, vous devez lui faire confiance. Et vous serez surpris : plus vous faites confiance, plus la sagesse de l'organisme devient très, très claire pour vous.

Votre corps a sa propre sagesse - il porte la sagesse des siècles dans ses cellules. Votre corps a faim et vous jeûnez, parce que votre religion dit que ce jour-là vous devez jeûner - et votre corps a faim. Vous ne faites pas confiance à votre organisme, vous faites confiance à une écriture morte, parce que quelqu'un a écrit dans un livre que ce jour-là vous devez jeûner, alors vous jeûnez. Écoutez votre corps. Oui, il y a des jours où le corps dit : "Jeûnez !". - alors jeûnez. Mais il n'est pas nécessaire d'écouter les Écritures. L'homme qui a écrit ce texte ne l'a pas écrit en pensant à vous, pas du tout. Il n'a pas pu te concevoir. Vous n'étiez pas présent à ses yeux, il n'écrivait pas à votre sujet. C'est comme si vous tombiez malade et que vous alliez chez un médecin décédé pour consulter ses ordonnances, que vous trouviez une ordonnance et que vous commenciez à la suivre. Cette prescription a été faite pour quelqu'un d'autre, pour une autre maladie, dans une autre situation.

N'oubliez pas de faire confiance à votre organisme. Lorsque vous sentez que votre corps vous dit de ne pas manger, arrêtez-vous immédiatement. Lorsque le corps vous dit de manger, ne vous préoccupez pas de savoir si les écritures disent de jeûner ou non. Si votre corps vous dit de manger trois fois par jour, c'est parfait. S'il vous dit de manger une fois par jour, c'est parfait. Commencez à apprendre à écouter votre corps, car c'est votre corps. Vous êtes en lui ; vous devez le respecter et lui faire confiance. C'est votre temple ; il est sacrilège d'imposer des choses à votre corps. Il n'y a pas d'autre motif pour imposer quoi que ce soit ! Et cela ne vous apprendra pas seulement à faire confiance à votre corps, mais aussi à faire confiance à l'existence, car votre corps fait partie de l'existence. Ensuite, votre confiance grandira et vous ferez confiance aux arbres, aux étoiles, à la lune, au soleil et aux océans : vous ferez confiance aux gens. Mais le début de la confiance doit être la confiance en votre propre organisme. Faites confiance à votre cœur.

Quelqu'un a posé une question : il a décidé de vivre avec sa femme parce qu'il pense que vivre avec sa femme et ne jamais la quitter, ne jamais se séparer et ne jamais faire l'amour avec une autre femme, est une grande qualité spirituelle.

Peut-être pour certains, peut-être pas pour d'autres. Cela dépend.

L'auteur de la question dit maintenant : "J'ai pris cette décision, et les problèmes sont là. Je me sens attiré par d'autres femmes : Je me sens coupable. Et si je ne me sens pas attiré par ma femme, je me sens également coupable. Je ne veux pas faire l'amour avec ma femme parce que le désir ne vient pas. Mais je dois faire l'amour avec ma femme pour la satisfaire. Si je fais l'amour avec elle, je me sens coupable de ne pas être fidèle à moi-même. Et cela ressemble à une affaire qui traîne".

Quand on ne veut pas faire l'amour, l'amour est la chose la plus laide au monde. Seul le plus beau peut être le plus laid. L'amour est l'une des plus belles expériences, mais seulement lorsque vous êtes en plein dedans, lorsqu'il est spontané, lorsqu'il est passionné, lorsque vous êtes plein de lui, submergé par lui, possédé par lui, ivre de lui, absorbé par lui - seulement à ce moment-là. C'est alors qu'elle vous porte au plus haut sommet de la joie. Mais si vous n'êtes pas possédé, si vous n'éprouvez même pas d'amour pour votre femme ou votre mari, et que vous faites l'amour... alors l'expression anglaise est correcte : making love (faire l'amour). Alors vous le faites, ce n'est pas ce qui se passe. C'est laid, c'est de la prostitution. La question n'est pas de savoir à qui vous le faites, c'est de la prostitution. C'est criminel. Et cela ne vous rendra en rien spirituel. Vous deviendrez seulement sexuellement refoulé, c'est tout. Si vous faites l'amour, vous vous sentirez coupable, si vous ne faites pas l'amour, vous vous sentirez coupable.

Cet homme a une idée de ce que devraient être un mari et une femme. La femme doit souffrir elle aussi. Tous deux sont accros, s'ennuient l'un de l'autre, veulent se débarrasser l'un de l'autre mais ne peuvent le faire parce qu'ils n'ont pas confiance en leur organisme. Si votre organisme vous dit : "Soyez ensemble, grandissez ensemble, coulez ensemble" ; si votre organisme se sent heureux, ravi et excité et qu'il y a de l'extase, allez avec la femme une vie, deux vies, trois vies, autant de vies que vous voulez être ensemble, et vous vous rapprocherez de plus en plus de Dieu. Et votre intimité sera empreinte de spiritualité.

Mais pas ce genre d'intimité. Une intimité forcée vous rendra de plus en plus non spirituel, et votre esprit commencera, naturellement, à chercher des moyens : votre esprit deviendra de plus en plus obsédé par le sexe. Et lorsqu'il y a trop d'obsession, comment pouvez-vous grandir dans la spiritualité ?

Écoutez votre organisme et ayez le courage de faire ce qu'il vous dit.

Et je ne dis pas qu'il faut se séparer de sa femme. Mais si cela doit arriver, cela doit arriver. Et ce sera bon pour vous deux. C'est au moins ce que vous devez à votre femme. Si vous tenez à votre femme et que vous ne l'aimez plus, vous devez le dire. Dans une profonde tristesse... la séparation sera triste, mais que peut-on faire ? Vous êtes impuissant. Vous ne vous séparerez pas dans la colère, vous ne vous séparerez pas dans la rancune et la plainte. Vous vous séparerez avec un immense sentiment d'impuissance dans votre cœur. Vous vouliez être avec elle, mais votre organisme vous dit non. Que pouvez-vous faire ? Vous pouvez forcer votre organisme, et l'organisme peut aller là-bas, et continuer la relation, mais il n'y aura pas de joie. Et sans joie, comment pouvez-vous avoir une relation ? Le mariage est donc faux ; légal, mais faux par ailleurs.

Un sannyasin est quelqu'un qui a confiance en son propre organisme, et cette confiance l'aide à se détendre dans son être, et l'aide à se détendre dans la totalité de l'existence. Cette confiance l'aide à se détendre dans son être et à se détendre dans la totalité de l'existence. Elle apporte une acceptation générale de soi et des autres. Elle donne une sorte d'enracinement, de centrage. Il y a alors une grande force et un grand pouvoir, parce qu'on est centré dans son propre corps, dans son propre être. Vous avez des racines dans le sol. Sinon, on voit des gens déracinés, comme des arbres que l'on a arrachés à la terre.

Ils ne font que mourir, ils ne vivent pas. C'est pourquoi il n'y a pas beaucoup de joie dans la vie. On ne voit pas la qualité du rire ; la célébration est absente. Et même si les gens font la fête, cela aussi est faux.

Par exemple, c'est l'anniversaire de Krishna et les gens le fêtent. Comment pouvez-vous célébrer l'anniversaire de Krishna ? Vous n'avez même pas fêté votre propre anniversaire. Et quelqu'un qui est né il y a cinq mille ans - en quoi cela vous concerne-t-il et comment pouvez-vous le célébrer ? Tout cela est bidon. Comment pouvez-vous célébrer l'anniversaire de Jésus-Christ ? C'est impossible. Vous n'avez pas célébré le Dieu qui est venu à vous, qui est en vous. Comment pouvez-vous célébrer un autre Dieu qui est né dans une étable il y a deux mille ans ?

Dans votre corps, dans votre être, à ce moment précis, Dieu est là - et vous ne l'avez pas célébré. Vous ne pouvez pas le célébrer. La célébration doit d'abord avoir lieu dans votre propre maison, à proximité. Ensuite, elle devient un grand raz-de-marée et se répand dans toute l'existence.

Le quatrième est un sentiment de liberté.

Le sannyasin n'est pas seulement libre, il est la liberté. Il vit toujours de manière libre. La liberté n'est pas synonyme de licence. La licence n'est pas la liberté, la licence n'est qu'une réaction contre l'esclavage ; on passe donc à l'autre extrême. La liberté n'est pas l'autre extrême, ce n'est pas une réaction. La liberté est une prise de conscience : "Je dois être libre, si je dois l'être. Il n'y a pas d'autre façon d'être. Si l'église, l'hindouisme, le christianisme ou le mahométanisme m'accaparent trop, je ne peux pas être. Ils continueront alors à créer des frontières autour de moi. Ils continueront à me forcer à me renfermer sur moi-même comme un être infirme. Je dois être libre. Je dois prendre le risque d'être libre. Je dois prendre ce danger.

La liberté n'est pas très pratique, elle n'est pas très confortable. Elle est risquée. Un sannyasin prend ce risque. Cela ne signifie pas qu'il se batte avec tout le monde. Cela ne signifie pas que lorsque la loi dit de rester à droite ou à gauche, il va à l'encontre de cette loi, non. Il ne se préoccupe pas des futilités. Si la loi dit de se tenir à gauche, il se tient à gauche - parce que ce n'est pas de l'esclavage. Mais pour ce qui est des choses importantes, essentielles... Si le père dit : "Marie-toi à cette femme parce qu'elle est riche et que tu auras beaucoup d'argent", il dira : "Non. Comment puis-je épouser une femme dont je ne suis pas amoureux ? Ce serait un manque de respect pour la femme." Si le père dit : "Va à l'église tous les dimanches parce que tu es né dans un foyer chrétien", il dira : "J'irai à l'église si je le sens, je n'irai pas parce que tu le dis." La naissance est accidentelle ; cela n'a pas beaucoup d'importance. L'église est essentielle... "Si j'en ai envie, j'irai."

Je ne dis pas qu'il ne faut pas aller à l'église, mais qu'il ne faut y aller que lorsque le besoin s'en fait sentir. Il y aura alors une communion. Sinon, ce n'est pas la peine d'y aller.

Pour les choses essentielles, le sannyasin gardera toujours sa liberté intacte. Et parce qu'il respecte la liberté, il respectera aussi celle des autres. Il ne portera jamais atteinte à la liberté de qui que ce soit, quel que soit cet autre. Si votre femme est tombée amoureuse de quelqu'un, vous vous sentez blessé, vous pleurez de tristesse, mais c'est votre problème. Vous n'interviendrez pas auprès d'elle. Vous ne direz pas : "Arrêtez, parce que je souffre !". Vous direz : "C'est votre liberté. Si je souffre, c'est mon problème. Je dois m'y attaquer, je dois y faire face. Si je suis jaloux, je dois me débarrasser de ma jalousie. Mais vous allez de votre propre chef. Même si cela me fait mal, même si j'aurais aimé que tu ne partes avec personne, c'est mon problème. Je ne peux pas empiéter sur ta liberté.

L'amour respecte tellement qu'il donne de la liberté. Et si l'amour ne donne pas de liberté, ce n'est pas de l'amour, c'est autre chose.

Un sannyasin est extrêmement respectueux de sa propre liberté, très attentif à sa propre liberté, et il l'est aussi à la liberté des autres. Ce sens de la liberté lui confère une individualité ; il n'est pas un simple élément de l'esprit de masse. Il a un certain caractère unique - son mode de vie, son style, son climat, son individualité. Il existe à sa manière, il aime sa propre chanson.

Il a le sens de l'identité : il sait qui il est, il continue à approfondir son sentiment d'identité et il ne fait jamais de compromis.

L'indépendance, la rébellion - souvenez-vous, pas la révolution mais la rébellion - c'est la qualité d'un sannyasin. Et il y a une grande différence. La révolution n'est pas très révolutionnaire. La révolution continue à fonctionner dans la même structure.

Par exemple, en Inde, pendant des siècles, les intouchables, la caste la plus basse, n'ont pas été autorisés à entrer dans les temples. Les brahmanes ne leur ont jamais permis d'entrer dans le temple : "Le temple deviendrait sale s'ils entraient. Pendant des siècles, en Inde, les intouchables ne sont pas entrés dans les temples. C'est affreux. Puis vint le Mahatma Gandhi - il a essayé durement, il a lutté durement. Il voulait que les intouchables puissent entrer dans les temples ; toute sa vie a été une lutte pour cela. C'est révolutionnaire, mais pas rebelle. Pourquoi révolutionnaire ? Qu'est-ce que la rébellion ?

Quelqu'un a interrogé J. Krishnamurti sur la lutte de Gandhi pour que les intouchables soient autorisés à entrer dans les temples. Savez-vous ce que J. Krishnamurti a répondu ? Il a dit : "Mais Dieu n'est pas dans les temples". C'est de la rébellion.

L'approche de Gandhi est révolutionnaire, mais il croit aussi que Dieu est dans les temples, tout comme les brahmanes. La structure est la même. Il estime qu'il est très, très important que les gens aillent dans les temples ; s'ils n'y vont pas, ils manqueront Dieu. C'est l'idée du brahmane, c'est l'idée de la société qui a empêché les intouchables d'entrer, qui leur a interdit d'entrer. L'idée est la même : Dieu vit dans les temples, et ceux qui peuvent entrer dans les temples s'approcheront de Dieu, bien sûr. Quant à ceux qui n'y sont pas autorisés, ils le manqueront. Gandhi est un révolutionnaire, mais la révolution croit en la même structure. C'est une réaction.

J. Krishnamurti est rebelle. Il dit : "Mais Dieu n'est pas dans les temples, alors pourquoi s'en préoccuper ?

Les brahmanes ne l'obtiennent pas non plus, et les intouchables ne l'obtiendront pas non plus. Pourquoi s'en préoccuper ? C'est stupide". Toutes les révolutions sont réactionnaires, des réactions à un certain modèle. Chaque fois que vous réagissez, ce n'est pas vraiment une révolution parce que vous croyez au même modèle. Bien sûr, vous allez à l'encontre de ce modèle, mais vous y croyez. Le substrat profond est le même.

Gandhi pense que les brahmanes profitent beaucoup ; ils reçoivent trop de Dieu.

Et les intouchables ? - ils sont démunis. Mais il n'a pas regardé les brahmanes : depuis des siècles, ils adorent les temples et n'ont rien obtenu. C'est insensé ! Ceux qui sont à l'intérieur du temple n'ont rien obtenu, alors pourquoi s'en préoccuper ? Et pourquoi faire entrer des gens qui ne sont pas à l'intérieur ? Cela n'a aucun sens.

Un sannyasin est rebelle. Par rébellion, j'entends que sa vision est totalement différente. Il ne fonctionne pas selon la même logique, la même structure, le même modèle. Il n'est pas contre le modèle - parce que si vous êtes contre un certain modèle, vous devrez créer un autre modèle pour le combattre. Et les modèles sont tous identiques. Un sannyasin est quelqu'un qui s'est simplement éclipsé. Il n'est pas contre le modèle, il a compris la stupidité de tous les modèles. Il a regardé la bêtise de tous les schémas et il s'en est échappé. Il est rebelle.

Le cinquième est la créativité. L'ancien sannyas était très peu créatif. On pensait que quelqu'un devenait sannyasin, se rendait dans une grotte de l'Himalaya et s'y asseyait, et que c'était tout à fait correct. Il ne fallait rien de plus. Vous pouvez aller voir les moines Jaina : ils sont assis dans leurs temples, ne faisant rien - absolument pas créatifs, d'apparence terne et stupide, sans la moindre flamme d'intelligence. Et les gens les vénèrent et leur touchent les pieds. Demandez-leur : "Pourquoi touchez-vous ces pieds ?" et ils répondent : "Cet homme a renoncé au monde" - comme si le fait de renoncer au monde était en soi une valeur. Demandez-leur : "Qu'a-t-il fait ?" et ils diront : "Il a jeûné. Il jeûne pendant des mois" - comme si le fait de ne pas manger était une valeur en soi.

Mais demandez-lui ce qu'il a peint, quelle beauté il a créée dans le monde, quel poème il a composé, quelle chanson il a fait naître, quelle musique, quelle danse, quelle invention - quelle est sa création ? - et ils diront : "De quoi parlez-vous ? C'est un sannyasin !"

Il s'assoit simplement dans le temple et permet aux gens de toucher ses pieds, c'est tout. Et il y a tant de gens assis comme cela en Inde.

Ma conception d'un sannyasin est que son énergie sera créative, qu'il apportera un peu plus de beauté dans le monde, qu'il apportera un peu plus de joie dans le monde, qu'il trouvera de nouvelles façons d'entrer dans la danse, le chant, la musique, qu'il apportera de beaux poèmes. Il créera quelque chose, il ne sera pas non créatif. L'époque des sannyas non créatifs est révolue. Le nouveau sannyasin ne peut exister que s'il est créatif.

Il doit apporter quelque chose. Rester non créatif est presque un péché, parce que vous existez et vous ne contribuez pas. Vous mangez, vous occupez l'espace et vous n'apportez rien. Mes sannyasins doivent être des créateurs. Et lorsque vous êtes profondément créatif, vous êtes proche de Dieu.

Voilà ce qu'est vraiment la prière, voilà ce qu'est la méditation. Dieu est le créateur, et si vous n'êtes pas des créateurs, vous serez loin de Dieu. Dieu ne connaît qu'un seul langage, celui de la créativité. C'est pourquoi, lorsque vous composez de la musique, lorsque vous vous y perdez complètement, quelque chose de divin commence à filtrer de votre être. C'est la joie de la créativité, c'est l'extase - svaha !

Le sixième est le sens de l'humour, le rire, l'espièglerie, la sincérité non sérieuse. L'ancien sannyas était riant, mort, ennuyeux. Le nouveau sannyasin doit apporter de plus en plus de rire à son être. Il doit être un sannyasin rieur, car votre rire est votre détente, et votre rire peut créer des situations de détente pour les autres. Le temple devrait être plein de joie, de rires et de danses. Il ne doit pas ressembler à une église chrétienne. L'église ressemble tellement à un cimetière. Et avec la croix, on a l'impression qu'il s'agit presque d'un culte de la mort... un peu morbide. On ne peut pas rire dans une église. Un rire ventral n'est pas autorisé ; les gens penseraient que vous êtes fou ou quelque chose comme ça. Lorsque les gens entrent dans une église, ils deviennent sérieux, raides... les visages sont longs.

Pour moi, le rire est une qualité religieuse, très essentielle. Il doit faire partie du monde intérieur d'un sannyasin : le sens de l'humour.

La septième est la méditation, la solitude, les expériences mystiques de pointe qui se produisent lorsque vous êtes seul, lorsque vous êtes absolument seul à l'intérieur de vous-même.

Le sannyas vous rend seul ; pas solitaire, mais seul ; pas solitaire, mais il vous donne une solitude.

Vous pouvez être heureux seul, vous n'êtes plus dépendant des autres. Vous pouvez vous asseoir seul dans votre chambre et être totalement heureux. Il n'est pas nécessaire d'aller dans un club, il n'est pas nécessaire d'avoir toujours des amis autour de soi, il n'est pas nécessaire d'aller au cinéma. Vous pouvez fermer les yeux et tomber dans la félicité intérieure : c'est cela la méditation.

Le huitième est l'amour, la parenté, la relation. Rappelez-vous que vous ne pouvez entrer en relation que lorsque vous avez appris à être seul, jamais avant. Seuls deux individus peuvent entrer en relation. Seules deux libertés peuvent se rapprocher et s'embrasser. Seuls deux néants peuvent pénétrer l'un dans l'autre et se fondre l'un dans l'autre. Si vous n'êtes pas capable d'être seul, votre relation est fausse. Ce n'est qu'une astuce pour éviter la solitude, rien d'autre.

Et c'est ce que font des millions de personnes. Leur amour n'est rien d'autre que leur incapacité à être seuls. Alors ils se déplacent avec quelqu'un, ils se tiennent la main, ils font semblant d'aimer, mais au fond, le seul problème, c'est qu'ils ne peuvent pas être seuls. Ils ont donc besoin de quelqu'un pour les accompagner, ils ont besoin de quelqu'un à qui s'accrocher, ils ont besoin de quelqu'un sur qui s'appuyer. Et l'autre s'en sert de la même manière, parce qu'il ne peut pas non plus être seul, qu'il en est incapable. Il ou elle vous considère également comme un instrument qui l'aide à s'échapper de lui-même.

Ainsi, deux personnes que l'on dit amoureuses se détestent plus ou moins elles-mêmes. Et à cause de cette haine, elles s'échappent. L'autre les aide à s'échapper, elles deviennent donc dépendantes de l'autre, elles deviennent accros à l'autre. On ne peut pas vivre sans sa femme, on ne peut pas vivre sans son mari parce qu'on est dépendant. Mais un sannyasin est quelqu'un...

C'est pourquoi je dis que la septième qualité est la solitude et que la huitième qualité est l'amour-relation.

Et voici les deux possibilités : on peut être heureux seul et on peut être heureux ensemble aussi. Ce sont les deux types d'extases possibles pour l'humanité. Vous pouvez atteindre le samadhi lorsque vous êtes seul et vous pouvez atteindre le samadhi lorsque vous êtes avec quelqu'un, dans un amour profond. Et il y a deux types de personnes : les extravertis trouveront plus facile d'atteindre leur apogée grâce à l'autre, et les introvertis trouveront plus facile d'atteindre leur apogée lorsqu'ils sont seuls. Mais l'autre n'est pas antagoniste ; ils peuvent tous deux évoluer ensemble. L'un sera plus grand, et ce sera le facteur décisif pour déterminer si vous êtes un introverti ou un extraverti. La voie du Bouddha est la voie de l'introverti ; elle ne parle que de méditation. La voie du Christ est extravertie ; elle parle d'amour.

Mon sannyasin doit être une synthèse des deux. L'accent sera mis sur l'un ou l'autre : quelqu'un sera nettement plus en harmonie avec lui-même qu'avec les autres, et quelqu'un sera exactement le contraire - plus en harmonie avec quelqu'un d'autre. Mais il n'est pas nécessaire de s'accrocher à un type d'expérience. Les deux expériences peuvent rester disponibles.

La neuvième est la transcendance, le Tao, l'absence d'ego, l'absence d'esprit, l'absence de corps, le néant, l'harmonie avec le tout.

C'est là tout le message du Prajnaparamita Sutra, le Sutra du cœur : gate gate paragate - parti, parti, parti au-delà - parasamgate bodhi svaha - parti tout à fait au-delà. Quelle extase !

Alléluia !

La transcendance est la dernière et la plus haute qualité d'un sannyasin.

Mais il ne s'agit que d'indications, pas de définitions. Prenez-les de manière très liquide.

Ne commencez pas à prendre ce que j'ai dit de manière rigide... très liquide, dans une sorte de vision vague, dans une vision crépusculaire - pas comme lorsqu'il y a un plein soleil dans le ciel. Les choses sont alors très définies. Dans un crépuscule, lorsque le soleil s'est couché et que la nuit n'est pas encore tombée, il y a les deux, juste au milieu, l'intervalle. Prenez tout ce que je vous ai dit de cette manière. Restez liquides, fluides. Ne créez jamais de rigidité autour de vous. Ne devenez jamais définissable.

La deuxième question :

Question 2 :

BELOVED MAÎTRE,

SI VOUS ÉTIEZ CHAUFFEUR DE TAXI, EST-CE QUE JE NE VOUS RECONNAÎTRAIS PAS ?

PREMIÈREMENT, AU LIEU DE M'EMMENER DIRECTEMENT À MG ROAD, VOUS ME RENDRIEZ FOU PENDANT UNE HEURE ET DEMIE. DEUXIÈMEMENT, VOUS REFUSERIEZ D'ACCEPTER LE PRIX DE LA COURSE ET EXIGERIEZ MA VIE. TROISIÈMEMENT, TOUT EN ME LAISSANT DANS UN ÉTAT DE DÉTRESSE TOTALE, VOUS PARTIRIEZ AVEC UN SOURIRE CÉLESTE ET ALLUMERIEZ VOTRE PANNEAU : "ÇA SUFFIT POUR AUJOURD'HUI". CE CHAUFFEUR DE TAXI POURRAIT-IL ENCORE ME MANQUER ? ALORS JE FERAIS MIEUX D'Y ALLER À PIED.

La question vient de Swami Anand Adi. Adi est tellement fou que je ne peux pas être certain qu'il puisse me reconnaître ou non. C'est possible ! Les fous sont des fous.

On ne peut pas être aussi sûr des fous. Oui, Adi, c'est possible : vous me reconnaîtrez peut-être même en tant que chauffeur de taxi.

Et vous dites : "D'abord, au lieu de m'emmener directement à MG Road, vous me rendriez fou pendant une heure et demie." C'est vrai.

Aidez-moi à vous rendre fou - parce que votre santé mentale ne vaut rien. Ta raison est comme un rocher sur ton cœur. Laisse-moi te l'enlever. C'est une sorte d'opération chirurgicale : ça fait mal, ça fait souffrir. Vous aimeriez vous accrocher au rocher. Vous aimeriez aller directement à MG Road. Mais toute mon approche est qu'il n'y a nulle part où aller, pas de MG Road. Il n'y a pas de but dans la vie ; la vie est un voyage sans destination. Je dois donc vous emmener en zigzag, encore et encore, jusqu'à ce que vous soyez vraiment fatigué et que vous disiez : "Assez ! Assez pour aujourd'hui !"

"Deuxièmement, vous refuseriez d'accepter le prix de la course et exigeriez ma vie." Ça aussi, c'est vrai, Adi. Moins que cela ne suffira pas. Moins que cela ne vaut rien. C'est tout mon enseignement : vous n'avez rien à perdre, sauf tout !

"Troisièmement, tout en me laissant dans la détresse la plus totale, vous partiez avec un sourire céleste et allumiez votre panneau : 'Assez pour aujourd'hui' !"

Cela dépend de vous. Vous pouvez participer avec moi à mon "sourire céleste". Il faut du courage. Vous avez tellement investi dans votre détresse que vous continuez à la garder. Mais n'oublie pas que plus tu la gardes, plus l'investissement devient grand chaque jour.

Laissez tomber ! Aujourd'hui, c'est plus facile : demain, ce sera plus difficile, parce que vous aurez investi vingt-quatre heures de plus. Laissez tomber le plus vite possible. Ne remettez pas à plus tard, car toute remise à plus tard est dangereuse. Tant que vous remettez à plus tard, votre détresse se renforce et s'enracine dans votre être.

Je sais pourquoi vous vous accrochez à votre détresse - parce que votre idée est que "quelque chose vaut mieux que rien". Or, toute mon approche est la suivante : Le rien est Dieu. Vous vous accrochez à votre détresse parce qu'elle vous donne le sentiment d'avoir quelque chose, au moins quelque chose - peut-être est-ce de la détresse, de l'anxiété, de la misère, mais quelque chose, au moins quelque chose : "Je ne suis pas vide." Vous avez tellement peur du vide, et c'est seulement dans le vide que Dieu se manifeste.

Laissez-moi vous aider à devenir des néants. C'est alors qu'apparaît ce sourire céleste - il sort du néant. Lorsque le néant sera en vous, vous aurez un sourire sur toute la ligne.

Il n'est pas seulement sur les lèvres, il est partout. C'est le sourire du néant.

Voyez que vous portez une grande charge de détresse, et voyez que vous la portez. Et voyez que vous êtes responsable de la porter ou de ne pas la porter : vous pouvez la laisser tomber à l'instant même.

Et c'est ce que signifie le sannyas que de laisser tomber.

Je dois dire à propos d'Anand Adi : je crains qu'il ne me reconnaisse même si j'étais chauffeur de taxi. Il me reconnaîtrait peut-être bien mieux qu'il ne me reconnaît aujourd'hui. Il est tout simplement fou.

Il y a beaucoup plus de gens qui me reconnaîtront de toute façon, n'importe où. Seules les personnes qui sont avec moi me reconnaîtront n'importe où.

Jésus est mort. Son corps a été conservé dans une grotte après la crucifixion. Le troisième jour, Marie-Madeleine est allée le voir et le corps n'était pas là. Elle regarda autour d'elle et vit un jardinier qui travaillait dehors. Elle alla voir le jardinier et lui demanda : "As-tu vu l'endroit où le corps de Jésus a été enlevé ?"

Le jardinier s'est mis à rire et a dit : "Vous ne me reconnaissez pas ?" C'était Jésus lui-même, ressuscité. Quand Jésus a parlé, alors, alors seulement, Madeleine l'a reconnu. Mais c'était une femme. Elle a bien fait - pas parfaitement bien, parce qu'elle a d'abord cru que c'était un jardinier. Mais tout de suite, dès qu'il a prononcé un seul mot et qu'elle l'a regardé dans les yeux, elle l'a reconnu.

Mais Jésus est parti à la recherche de ses autres disciples. Ils se rendaient dans une autre ville, et ils ne cessaient de parler de ce qui était arrivé à leur maître : il avait été crucifié, et quelles en seraient les conséquences, et aucun miracle ne s'était produit, et ils attendaient le miracle... Jésus marchait avec eux, et ils lui parlaient aussi, pensant que c'était un étranger. Ils ont marché ensemble pendant quatre miles et ils n'ont pas pu reconnaître Jésus : il parlait et ils ne pouvaient pas le reconnaître. Ils ne le regardaient pas. Puis ils se sont assis dans un restaurant pour manger, et au moment où Jésus a rompu son pain, ils l'ont reconnu - parce que la façon dont il rompait son pain était tout simplement la sienne, unique. Ce geste était le sien, personne n'aurait pu l'imiter : avec un tel respect, une telle révérence, une telle prière, comme si le pain était Dieu. Ils l'ont alors reconnu, mais cela a pris beaucoup de temps. Ils ont marché pendant quatre miles, ils ont parlé pendant quatre miles, et ils n'ont pas pu le reconnaître.

Nombreux sont ceux qui me reconnaîtront sous n'importe quelle forme. Mais il y en a aussi beaucoup qui ne m'ont même pas reconnu sous cette forme. Cela dépend de vous. Si vous avez certaines conceptions, c'est très difficile.

Quelqu'un m'a écrit qu'il était un adepte de Sri Aurobindo ; il est perplexe et veut choisir. Et il ne peut pas choisir s'il doit rester avec Aurobindo ou avec moi.

Et il me demande : "C'est toi qui décides."

Comment puis-je en décider ? Et si je décide, ce sera à tort. Vous devrez vous pencher sur la question. Et je ne dis pas qu'il faut choisir, je dis qu'il faut examiner la question. Si vous avez vraiment aimé Sri Aurobindo, à quoi bon venir ici ? Si c'est arrivé par son intermédiaire, c'est arrivé ; il n'est pas nécessaire de venir ici. Si ce n'est pas le cas et que vous êtes venu me voir, dites-lui au revoir.

Mais les gens sont très malins : ils veulent monter les deux chevaux. Vous aurez des ennuis.

Cela arrive tous les jours. Les gens viennent me voir alors qu'ils sont accrochés ailleurs. S'ils sont accrochés quelque part, alors leurs yeux ne sont pas prêts à me voir. Cet homme me dit : "Si vous pouvez dire que Sri Aurobindo lui-même m'a envoyé vers vous, il me sera très facile de vous accepter" - par l'intermédiaire d'Aurobindo. Maintenant, je dois dire ce mensonge. Pourquoi Aurobindo vous enverrait-il à moi ? Et pourquoi dois-je vous dire cela ? - Pour que vous puissiez faire un compromis, pour que vous puissiez dire : "Bien, c'est donc la volonté d'Aurobindo. Je n'irai donc pas à l'encontre d'Aurobindo." Quelle lâcheté ! Quelle peur de perdre la main sur quoi que ce soit ! Si quelque chose s'est passé, je ne dis pas qu'il faut s'en détacher - partez, ce n'est pas l'endroit pour vous. Si rien ne s'est passé, alors oubliez tout ce qui concerne Sri Aurobindo ; ce n'est qu'alors que vous pourrez être avec moi. Et pour cela, il n'y a pas besoin de choix, mais de perspicacité. Il suffit de voir à l'intérieur !

Et la dernière question :

Question 3 :

BELOVED MAÎTRE,

QUAND JE SUIS ARRIVÉ HIER SOIR DANS MA CHAMBRE D'HÔTEL, IL Y AVAIT UN PETIT LÉZARD SUR MON OREILLER.

Ma Anand Suneeta - Vous avez de la chance que ce ne soit pas une belle grenouille, car les belles grenouilles ont tendance à se transformer la nuit en princes laids. Un lézard est très innocent, ne t'inquiète pas.

Et le très, très dernier :

Question 4 :

BELOVED MAÎTRE,

J'AI MAINTENANT SOIXANTE-CINQ ANS ET JE PENSE CONTINUELLEMENT AU SEXE. QU'EST-CE QUI NE VA PAS CHEZ MOI ?

Il n'y a rien de mal à ce que vous soyez encore en vie, à ce que vous soyez encore jeune ! Il n'y a qu'une seule chose qui ne va pas : le fait que vous pensiez que quelque chose ne va pas avec le sexe. Il n'y a rien de mal à faire l'amour.

Mais vous avez dû refouler, sinon vous seriez allé au-delà. Maintenant, n'attendez plus, finissez-en. Allez-y ! Sinon, dans ta tombe, tu te tourneras et te retourneras en pensant au sexe.

Vous êtes encore en vie, il y a quelque chose à faire. Et ne vous sentez pas coupable. Il n'y a pas de quoi se sentir coupable, c'est une belle énergie. Elle peut devenir le passage, le véhicule vers Dieu. Oui, elle a été condamnée à travers les âges, mais il n'est pas nécessaire de croire en ces condamnations. Vous avez été conditionné à penser que c'est mal, mais vous pouvez abandonner ce conditionnement. Vous pouvez redevenir frais et commencer à vous engager dans cette voie. Et ne vous inquiétez pas d'avoir soixante-cinq ans...

Un rabbin, un prêtre et un pasteur - trois ecclésiastiques âgés - prenaient le thé ensemble un après-midi, et la conversation porta sur leurs moments les plus embarrassants. Lorsque vint le tour du rabbin, il expliqua comment sa mère l'avait surpris en train de regarder par une fente de la porte de la salle de bain pendant que la femme de chambre prenait son bain.

Les deux autres rient. "Oui, dit le prêtre, nous avons certainement joué des tours dans notre jeunesse.

"De quoi parlez-vous ? dit le rabbin. "C'était hier !

Ne vous inquiétez pas trop. Vous avez suffisamment réprimé. Maintenant, entrez dans la sexualité. Acceptez-le comme un don de Dieu, sinon le refoulement conduit à la perversion.

Cette petite histoire, méditez-la.

Il y a un vieil Italien qui dirige une fabrique de pâtes et ses trois filles travaillent pour lui. Un jour, elles sont toutes assises autour de la fabrication des pâtes et il dit à l'aînée : "Agnesa, si tu n'étais pas là pour faire les raviolis et les spaghettis, qui aimerais-tu être dans le monde entier ?"

"Oh Papa, j'aimerais être une Sophia Loren. Elle est si belle ! Tous les hommes lui courent après."

"Très bien", dit le père. "Et toi, Maria, dis à ton papa que si tu n'étais pas ici, à Naples, en train de faire les spaghettis, qui aimerais-tu être dans le monde entier ?"

"J'aimerais être Gina Lollobrigida. Elle est si belle ! Tous les hommes lui courent après.

Elle a l'Alfa Romeo et la Cadillac !"

"Très bien", dit le père. Puis il dit, en se tournant vers la plus jeune : "Lucia ! Bella !

Eh bien, dites à votre papa, si vous n'étiez pas ici jusqu'aux coudes dans les raviolis, qui aimeriez-vous être dans le monde entier ?"

"Je voudrais être... Veectoria Pepeleena !"

"Quoi ?!" s'écrie le père. "Qui diable est Veectoria Pepeleena ?"

Elle sort une coupure de journal de son soutien-gorge et la lui montre : Victoria Pipeline sera couchée par 400 hommes en deux semaines.

C'est suffisant pour aujourd'hui.